Benjamin Friedrich Pfizer

Rechte und Verbindlichkeiten der Weiber

bei einem Concursprozeß über das Vermögen ihrer Männer

Benjamin Friedrich Pfizer

Rechte und Verbindlichkeiten der Weiber
bei einem Concursprozeß über das Vermögen ihrer Männer

ISBN/EAN: 9783743456983

Hergestellt in Europa, USA, Kanada, Australien, Japan

Cover: Foto ©Suzi / pixelio.de

Manufactured and distributed by brebook publishing software (www.brebook.com)

Benjamin Friedrich Pfizer

Rechte und Verbindlichkeiten der Weiber

Rechte
und
Verbindlichkeiten
der
Weiber
bey einem
Concursprozeß über das Vermögen
ihrer Männer.

Von
Dr. Benjamin Friedrich Pfizer.

Zweyter und lezter Theil.

Vorrede.

Schon aus dem erften Theile diefer Abhandlung ift bekannt, was ich in diefem zweyten Theil eigentlich zu leiften im Sinn hatte.

Ich nahm mir vor, alles dasjenige, was zu den Rechten und Verbindlichkeiten der Weiber gehört, nach einem allgemeinen Gefichtspunkte, nämlich infoferne folches bey einem Concursprozeß über das Vermögen ihrer Männer zur Sprache kommt, auszuheben, und fodann fyftematifch zu ordnen. Ich fand aber in der Folge bey einer fyftematifchen Ausführung fo viele Schwierigkeiten, daß ich einigemal im Begriffe ftund, meinen Plan wie der abzuändern, und dem Beyspiele meiner Vorgänger, welche sich gröstentheils mit einzelnen Bemerkungen begnügt haben, zu folgen. Es sind nämlich diejenige Rechtsgrundsäze, mit denen ich mich in der vorliegenden Abhandlung zu beschäftigen hatte, theils aus dem römischen, theils aus dem kanonischen und theils aus dem deutschen Recht abgeleitet. Sie sind in dem ungeheuren Felde des bürgerlichen Rechts, da sie fast in alle Fächer desselben eingreiffen, überall zerstreut. Rechte und Verbindlichkeiten sind überall untereinandergemischt, und viele derselben haben nicht einmal ausdrükliche Geseze, sondern nur die Meinungen der Rechtslehrer vor sich. Mein Plan aber erforderte es, daß ich die ganze Masse der hieher gehörigen Rechtsäze zuerst in zwey Hauptfächer, nämlich in Rechte und Verbindlichkeiten abtheilte; und schon diese Abtheilung war, — da sie der bisherigen Bearbeitung nicht gemäs ist, und da ich mir also die Bahn selbst vorzeichnen mußte, mit vieler Beschwehrlichkeit verbunden. Aber noch beschwehrlicher wurden mir die

Unterabtheilungen bey dem erstern Hauptsache, nämlich bey den Rechten. Ich habe diese nach folgenden drey Gesichtspunkten, nämlich insoferne sie dem Eheweib als Weibsperson, als Eheweib und als Glaubigerin zukommen, erläutert. So natürlich aber diese Abtheilung ist, so fand ich doch, daß die Rechte eines Eheweibs, welche sie in jener dreyfachen Rüksicht anzusprechen hat, öfters so sehr in einander fliessen, daß ihre Absonderung, wenn sie anderst nicht auf Kosten der Deutlichkeit geschehen soll, mit groser Mühe verbunden ist. Besonders waren mir die sogenannten weiblichen Freiheiten lange Zeit ein Stein des Anstoses. Sie sind bekanntlich eine unglükliche Erfindung der praktischen Rechtslehrer und haben in das ganze Gewebe der Rechte und Verbindlichkeiten der Weiber einen so vielfachen Einfluß, daß ich sie bald da bald dorthin einschob, und daß ich sie immer wieder am unrechten Orte zu haben glaubte. Auf diese Weise aber, da ich die vorgekommene Materien auf mehreren Seiten, und nicht nur einzeln, sondern auch in Verbindung mit dem Ganzen betrachten mußte, konnte es nicht fehlen, daß ich in vielen Stüken von der gewönlichen Meinung abgieng, und daß ich einigemal ganz neue Säze aufstellen zu müssen glaubte. Jedoch hoffe ich mit der Ausführung selbst beweisen zu können, daß nicht Neuerungsfucht mich darzu verleitet habe.

Uebrigens ward ich öfters genöthigt Partikulargeseze oder die Meinungen einzelner Rechtslehrer bey dieser Abhandlung zu Hülfe zu nehmen. Aber nirgends habe ich die Materie blos in Hinsicht auf ein einzelnes Territorium bearbeitet, sondern immer war es mein Bestreben, allgemein gültige Grundsäze aufzustellen, welche ich, wenn es mir an Gesezen fehlte, durch die Aufsuchung und Entwikelung der dem Rechtsinstitut zukommenden wesentlichen Eigenschaften zu bestimmen suchte. Nur dasjenige, worinn die Rechte meines Vaterlandes von den allgemeinen Grundsäzen abgewichen sind, habe ich häuffiger als bey andern Ländern bemerkt.

Sonst aber nahm ich bey der gegenwärtigen Abhandlung am meisten auf Deutlichkeit im Vortrage den Bedacht. Sie ist es, welche meinem Erachten nach bey einer jeden wissenschaftlichen Arbeit das höchste Gesez seyn sollte, und welche es bey Materien, die so verwikelt sind als die gegenwärtige, aus gedoppelten Gründen seyn muß. Ich wünsche also, daß meine Leser auch auf diesen Gegenstand einige Rüksicht nehmen, und mich auf diejenige Lüken aufmerksam machen möchten, die sie etwa hierinn noch bemerken.

Was endlich die Litteratur betrift, welche ich in der gegenwärtigen Abhandlung bemerkte, so habe ich jedesmal nur dasjenige angezeigt, was ich bey einer abgehandelten Materie für das vorzüglichste hielt. Zwar wußte ich wohl, daß ich mir dadurch den Vorwurf einer eingeschränkten Litteraturkenntniß bey mehreren Lesern zuziehen könnte. Einsichtsvolle Männer werden aber von selbst sich überzeugen, daß ich die angezeigte Schriften leicht noch um einige Duzende hätte vermehren können, besonders wenn ich der beliebten Art einiger Schriftsteller gefolgt hätte, welche die in andern Büchern angezeigten Allegate auf Treue und Glauben ausschreiben, und sie als Resultate ihrer eigenen Belesenheit anzubringen suchen.

Bey allem dem aber fühle ich gar wohl, daß die Critik noch manche Forderungen machen kann. Ich versichere auch, daß ich eine jede gutgemeinte Erinnerung mit Dank annehmen werde, und besonders da, wo ich von den Meinungen der Rechtslehrer abgieng, oder wo ich ganz neue Säze aufstellte, erbitte ich mir strenge Prüfung. Geschrieben zu Stuttgart, den 15ten Februar 1796.

Der Verfasser.

Uebersicht.

A.) Von den Rechten und Verbindlichkeiten eines Eheweibs im Allgemeinen. §. 1. — 3.

B.) Insbesondere

I.) Von den Rechten eines Eheweibs §. 4. — 33.

AA.) Als Weibsperson.

A.) Rechte aus der Geschlechtsvormundschaft.

1.) Ursprung und Umfang. §. 5.

2.) Grund und Endzwek. §. 6. — 9.
3.) Rechtliche Wirkungen.
α.) Regel §. 10. — 12.
β.) Ausnahmen.
  1.) Bey Verbindlichkeiten aus einem Verbrechen. §. 13.
  2.) In Ehesachen. §. 14.
  3.) Bey Testamenten. §. 15. — 17.
  4.) Bey Verträgen in Haushaltungssachen. §. 18.
  5.) Bey Ertheilung eines Zeugnisses. §. 19.
  6.) Bey einer nothwendigen Veräuserung. §. 20.
  7.) Bey einer Kaufmännin. §. 21. und 22.
  8) Bey Verträgen zwischen Eltern und Kindern. §. 23.
  9.) Bey Geldaufnahmen. §. 24.
  10.) Bey einem Rechtsgeschäft, welches eidlich bekräftiget wurde. §. 25.
  11.) Bey einem Kontrakt mit einer pia causa. §. 26.
  12.) Bey einem Frauenzimmer, welches die Rechte eines Regenten hat. §. 27. und 28.

B.) Rechte, welche in dem Vellejanischen Rathsschlusse, und in der l. 23. Cod. ad SCtm. Vellej. enthalten sind. §. 34. — 41.

BB.) Von den Rechten eines Eheweibs, als Eheweib. §. 42. — 64.

A.) Von denjenigen Rechten, welche nicht aus der Gütergemeinschaft entstehen.

1.) Von den Rechten in Ansehung der Wiederlage. §. 43. und 44.
2.) Von den Rechten in Ansehung des Wittums. §. 45. — 53.
3.) Von den Rechten in Ansehung der Morgengabe. §. 54. — 56.
4.) Von den Rechten aus einem Contracte.
α.) Regel. §. 57. und 58.
β.) Einschränkungen derselben. §. 59. — 63.

B.) Von denjenigen Rechten eines Eheweibs, welche die Gütergemeinschaft hervorbringt.

a.) Rechte, welche bey einer jeden Gütergemeinschaft vorkommen können und welche unter dem Nahmen weibliche Freiheiten bekannt sind. §. 65. — 149.

a.) Im allgemeinen. §. 66. — 77.

b.) Insbesondere

1.) Von den Voraussezungen, unter welchen die weiblichen Freiheiten statt finden.

Erste Regel: Die Ehefrau, welche die weiblichen Freiheiten anruft, muß sich in einem solchen Lande befinden, wo entweder das ganze Vermögen der Ehegatten, oder wenigstens ein Theil desselben unter ihnen gemeinschaftlich ist. §. 78. — 80.

Zweyte Regel: Die Ehefrau muß sich in einer solchen Lage befinden, daß ihr Vermögen, oder eigentlich dasjenige, was durch die weiblichen Freiheiten noch gerettet werden kann, in erweisliche Gefahr kommt. §. 81. — 106.

α.) Nähere Bestimmung derselben. §. 82.

aa.) Aufzählung der hieher gehörigen Meinungen der Rechtslehrer. §. 83 — 85.

bb.) Prüfung derselben. §. 86. — 94.

cc.) Resultat. §. 95.

β.) Erörterung der Frage: Ob die weiblichen Freiheiten nicht auch alsdann statt finden, wenn keine Schulden, sondern blos Einbuß vorhanden ist. §. 96. — 106.

Dritte Regel: Die Ehefrau muß

die weiblichen Freiheiten, wenn sie von Wirkung seyn sollen, wirklich angerufen haben, denn von selbst und ohne eine wirkliche Anrufung finden dieselbe nicht statt. §. 107. und 108.
Vierte Regel: Da in vielen Ländern die Beobachtung gewisser Feierlichkeiten bey der Anrufung der weiblichen Freiheiten als wesentlich vorgeschrieben ist, so müssen, wenn die Ehefrau in einem solchen Lande lebt, auch diese beobachtet werden. §. 109. und 110.

2.) **Von den Personen, welche zum Gebrauch der weiblichen Freiheiten berechtigt sind. §. 111. — 115.**

3.) **Von den Wirkungen der weiblichen Freiheiten.**

  α.) Bey einer allgemeinen Gütergemeinschaft. §. 116. und 117.
  β.) Bey der Partikulargütergemeinschaft.
    aa.) Bey einer eigentlichen Partikulargütergemeinschaft. §. 118.
    bb.) Bey der ehelichen Gesellschaft. §. 119. — 131.
      αα.) Im allgemeinen. §. 119. — 122.
      ββ.) Insbesondere. §. 123. — 131.

a.) Vortheilhafte Wirkungen. §. 123. — 126.
b.) Nachtheilige Wirkungen. §. 127 — 129.

4.) Von den Fällen in welchen die weiblichen Freiheiten durch Hülfe einer Einwendung unanwendbar werden. §. 132. — 149.

ββ. Rechte, welche nur einer gewissen Art von Gütergemeinschaft eigen sind.

1.) Der allgemeinen §. 150.
2.) Der Partikulargütergemeinschaft.
  A.) Der uneigentlichen Partikulargütergemeinschaft.
    α.) Rechte, welche von den weiblichen Freiheiten unabhängig sind.
      aa.) Rechte in Ansehung des Eingebrachten §. 151. — 170.
      bb.) Von dem Recht. Alimente aus der Concursmasse zu verlangen §. 171.
      cc.) Rechte, welche in der Auth. si qua mulier Cod. gegründet sind §. 172. — 179.
      dd.) Rechte in Ansehung des sogenannten voraus §. 180.
    β.) Rechte, welche von den weiblichen Freiheiten abhängen §. 181. — 184.

aa.) Rechte, wenn die weiblichen Freiheiten statt finden §. 182. und 183.
bb.) Rechte, wenn die weiblichen Freiheiten nicht statt finden §. 184.
B.) Rechte bey einer eigentlichen Partikulargütergemeinschaft §. 185.

CC.) Von den Rechten eines Eheweibs als Glaubigerin §. 187. — 195.

II.) Von den **Verbindlichkeiten** eines Eheweibs. §. 196 — 254.

A.) Bey einer allgemeinen Gütergemeinschaft §. 197.

B.) Bey einer Partikulargütergemeinschaft.

C.) Bey der uneigentlichen Partikulargütergemeinschaft.

1.) Verbindlichkeiten, welche von den weiblichen Freiheiten unabhängig sind.
Erste Verbindlichkeit: Der Ehefrau liegt in Ansehung desjenigen was sie als ihr Eigenthum fordert, die Beweisführung ob. §. 198.
Zweyte Verbindlichkeit: Die Ehe-

frau muß an denjenigen ehelichen Schulden, für welche sie selbst besonders sich verbindlich gemacht hat, den sie betreffenden Antheil übernehmen §. 209. — 212.

Dritte Verbindlichkeit: Die Ehefrau muß ihren Antheil an denjenigen ehelichen Schulden, welche sie allein kontrahirt hat, übernehmen §. 213.

Vierte Verbindlichkeit: Die Ehefrau muß diejenige privativen Schulden, welche sie auf eine gültige Art kontrahirt hat, übernehmen §. 214.

Fünfte Verbindlichkeit: Die Ehefrau muß dasjenige, was von ihrem Eingebrachten noch vorhanden ist, in Natur zurüknehmen §. 215.

Sechste Verbindlichkeit: Die Ehefrau muß für dasjenige, was zu ihrem Nuzen verwendet wurde, einen Ersaz geben. §. 216.

Siebente Verbindlichkeit: Die Ehefrau muß in vielen Fällen dasjenige, was sie vermög einer geleisteten Bürgschaft versprochen hat, erfüllen. §. 217. — 248.

 1.) Wenn sie betrüglich gehandelt hat. §. 218.

 2.) Wenn sie sich für einen Gegenstand, welcher besonders

begünstigt ist, verbürgte. §. 219. und 220.

3.) Wenn sie Landeshoheit oder die hohe Gerichtsbarkeit hat. §. 221.

4.) Wenn sie Kaufmannschaft treibt. §. 222.

5.) Wenn ihr die Bürgschaft keinen Schaden bringt. §. 223. und 224.

6.) Wenn die Bürgschaft nach Verfluß von zwey Jahren wiederholt wurde. §. 225. — 227.

7) Wenn die Bürgschaft eidlich bestätigt ist. §. 228.

8.) Wenn die Ehefrau den ihr zukommenden Rechtswohlthaten gehörig entsagt hat. 229. — 241.

9.) Wenn der Glaubiger, zu dessen Gunsten die Ehefrau sich verbürgt hat, minderjährig ist. §. 242.

10.) Wenn sich die Ehefrau zur Uebernahme der Bürgschaft durch ein Geschenk bestimmen ließ. §. 243.

Achte Verbindlichkeit: Wenn die Ehefrau die Erbschaft ihres Mannes angetreten hat, so muß sie der Regel nach dasjenige, wozu der Ehemann verbindlich war, erfüllen. §. 249.

2.) Verbindlichkeiten, welche von den

weiblichen Freiheiten abhängen, §. 250. — 252. und eintreten:

α.) Wenn die weiblichen Freiheiten statt finden. §. 251.

β.) Wenn die weiblichen Freiheiten nicht statt finden. §. 252.

ββ.) Verbindlichkeiten bey einer eigentlichen Partikulargütergemeinschaft. §. 253. und 254.

Einleitung.

Das weibliche Geschlecht hat im Zweifel mit dem männlichen gleiche Rechte und gleiche Verbindlichkeiten. a) Eine Zusicherung, ein Kontrakt, ein Verbrechen macht der Regel nach das Weib ebensosehr als den Mann verbindlich. Sie kann aber auch Schuz von dem Staat verlangen, sie kann sich Eigenthum, Rechte und Ansprüche durch Erbschaften, durch Verträge ꝛc. erwerben; alles — gleich dem Mann. Diese Grundsäze, ob sie gleich auf die natürliche Billigkeit gestüzt sind, haben jedoch ver-

---

a) Röslin Abhandlung von besondern weiblichen Rechten 1ster Band 1ster Abschnitt §. 7. S. 15. Ludovici Usus practic. distinct. jurid. lib. 1. tit. 5. dist. 1. S. 28.

schiedene Abweichungen. Es stehen nemlich mehrere Rechte dem Mann allein zu, wovon das Weib ausgeschlossen ist, z. B. das Recht öffentliche Aemter und Ehrenstellen zu verwalten, das Recht an der Gesezgebung Antheil zu nehmen, und das Recht dasjenige Vermögen, welches ihm und seiner Ehefrau gemeinschaftlich zugehört, allein zu administriren.

Dafür wurde aber das Weib durch die Verminderung ihrer Verbindlichkeiten wieder entschädigt. Sie ist z. B. befreit von der Verbindlichkeit das Vaterland durch ordentliche Kriegsdienste zu vertheidigen. Sie darf keine Pflegschaften und andere öffentliche Lasten übernehmen. Sie kann wegen übernommener Bürgschaften der Regel nach nicht belangt werden, und kann von Schulden, welche für sie und ihren Ehemann gemeinschaftlich sind, sich wieder befreien.

§. 2.

Fortsezung.

Das Weib hat also im ganzen genommen zwar weniger Rechte als der Mann;

aber — auch weniger Verbindlichkeiten, und gewöhnlich ist die Verminderung der leztern eine Folge oder vielmehr ein Ersaz für die Verminderung der erstern.

Dieser Fall zeigt sich besonders bey der gegenwärtigen Abhandlung. Die Befreiung von Verbindlichkeiten welche hier zur Sprache kommen, besteht größtentheils in einer Entschädigung für Rechte, welche eigentlich das Weib gleich dem Mann anzusprechen hätte, welche aber dem leztern aus politischen Gründen allein überlassen wurden.

§. 3.
Fortsezung.

Die Richtigkeit dieses Sazes wird sich in der Folge bey der weitern Ausführung des vorgesezten Gegenstandes umständlicher erproben. Wir gehen also nunmehr auf die genauere Entwikelung desselben über.

Erstes Buch.

Von den

Rechten des Eheweibs bey einem Ganntprozeß über das Vermögen ihres Ehemanns.

§. 4.
Sie zerfallen in 3. Abtheilungen.

Ein Eheweib hat gewöhnlich bey dem Ganntprozeß über das Vermögen ihres Ehemanns Rechte von einer dreyfachen Art. Erstlich Rechte als Weibsperson, zweytens Rechte als Eheweib; und drittens Rechte als Glaubigerin.

Diese dreyerlei Rechte sind in mancher Rüksicht von einander verschieden. In Rüksicht auf Quellen, Endzwek, und Folgen. Jedes derselben verdient also billig eine besondere Erörterung.

Erster Abschnitt.

Von den Rechten welche dem Eheweib als Weibsperson zukommen.

Erste Abtheilung.

Rechte welche aus der Geschlechtsvormundschaft entstehen. *

§. 5.

Ursprung und Umfang derselben.

Die Geschlechtsvormundschaft, so wie sie gegenwärtig beschaffen ist, ist nicht römi-

---

* Es wird aber von diesen Rechten hier nur insofern gehandelt, insofern sie von einem Eheweib bey dem Ganntprozeß über das Vermögen ihres Ehemanns zur Sprache gebracht werden können. Um aber diese desto besser zu beurtheilen, werde ich einige Bemerkungen über die Geschlechtsvormundschaft überhaupt voranschiken.

‑chen, sondern blos deutschen Ursprungs. b) Sie ist in verschiedenen Territorien Deutschlands, z. B. in Lübek, c) in Baden, d) in den Fürstenthümmern Hohenlohe, e) in Hamburg, f) im Würzburgischen, g) vorzüglich aber in Churſachſen, h) und in Wirtemberg i) gewöhnlich. Wir finden sie schon in den ältern Geſezen Deutschlands,

---

b) Rößlin von besondern weiblichen Rechten 1ster Band 2tes Buch 4ter Abschnitt §. 8. S. 77.
c) Stadt Recht vom Jahr 1728. 1ster Band 7ter Titel 1ster und 12ter Art. S. 23. und 28. Stein Abhandlung des Lübiſchen Rechts 1ster Theil §. 87. S. 119.
d) Landrecht vom Jahr 1710. 1ster Theil 9ter Titel pr. und vorzüglich im 4ten Theil im 31. Titel §. 2.
e) Der Grafſchaft Hohenlohe gemeinſchaftlich Landrecht vom Jahr 1731. im 1sten Titel §. 8. S. 48.
f) Ev. Otto de perpetua femin. tutela §. 11. S. 52.
g) Des Kaiſerlichen Landgerichts Herzogthums zu Franken Ordnung 3ter Theil 7ter Titel §. 7. in der Sammlung Würzburg: Landesverordnungen S. 108.
h) Lünigs Codex augusteus 1ster Band 1ster Theil Art. 15. S. 89.
i) Gmelin de obligatione uxoris &c. §. 12. S. 17. Landrecht p. 1. tit. 18. §. Wir wollen ꝛc. S. 101. ꝛc. und §. Ob ſchon ꝛc. Ferner p. 1. tit. 18. §. Andere ꝛc.

z. B. in dem Sachsenspiegel k) und in der Ordnung des Kaiserlichen Hofgerichts zu Rottweil l) bestätigt; und ebendeswegen glaubten einige Rechtslehrer daß ſſ e überall in Deutschland Anwendung finde, wo das Gegentheil nicht durch ausdrükliche Partikulargeseze, oder durch eine rechtsgültige Gewohnheit bewiesen werden könne. m) Diese Behauptung wurde aber von andern widerlegt und gezeigt, daß sie gleich der Gütergemeinschaft, n) im Zweifel nicht vermuthet werde, sondern daß ihre Aufnahme von demjenigen, der sich darauf beruft, erwiesen werden müsse. o)

§. 6.
Grund und Endzwek.

Was den Grund der Geschlechtsvormundschaft, oder die Ursachen betrift, wel-

---

k) Röslin von besondern weiblichen Rechten iſter Band 2tes Buch 4ter Abschnitt §. 9. S. 78.
l) Röslin Ebendaselbst §. 8. S. 77.
m) Beyer del. jur. germ. lib. 3. Cap. 4. pof. 41. S. 253.
n) S. oben im 1sten Theil §. 29. S. 42. und 43.
o) Röslin von besondern weiblichen Rechten 1ster Band 2tes Buch 4ter Abschnitt §. 4. S. 87. und §. 37. S. 115. und 116.

che dieses Rechts - Institut hervorgebracht haben, so werden solche von den Rechtslehrern auf eine verschiedene Weise angegeben. Einige suchen diese Ursachen in der Schwäche, welche den Frauenzimmern ankleben solle. p) Andere in der Unwissenheit in Ansehung der Geseze, q) und noch andere in den ehmaligen Sitten der Deutschen. r) Nach meinem Erachten aber läßt sich diese Frage im allgemeinen nicht beantworten. Die Geschlechtsvormundschaft wurde in verschiedenen Territorien, zu verschiedenen Zeiten, und unter verschiedenen Umständen öfters nur nach und nach aufgenommen und bestätigt, und ebendeswegen mag bald dieser bald jener von den angezeigten Rüksichten, und manchmal viel-

---

p) Bodinus de his quæ mulier faxonica valide citra curatorem agit. th. 7. S. 9. not. b. von Lynker Abhandlung von der Vormundschaftsbestellung bey Privat- und erlauchten Personen 1ter Thl. 1 Kap. §. 19. S. 51. Bardili curator ad litem §. 9. S. 6. Wibel de contractibus mulierum in procemio Nro. 3.

q) Ev. Otto de perpetua feminarum tutela.

r) Röslin von besondern weiblichen Rechten 1ter Band S. 82 und 83.

leicht allen zusammen, oder öfters blos dem Beyspiele der Nachbarn die Einführung jenes Rechts = Instituts zuzuschreiben seyn. Hauptsächlich aber wird man den Grund darzu in der Erziehung der Frauenzimmer und in dem daher entstandenen geringern Grade von Einsichten zu suchen haben. *)

---

*) Befold in diff. de jure mulierum singulari macht eine solche Schilderung von den Frauenzimmern, daß sich freilich, wenn diese Schilderung wahr wäre, auch noch aus andern Gründen die Entstehung der Geschlechtsvormundschaft erklären liesse. Allein der gute Befold muß bey der Entwerfung seines Gemäldes nur solche Gegenstände vor Augen gehabt haben, die ich eben nicht zum Maasstab annehmen möchte, um das ganze weibliche Geschlecht darnach zu beurtheilen. Er sagt nemlich S. 60.

„A sexu ducuntur præsumtiones variæ, ut quod mulier ob sui sexum præsumatur mutabilis, et ipso viro minus constans. Item præsumitur avara. Nam avarissimum genus hominum est mulier: Imo vice miraculi, atque contra naturam mulierum est, si quid donant. Donare igitur non præsumuntur. Deinde mulier timida et meticulosa, fragilis, infirma atque imbecillis præsumitur. Et cum fragile atque imbecille genus hominum sit mulier, quapropter facile lædi, seduci & decipi potest. Mulier quoque præsumitur superba. Nam suapre natura mulieres sunt superbi, tumentisque atque elati animi. Hinc feminarum proprium esse superbiam scri-

Von Jugend auf ist nemlich ihr ganzer Geschäftskreis gewöhnlich auf die Besorgung ihrer Haushaltung, und auf das, was davon abhängig ist, eingeschränkt. In ihrem Hause und etwa in einigen Häusern ihrer Nachbarinnen besteht der ganze Zirkel ihrer Bekanntschaft, und nur das, was in diesem Zirkel vorgeht, macht den Gegenstand ihrer Unterhaltung. Hingegen von andern Verhältnissen wissen sie wenig, oder nichts. Sie wissen nichts von Gesezen; und nichts von demjenigen, was im Handel und Wandel zu beobachten ist. Es fehlt ihnen also an Gelegenheit ihre natürlichen Anlagen zu entwikeln, und bekanntlich stehen sie in dieser Rüksicht gegen dem männlichen Geschlecht ohnehin um etwas zurük. Aus eben diesem Grunde können sie die Folgen, welche aus ihren Handlungen entstehen, nicht immer wie es seyn sollte, berechnen und erwägen, und dann macht auch die angeborne Weichheit ihres Charakters, daß sie zu Handlungen, welche ihnen nachtheilig werden, leichter

---

bit Petrarcha. Et in simili præsumuntur feminæ magis impudentes et mendaces, quam viri est.

als die Mannspersonen zu bewegen sind.*)
Unter diesen Umständen wird es also leicht
erklärbar, was die Einführung der Ge=
schlechtsvormundschaft, — eines Instituts,
wodurch das Frauenzimmer bey ihren Rechts=
geschäften durch den Beytritt einer Manns=
person unterstüzt werden soll, — veranlaßt
haben mag.

§. 7.
Fortsezung.

Wichtiger aber als das bisherige ist
für uns die Bestimmung der Frage: Was
dann der Endzwek dieses Rechts=Instituts
sey? Wenn wir hierüber den Grund der Ge=
schlechts=Vormundschaft, so wie er in dem
nächstvorhergehenden §. entwikelt wurde, und
die Meinungen der Rechtslehrer s) in Be=

---

*) Ich rede nemlich hier von Frauenzimmern,
so wie sie gewöhnlich sind, und wie sie also bey
Gebung eines allgemeinen Gesezes betrachtet wer=
den müssen. Daß es aber Ausnamen gebe, ver=
steht sich von selbst. Ich selbst kenne Frauenzim=
mer, welche sowohl in natürlichen Anlagen als
auch in der Ausbildung derselben tausende von
Mannspersonen übertreffen.

s) Insbesondere ist hierüber nachzusehen: Wi-

rachtung ziehen, so können wir nichts anders als die Begünstigung der Frauenzimmer zum Endzwek der Geschlechtsvormundschaft annehmen. Der Nachtheil, welcher sonst den Frauenzimmern bevorgestanden wäre, soll dardurch soviel als möglich wieder abgewendet werden. Diese Absicht blikt auch aus den verschiedenen Gesezgebungen, durch welche jenes Rechts-Institut gegründet wurde, überall hervor, und bedarf also wie ich glaube, keines weitern Beweises. Nur muß man den Endzwek der Geschlechtsvormundschaft, von dem Mittel wordurch dieser Endzwek erreicht werden soll, wohl unterscheiden. Denn so sehr sich der erstere in den verschiedenen Territorien gleich ist, so wenig ist es das leztere.

§. 8.

Mittel zu Erreichung dieses Endzweks.

Zwar kommen die Gesezgebungen darinn mit einander überein, daß das Frauen-

---

bel de contractibus mulieram S. 38. und 229. Nr. 81. und 82. Röslin von besondern weiblichen Rechten 1ster Band S. 228 und die daselbst angezeigten Cofs. Tub. Vol. 2. Conf. 119. Nr. 15.

zimmer sich bei ihren Rechtsgeschäften, be=
sonders wenn sie vor Gericht verhandelt
werden, der Mitwirkung und des Raths
einer Mannsperson, welche Vormünder
oder Curator genennt wird, bedienen solle;
und die meisten erklären hierzu nur eine
solche Mannsperson für hinreichend, die
entweder mit dem Frauenzimmer durch die
Bande der Ehe verbunden t) *) oder durch

---

t) Wibel de contractibus mulierum C. 6. S. 318.
Nr. 7. Röslin von besondern weiblichen Rech=
ten 1ster Band S. 125. Bardili curator ad li-
rem S. 12. und S. 20.

*) Der Ehemann ist schon als solcher im
Stande allen Rechtsgeschäften seiner Ehefrau,
wobey nicht sein eigenes Interesse in Kollision
kommt, durch seine Einwilligung Gültigkeit zu
geben, ohne daß er einer besondern obrigkeitli=
chen Bestätigung bedarf. cf. Hofacker princ.
jur. civ. Tom. 1. Lib. 2. §. 712. S. 554. Otto
de perpetua feminarum tutela C. 2. §. 6. S. 45.
Gmelin de obligatione uxoris &c. §. 12. S. 17.
Herr v. Lynker in der Abhandlung von der
Vormundschaftsbestellung bey Privat= und erlaub=
ten Personen im 1sten Theil §. 19. S. 55. glaubt
zwar, daß in Sachsen der Ehemann nur bey auf=
sergerichtlichen Handlungen als Curator seiner
Frau zugelassen werde; bey gerichtlichen Hand=
lungen aber anderst nicht, als wenn er eine ob=
rigkeitliche Bestätigung vorweise, oder wenn er

den Richter besonders authorisirt und verpflichtet wurde. u) Aber in Ansehung der weitern Eigenschaften dieser Mannsperson, in der Art ihrer Bestätigung, und in dem Umfang ihrer Befugnisse giebt es beynahe

---

Sicherheit leiste. Er beruft sich deßhalb auf Carpzov in jurispr. for. p. 1. Concl. 1. decis. 31. und auf Möller in semestr. Lib. 1. C. 18. und 19. Allein Carpzov scheint in der angezeigten Stelle nur von dem Falle zu reden, wenn der Ehemann im Namen seines Eheweibs, und NB. in A b w e s e n h e i t d e r l e z t e r n vor Gericht handeln wolle. Es erhellt dieß vorzüglich daraus, weil er entweder eine obrigkeitliche Bestätigung oder eine cautionem de rato fordert, welches leztere, wenn das Eheweib nicht als abwesend angenommen wird, nicht hätte verlangt werden können. Aber davon, daß es einer besondern Bestätigung oder einer Sicherheitsleistung auch in dem Fall bedürfe, wenn der Ehemann in Gemeinschaft mit seiner Frau als ihr ehelicher Curator handelt, sagt derselbe nichts. Es würde wenigstens den anerkanntesten Grundsäzen bey der Geschlechtsvormundschaft und der herrschenden Praxis entgegen: cf. Bodinus de his qnæ mulier saxonica &c. Sect. 2. th. 5. S. 25. und also eine weitere Widerlegung überflüssig seyn.

u) Röslin von besondern weiblichen Rechten, 1ster Band, 2tes Buch 4ter Abschnitt, §. 3. S. 124.

ebensoviele Verschiedenheiten, als es ver=
schiedene Territorien giebt. v)

§. 9.
Fortsezung.

Es ist hier nicht der Ort, diese Ver=
schiedenheiten aufzusuchen und zu entwikeln.
Sie müssen in einem jeden Lande besonders
aufgesucht und bestimmt werden, und wür=
den mich also zu weit von meinem Plane
entfernen. Ich schränke mich hier blos auf
die Frage ein: Was hat es für Folgen,
wenn in einem Lande, wo die Geschlechts=
vormundschaft gesezlich vorgeschrieben ist,
ein Frauenzimmer eine Handlung vornimmt,
zu welcher kein Vormünder oder Curator
beygezogen wurde?

§. 10.
Rechtliche Wirkungen.

a) Regel.

Die gewöhnliche Wirkung besteht darinn:
Das Rechtsgeschäft wird in Hinsicht auf

---

v) Röslin ebendaselbst S. 118. und besonders
S. 123. §. 1.

die für das Frauenzimmer daraus entstehende Verbindlichkeiten als nicht geschehen angenommen, wenn das Frauenzimmer es nicht für räthlich hält, solches wegen seines eigenen Vortheils gelten zu lassen. w) *)

---

w) Hofacker princ. jur. civ. T. 1. L. 2. §. 713. S. 555. Röslin von besondern weiblichen Rechten 2ter Band, 3tes Buch, 2ter Abschn. §. 18. S. 273. Cofs. Tub. Vol. 2. Conf. 119. Nr. 15.
*) In den sächsischen Ländern, besonders in Churfachsen, waren ehemals die von einem Frauenzimmer allein vorgenommenen Rechtsgeschäfte an und für selbst nichtig, so daß es nicht von der Wahl des Frauenzimmers abhieng, ob sie solche gelten lassen wollte, oder nicht.. cf. Berger de necessitate curatoris in actis mulierum in coll. diss. Nr. 10. §. 10. S. 317. Daher konnte auch die nachgefolgte Einwilligung des Curators den von Anfang an nichtigen Kontrakt nimmer gültig machen. Berger ebendaselbst §. 14. S. 319. In neuern Zeiten aber wurde diese Bestimmung abgeändert. Das Rechtsgeschäft ist nunmehr auch in Sachsen, gleichwie in den übrigen Ländern, wo die Geschlechtsvormundschaft eingeführt ist, nicht mehr an und für sich selbst, sondern nur insofern ungültig, insofern das Frauenzimmer solches verlangt. S. Lünig codex augusteus 1ster Band 1ster Thl. Art. 15. S. 89. Ebendieses ist auch dem Zwek der Geschlechtsvormundschaft gemäs, denn sonst würde das, was die Begünstigung der Frauenzimmer zur Absicht hat, S. oben §. 7. mehr zu ihrem Nachtheil, als zu ihrem

§. 11.
Nähere Bestimmung dieser Regel.

Es hängt also lediglich von der Wahl des Frauenzimmers ab, ob ein solches Geschäft gültig seyn soll oder nicht. x) *) Ebendeswegen hat man die Verträge, welche mit dem Frauenzimmer allein eingegangen werden, hinkende Verträge (contractus claudicantes) genennt, weil sie auf der einen Seite Wirkung haben, auf der andern Seite aber nicht. y) Nur fragt es sich

---

Vortheil gereichen. Aus dieser Veränderung läßt es sich erklären, warum nunmehr die nachgefolgte Einwilligung des Curators das Rechtsgeschäft auch für das Frauenzimmer verbindlich macht, weil nemlich dasselbe nicht mehr wie ehemals an und für sich für nichtig geachtet wird. S Westphal deutsches und reichsständisches Privatrecht 2c Thl. 50. Abhdlg. S. 108. §. 6. Winckler de contract. foeminarum per curator. ratihabit. valid.

x) Hofacker princ. jur. civ. T. 1. L. 2. §. 713. S. 555.

*) Im leztern Falle kann sie die Nichtigkeits-Erklärung entweder durch die Anstellung einer Klage, oder vermittelst einer Einwendung verlangen. Wibel de contr. mulier. S. 379. Not. 35. und 36.

y) Röslin von besondern weiblichen Rechten 2ter Band 3tes Buch 2ter Abschn. §. 18. S. 273.

B

noch: Gehören alle Verträge der Frauenzimmer in diese Klasse, oder giebt es nicht Verträge, welche schon ihrer Natur nach unter der obigen Regel nicht begriffen sind?

Mehrere Rechtslehrer behaupten das Leztere, und rechnen hieher z. B. die Antretung einer Erbschaft, eine Schenkung, eine Appellation, eine Losung ꝛc. z) Ihr Grund besteht darinn: weil diese Handlungen zum Vortheil des Frauenzimmers gereichen, und weil also die Geschlechtsvormundschaft, die blos um Nachtheil abzuwenden, eingeführt sey, hier nicht in Anwendung komme. Allein die Voraussezung, auf welcher diese Behauptung beruht, ist unrichtig. Es kann im allgemeinen nicht gesagt werden, daß die Antretung einer Erbschaft, eine Schenkung ꝛc. einem Frauenzimmer immerhin nüzlich sey. a) Und ebendeswegen sehe ich keinen Grund, warum hier die Zuziehung eines Curators

---

z) Wibel de contr. mulier. cap. 4. S. 235. Nr. 96. und S. 258. Nr. 168. und 169. ferner Nr. 118. S. 240.

a) Berlich in concl. p. 1. Concl. 17. not. 23. und 24.

entbehrlich seyn= und warum es nicht in diesen Fällen eben so wie in andern, dem Frauenzimmer überlassen bleiben sollte, eine von ihr allein angenommene Schenkung, oder eine Erbschafts-Antretung ꝛc. für ungültig zu erklären. b)

§. 12.
Erläuterung durch ein Beyspiel.

Zur nähern Beleuchtung dieser Grundsäze, halte ich folgenden Rechtsfall, welcher bei der Juristen-Fakultät zu St. zur Sprache kam, für dienlich:

G. S. im Wirtembergischen stirbt, und hinterläßt zu Erben seine Frau nebst 3 Kindern. Nach seinem Absterben bleibt die Frau in dem Besiz des ganzen Vermögens. Sie rechnet mit mehrern Gläubigern ab; bezahlt einen Theil ihrer Forderungen, und hält zu diesem Ende über die von ihrem Manne zurükgelassenen Kleidungs- und Haushaltungsstüke einen öffentlichen Verkauf. Erst nach einigen Jaren entdekt sie, daß

---

b) Berlich ebendaselbst not. 23. und 24. und not. 36.

das Vermögen ihres Mannes zur Bezahlung der von ihm kontrahirten Schulden nicht zureichend sey. Sie macht den Gläubigern hievon die Eröfnung, und weigert sich ihnen weiter etwas zu bezahlen. Die Gläubiger sind damit nicht zufrieden, sondern wenden sich an die Obrigkeit, und bitten um Hülfe. Von der Obrigkeit wird ein Konkurs-Prozeß erkannt, in welchem die Ehefrau des Ganntmanns als Erbin in Anspruche genommen wird. Diese Ansprache scheint den Gesezen nach gegründet zu seyn, weil die Frau mehrere Handlungen, die eine Erbschafts-Antretung enthalten, vornahm, und weil sie bey keiner derselben erklärt hat, daß sie nicht als Erbschafts-Antretung gelten solle. Von dieser Seite würde sie auch schwerlich einige Hülfe zu erwarten gehabt haben, da eine Erbschafts-Antretung den Gesezen nach durch Handlungen ebensowohl, als durch eine ausdrükliche Erklärung geschehen kann, und da die von ihr vorgenommenen Handlungen von der Art waren, daß nach dem ausdrüklichen Innhalt der Geseze eine Erbschafts-Antretung daraus gefolgert werden muß. Allein die Ehefrau war von einer andern Seite geschüzt. In dem Herzogthum Wirtemberg, wo dieser Fall vorkam, ist wegen der eingeführten Geschlechtsvormundschaft kein Rechtsgeschäft eines Frauenzimmers, wenn es ohne den Beystand ihres Kriegsvogts vor sich gieng, verbindlich. Und diese Verordnung kam in dem vorliegenden Falle auch der Ehefrau des Ganntmanns zu statten. Die Handlungen, welche ihr sonst die Eigenschaft einer Erbin des Ganntmanns beygelegt haben würden, hatten deswegen für sie keine Verbindlichkeit, weil sie von ihr allein, und ohne die Beyziehung eines Kriegsvogts vorgenommen wurden.

§. 13.
b.) Ausnahmen von der Regel.
1.) Bey Verbindlichkeiten aus einem Verbrechen.

Die Regel, von welcher bisher die Rede war, ist zwar dem Zwek der Geschlechtsvormundschaft, welcher in der Begünstigung der Frauenzimmer besteht (S. oben §. 8.) und den Grundsäzen welche die Praxis aufgestellt hat, gemäs. Dessen ungeachtet werden die Ausnahmen von dieser Regel eben so viele, oder vielleicht noch mehrere Fälle in sich begreiffen, als die Regel selbst. Unter diesen Ausnahmen ist vorzüglich der Fall enthalten, wenn das Frauenzimmer eine solche Handlung die nach den Gesezen als Verbrechen angesehen wird, begieng. Sie wird nemlich durch diese Handlung, auch wenn sie ohne die Mitwirkung eines Curators vorgenommen wurde, verbindlich, und zwar so, daß sie sich mit der Einwendung: Das Verbrechen sey von ihr allein begangen worden, von dieser Verbindlichkeit nicht wieder befreien kann. c) *)

---

c) Bodinus de his, quæ mulier saxonica valide citra curatorem agit th. 19. S. 21. Bardili curator ad litem §. 52. S. 37. und 38.

* Ebendeswegen wird auch bey einem Verhör in peinlichen Sachen dem Frauenzimmer niemals ein Curator gestattet.

Wibel de contractibus mulierum S. 234. und 235. Not. 101. Der Graffschaft Hohenlohe gemeinsames Landrecht vom Jahr 1731. 1ster Theil §. 8. S. 48.

und

Churfürstlich Brandenburgische im Herzogthum

Ueberhaupt so oft bey einem mit einem Frauenzimmer eingegangenen Rechtsgeschäft eine betrügerische Absicht von Seiten des leztern zum Grunde lag, so oft kann die unterbliebene Mitwirkung eines Curators dem Frauenzimmer nicht zum Vortheil gereichen, sondern sie wird dardurch eben so, als wenn sie ihren Curator beygezogen hätte, verbindlich. d) *)

Der Grund liegt darinn, weil einem jeden, der betrüglich gehandelt hat, in Ansehung derjenigen Handlung bey welcher er sich den Betrug erlaubte, keine Rechtswohlthat zu statten kommt. e)

Magdeburg publicirte Prozeßordnung vom Jahr 1686. im 13ten Capitel §. 6.
d) Vibel de contractibus mulierum cap. 3. §. 1. not. 5. S. 37. ferner cap. 4. S. 240. n. 116.
* S) kann z. B. eine Frau, welche wissentlich einen falschen Kriegsvogt zugelassen, und ihn für den wahren ausgegeben, sich mit der Einrede, daß kein rechtlich bestellter Kriegsvogt ihr beygestanden, nicht von ihrer Verbindlichkeit befreien. Smelin von Aufsäzen über Verträge ꝛc. §. 89. S. 192. und 193.
e) Wibel de contractibus mulierum S. 239. n. 115. arg. l. 2. π. ad sctm. Vellej. sed ita demum eis solverit, si non callidæ sint versatæ. Hoc enim divus

§. 14.

2.) In Ehesachen.

Eben so verhält es sich, wenn ein Frauenzimmer wegen Eingehung oder Aufhebung einer Ehe sich verbindlich macht; denn auch diese Verbindlichkeit kann durch die Einwendung: Die Handlung sey ohne den Rath eines Curators vorgenommen worden, nicht entkräftet werden f). Es ist hier der nemliche Fall, wie bey den Minderjährigen, welche sich in Ehesachen auf die ihnen sonst zukommende Rechtswohlthat gleichfalls nicht berufen können. g)

Pius & Severus rescripserunt, nam deceptis non decipientibus opitulatur. & l. 30. π. ad SCm. Velej.

f) Wibel de contractibus mulierum cap. 4. n. 11. S. 202. und 203. Badinus de his, quæ mulier saxonica valide citra curatorem agit th. 10. S. 12. und die daselbst in der Note a) noch weiter angezeigten Schriftsteller.

Churfürstlich Brandenburgische in dem Herzogthum Magdeburg publicirte Proceß = Ordnung vom Jahr 1686. im 13ten Kap. §. 6.

g) S. oben im 1ten Bd. §. 46. S. 70. und die daselbst unter dem Buchstaben w. angezeigter Schriftsteller.

§. 15.

_3.) Bey Testamenten ꝛc.

Eine weitere Ausnahme von der Regel trit auch in dem Falle ein: Wenn ein Frauenzimmer über die Art, wie ihr Vermögen nach ihrem Tode vertheilt werden soll, durch ein Testament oder auf eine andere Weise etwas verordnet, denn auch hier ist zur Gültigkeit einer solchen Handlung die Beyziehung eines Curators nicht erforderlich. h) Zwar kann ein solches Rechtsgeschäft von einem jeden, der solches vornimmt, und also auch von dem Frauenzimmer in jeder Periode ihres Lebens wieder abgeändert- oder gar aufgehoben werden. Wenn aber dasselbe durch den Tod des Frauenzimmers einmal bestätigt ist, so kann solches von denjenigen Verwandten des Frauenzimmers, welche ohne eine lezte Willensverordnung (ab intestato) ihre Erben gewesen wären, nicht angefochten werden, wenn es gleich ohne die Zuziehung

---

h) Carpzow jurispr. for. p. 2. Const. 15. def. 10. S. 470. Bodinus de his, quæ mulier saxonica &c. th. 16. S. 18.

eines Curators errichtet wurde, weil hier der Grund der die Geschlechtsvormundschaft veranlaßt hat, nemlich die Abwendung eines Nachtheils für die Frauenzimmer i) nicht statt findet, k) und weil selbst der Curator eines Minderjährigen, welcher bekanntlich noch mehr Gewalt, als der Curator eines Frauenzimmers hat, bey einem von dem Minderjährigen errichteten Testament, oder bey einer Schenkung von Todes wegen nicht erforderlich ist. l)

§. 16.
Fortsezung.

Dessen ungeachtet aber wurde von mehreren Statutargesezen sowohl, als auch von Rechtslehrern zur Gültigkeit eines Testaments, m) und noch häufiger zur Gül-

---

i) S. oben §. 6. und 7. S. 7 bis 12.
k) Carpzov jurispr. for. p. 2. Const. 15. def. 10. S. 470.
l) Westphal deutsches und reichsständisches Privatrecht, 2ter Theil, 50te Abhdlg. S. 108. §. 4.
m) a Lyncker von der Vormundschaftsbestellung bey Privat- und erlauchten Personen, S. 55. und die daselbst noch weiter angezeigten Schriftsteller.

tigkeit einer Schenkung von Todes wegen n) die Zuziehung eines Curators erfordert.

In denjenigen Ländern aber wo diese Forderung nicht auf besondere Statutargeseze gegründet ist, wird solche meinem Erachten nach nicht gerechtfertigt werden können, weil sie wie ich schon bemerkt habe, dem Endzwek der Geschlechtsvormundschaft, und der Analogie des Rechts zuwider ist. *

§. 17.
Fortsezung.

Hingegen muß ich wohl zu bemerken bitten, daß alles dieses nur auf solche Rechtsgeschäfte, welche als einseitige Willensverordnungen zu betrachten sind, anwendbar sey. Was aber die Erbschafts und Eheverträge betrift, welche wenn sie einmal

---

n) Die bey Carpzev in jurispr. for. p. 2. Conft. 15. def. 10. Nr. 3. 4. und 5. angezeigten Schriftsteller.

*) In dem Herzogthum Wirtemberg ist es auſſer Zweifel, daß ein Frauenzimmer bey Errichtung eines Testaments keines Curators bedarf. S. Wibel de contr. mulierum. cap. 4. S. 206 - 215. Nro. 24 - 50.

gültig errichtet sind, einseitig nicht mehr aufgehoben werden können; so hat es damit nicht die nemliche Beschaffenheit. Bey solchen Rechtsgeschäften ist nemlich, gleichwie bey den Verträgen überhaupt, der Beytrit eines Curators nöthig, oder wenn diß unterbleibt, so können dieselbe von dem Frauenzimmer für ungültig erklärt werden, weil hier derjenige Grund, der bey einseitigen Willensverordnungen die Zuziehung eines Curators entbehrlich macht, nicht eintrit, und weil also keine Ursache vorhanden ist, um von der Regel, nach welcher die Rechtsgeschäfte eines Frauenzimmers der Zuziehung eines Curators bedürfen, eine Ausnahme zu machen. *

Jedoch versteht es sich von selbst, daß das Rechtsgeschäft nicht nur dem Namen,

---

*) Nur in dem Falle, wenn einem Ehevertrage die nächsten Verwandten der Ehefrau beygewohnt haben, scheinen einige Rechtslehrer die Beyziehung eines besondern Curators für entbehrlich zu halten. S. F. C. Harpprecht de renunciatione acquæstus conjugalis, §. 16. Nr. 195. und die daselbst noch weiter angezeigten Schriftsteller.

Allein auch diese Meynung möchte ich wenigstens aus allgemeinen Grundsätzen nicht vertheidigen.

sondern auch der Sache nach ein wirklicher Vertrag seyn müsse, denn wenn daſſelbe zwar als ein Vertrag benennt= im Grunde aber eine einseitige Willensverordnung iſt, so wird es nach den Grundsäzen die auf Rechtsgeschäfte dieser Art anwendbar sind, beurtheilt.

§. 18.
4.) Bey Verträgen über Haushaltungs- sachen.

Wenn ein Frauenzimmer über bewegliche Güter, welche von keiner groſſen Wichtigkeit sind, auſſergerichtlich einen Vertrag schließt, so bedarf es auch hierzu des Beytritts eines Curators nicht. o) Die Beſtimmung aber was unter jenen Gütern zu verstehen sey, hängt, wenn darüber ein Streit entsteht, von der Beurtheilung des Richters ab, welcher dabey auf den Stand,

---

o) Mevius ad jus lubec. lib. 3. tit. 6. artic. 13. u. f. Lauterbach de ære alieno &c. §. 74. n. 5. 6. und 7. Wittemb. Landrecht p. 2. tit. 19. §. Ferner wollen wir auch ıc. Wibel de contractibus mulierum, cap. 4. n. 79. S. 227. und 228.

und auf das Vermögen des Frauenzimmers Rüksicht nehmen muß. Gewönlich werden darunter solche Sachen verstanden, welche zu den täglichen Haushaltungs-Bedürfnissen gebraucht werden. p)

§. 19.
5.) Bey Ertheilung eines Zeugnisses.

Diese Ausnahme ist auf folgende Grundsäze gestüzt:

Ein Frauenzimmer das in irgend einer Rechtssache als Zeugin angerufen wird, ist gleich den Mannspersonen verbunden, dasjenige, was sie mit ihren Sinnen wahrgenommen hat, der Wahrheit gemäs anzugeben. Es bedarf hier keiner besondern Erfahrung und Kenntniß, und keiner besondern Berechnung der Folgen, welche aus dem Zeugniß-geben entstehen können. Der Grund also weswegen von den Frauenzimmern bey andern Handlungen die Zuziehung eines Curators verlangt wird, q)

---

p) Lauterbach de aere alieno §. 74. Wibel von Conträcten der Weibspersonen, §. 19. S. 29.
q) S. oben §. 6.

fällt bey dem Zeugniß- geben hinweg, und eben deswegen kann das Zeugniß eines Frauenzimmers, das von ihr allein, und ohne die Zuziehung eines Curators abgelegt wurde, in dieser Hinsicht nicht als ungültig angefochten werden.

Das nemliche sollte nach meinem Erachten auch in dem Fall eintreten, wenn ein Frauenzimmer in einer Sache welche sie selbst angeht, ein Bekenntniß ablegt; auch dieses sollte, wenn schon kein Curator beygezogen wurde, aus ebendemselben Grunde nicht für ungültig erklärt werden können. Allein die Praxis ist hier anderer Meinung. Sie giebt dem Frauenzimmer das Recht, ein solches Bekenntniß für ungültig zu erklären. r)

§. 20.
6.) Bey einer nothwendigen Veräusserung.

Gleiche Beschaffenheit hat es auch in dem Falle, wenn eine dem Frauenzimmer zugehörige Sache nicht aus Willkühr, son-

---

r) S. Wibel de contr. mulier. c. 3. §. 8. S. 178. u. 179.

dern aus Nothwendigkeit veräussert wurde. s) Z. B. Wenn ein Frauenzimmer in einer Gemeinschaft war, und diese Gemeinschaft auf Verlangen der übrigen wieder aufgehoben wurde. Es kann nemlich gegen eine solche Aufhebung wenn sie gleich ohne die Mitwirkung eines Curators geschah, keine Einwendung gemacht werden. t) Ferner wenn ein Frauenzimmer dasjenige was sie vermög eines gültig eingegangenen Vertrags einem andern zu übergeben schuldig war, demselben wirklich übergiebt, so kann diese Uebergabe, wenn sie gleich ohne den Beytrit eines Curators geschehen ist, aus diesem Grunde nicht als ungültig angefochten werden. u)

§. 21.
7.) Bey einer Kaufmännin.

Ein Frauenzimmer das für sich selbst und auf seine eigene Rechnung Kaufmann-

---

s) Berlich in conclus. p. 2. concl. 17. n. 67.
t) Bodinus de his, quæ mulier saxonica &c. th. 12. S. 13. Wibel de contr. mulier. c. 4. n. 109. 110. und 111. S. 237. und 238.
u) Berlich in concl. p. 2., concl. 17. n. 87.

schaft treibt, * wird gewöhnlich theils zu ihrem eigenen Besten, und theils zum Besten des Handels, einer Mannsperson in Absicht auf die Fähigkeit über die zu ihrer Kaufmannschaft gehörigen Gegenstände einen Contrakt zu schliessen, gleichgeachtet. Es ist also zur Gültigkeit eines solchen Contrakts die Beyziehung eines Curators nicht erforderlich, und ebendeswegen kann sich

---

*) Was unter dem Ausdruk Kaufmannschaft treiben zu verstehen sey, erklärt Westphal im deutschen und reichsständischen Privatrecht, 2ter Band, 4te Abthlg. S. 45. Rebhahn in diss. quæ uxor mercatrix eine Kram- oder Marktfrau sit, & proprie dicatur §. 12. sqq. Bodinus de his, quæ mulier saxonica &c. th. 5. not. a. S. g. Wibel de contr. mulier. cap. 4. n. 5. §. 201. Coss. Tub. vol. 3. Consl. 203. n. 43-48 ibi: „Ut itaque uxor tanquam socia & correa debendi ex contractu mariti obligetur, requiritur ut ipsa simul cum marito publice, ex professo, & ut socia principalis, suo quoque nomine mercaturam vel negotiationem exerceat, merces emat, vendat, permutet, distrahat, earumque causa contrahat, suo simul lucro & damno, daß das Weib mit dem Mann gemeine Handthierung und Gewerb treibe, zu offenem Kramladen, oder Markt sitze, (quæ verba emphasin habent, & non tantum situm corporalem sed dominicam directionem denotant,) Zettel unterschreibe, oder mit ihrem Mann Wirth- und Gastschaft treibe.

C

das Frauenzimmer der sonst aus der Geschlechtsvormundschaft entstehenden Rechtswohlthat hier nicht bedienen. v) Jedoch läßt sich dieser Saz nicht so geradezu annehmen, sondern es sind hiebey mehrere Einschränkungen zu bemerken. Es muß nämlich Erstens; die Frau eines Kaufmanns von einer eigentlichen Kaufmännin wohl unterschieden werden, denn nur bey der leztern, aber nicht bey der erstern findet die angegebene Ausnahme statt. w) Zweytens: muß der Contrakt solche Gegenstände betreffen, welche zur Kaufmannschaft gehören, * denn wenn es andere Gegenstände

---

v) Gmelin de obligatione uxoris &c. §. 13. S. 18. und die daselbst unter dem Buchstaben z. noch weiter angezeigten Schriftsteller. Bodinus de his, qua. mulier saxonica &c. th. 6. S. 8. Bardili curator ad litem, §. 35. S. 25.

w) Gmelin de obligatione uxoris &c. §. 13. S. 18. und 19. und die schon oben unter dem Buchstaben u) angezeigten Schriftsteller.

*) Im Zweifel wird aber vermuthet, daß über solche Gegenstände contrahirt worden sey. Wibel de contractibus mulierum &c. c. 4. n. 5. S. 201. Bodinus de his, quæ mulier saxonica &c. th. 5. n. b; S. 8.

sind, so bleibt es bey der Regel, nach welcher die Zuziehung eines Curators erfordert wird. x) Endlich Drittens: müssen es aussergerichtliche und keine gerichtliche Handlungen seyn, denn vor Gericht muß auch eine eigentliche Kaufmännin einen Curator haben. y)

§. 22.
Fortsezung.

Uebrigens ist noch dieß zu bemerken, daß im Wirtembergischen selbst eine eigentliche Kaufmännin gleich andern Frauenzimmern behandelt= und ihr erlaubt wird, in allen Fällen, auch wenn sie über die zu ihrer Kaufmannschaft gehörigen Gegenstände einen Contract schließt, solchen, wenn sie ohne den Beytritt eines Curators gehandelt hat, für ungültig zu erklären. z)

---

x) Wibel de contractibus mulierum, c. 4. n. 5. S. 201.

y) Bardili curator ad litem, §. 35. S. 25.

z) Gmelin de obligatione uxoris &c. §. 13. S. 19. und 20. Cofs. Tub. Vol. 3. Conf. 298. n. 25. Wibel de contr. mulier. c. 4. n. 8. sqq. S. 201.

§. 23.
8.) Bey Verträgen zwischen Eltern und Kindern.

Hingegen wird, wenn ein Frauenzimmer entweder mit ihren Eltern, oder mit ihren Kindern einen Vertrag eingeht, die Zuziehung eines Curators nach der einstimmigen Meynung der Rechtslehrer entbehrlich. a) Der Grund liegt darinn: weil dasjenige, was die Geschlechtsvormundschaft hauptsächlich veranlaßt hat, nämlich die Besorgniß, daß die Schwäche, welche man gewöhnlich bey den Frauenzimmern annimmt, leicht misbraucht werden könnte, b) bey einem Vertrag, den das Frauenzimmer

---

fqq. Er ferner in einer Abhandlung unter dem Titel von Contracten der Weibspersonen, §. 4. n. 19. S. 29. Anderer Meynung ist Lauterbach de ære alieno &c. §. 75. Coll. diss. n. 4.

a) Carpzov, jurispr. for. p. 2. conft. 15. def. 3. S. 469. Berlich in concl. p. 2. concl. 17. n. 60. 68. 71. 72. und 73. Bodinus de his, quæ mulier faxonica &c. th. 7. S. 9. F. C. Harprecht de venditione gratiofa, §. 39. n. 220. in sollect. diss. vol. 1. diss. 23. und ebenderselbe in resp. 89. n. 49. fqq.

b) S. oben §. 6. 7. und 8.

entweder mit ihren Eltern oder mit ihren Kindern geschlossen hat, nicht wohl ange=
nommen werden kann. c) *)

Matth. Berlich d) will zwar diese Ausnahme auch auf den Fall ausgedehnt wissen, wenn ein Rechtsgeschäft des Frauen= zimmers unter Beystimmung und Mitwir= kung ihrer Verwandten vollzogen wurde. Ich sehe aber zu dieser Ausdehnung keinen hinlänglichen Grund; auch ist sie so viel mir bekannt ist, durch den Gerichtsgebrauch nicht bestätigt.

§. 24.
9.) Bey Geldaufnahmen.

Gleiche Beschaffenheit soll es nach dem Zeugniß Carpzovs e) und anderer Rechts=

---

c) Carpzov jurispr. for. p. 2. const. 15. def. 8. S. 469. Berlich concl. 17. n. 60.

*) Im Wirtembergischen tritt nach dem Zeug= niß Wibels de contr. mulier. c. 4. n. 187. und 188. S. 262. diese Ausnahme bey einem Contract, den ein Frauenzimmer mit ihrem Vater geschlos= sen hat, nicht ein. Wohl aber bei Contracten, welche die Mutter mit ihren Kindern schloß.

d) in concl. p. 2. concl. 17. n. 84.

e) Jurispr. for. p. 2. const. 15. def. 14. S. 471.

lehrer f) auch in dem Falle haben, wenn ein Frauenzimmer für sich und auf ihre Rechnung ein Capital aufnimmt. Auch hier soll nämlich die Mitwirkung eines Curators entbehrlich seyn. Ich glaube aber nicht, daß dieser Grundsaz allgemein angenommen werden kann. Wenigstens im Wirtembergischen findet solcher nicht statt. g) Zwar kann das Frauenzimmer auch im Wirtembergischen mit Wirkung belangt werden, wenn das von ihr allein aufgenommene Geld zu ihrem Nuzen verwendet wurde. h) Eigentlich aber ist dieß keine Ausnahme von der Regel, denn der Grund der Verbindlichkeit liegt hier blos in der vorgegangenen Verwendung, nicht aber in der Eigenschaft des Gegenstands, worüber ein Contract geschlossen wurde.

---

f) S. Gmelin von Aufsäzen, S. 201. not. e.

g) Wibel de contr. mulier. c. 3. §. 1. n. 2. und 3. S. 36. und 37. Cofs. Tub. vol. 8. Conf. 109.

h) Wibel de contr. mulier. c. 3. §. 1. n. 5. S. 37. und c. 4. n. 90. S. 232. Lauterbach in coll π. Tit de rebus creditis §. 19.

§. 25.

10.) Bey einem Rechtsgeschäfte, welches eidlich bekräftigt wurde.

Wenn aber von der Gültigkeit eines solchen Rechtsgeschäfts die Rede ist, welches zwar von dem Frauenzimmer allein vorgenommen = hingegen eidlich von ihr bekräftigt wurde; so finden wir in den Meinungen der Rechtslehrer eine grosse Verschiedenheit. Einige derselben halten nämlich ein solches Rechtsgeschäft für gültig; i) andere nicht; k) und noch andere lassen die Gültigkeit nur in dem Falle zu, wenn das Rechtsgeschäft durch einen körperlichen Eid bestätigt wurde. l)

Was nun meine Meinung betrift, so glaube ich daß die Gültigkeit eines eidlich

---

i) Leyser in med. ad ⟨w⟩. spec. 172. med. 5. Struben in den rechtl. Beb. 1ter Thl. Beb. 24. §. 1. S. 64. Carpzov jurispr. for. p. 2. const. 15. def. 1. n. 10. und 11.

k) Hofacker princ. jur. civ. §. 713. S. 555. und die daselbst angezeigten Coss. Tub. vol. 3. conf. 221. n. q. sqq. Auch ist hierüber nachzusehen: Weber Entwikelung der Lehre von der natürlichen Verbindlichkeit 3te Abth. §. 122. und 123. S. 196. und 198.

l) Hommel rhapsod. quaest. obs. 274.

bestätigten Rechtsgeschäfts, wenn schon kein Kriegsvogt beygezogen wurde, wegen der Allgemeinheit der in Cap. 28. X. de Jurejur. und in Cap. 2. de pactis in 6. enthaltenen Verordnung m) deren Anwendbarkeit in Deutschland ausser Zweifel ist, n) nicht angefochten werden könne; und zwar ohne Unterschied, ob die eidliche Bestätigung mittelst körperlichen Eides, oder mittelst einer eidlichen Versicherung geschah, weil nach den Grundsäzen des Rechts, und nach dem Zeugniß der Rechtslehrer eine eidliche Versicherung, für welche aber nur das Angeloben am Gerichtsstabe, o) und z. B. die Versicherung: So wahr mir Gott helfe, p) angenommen wird, der Regel nach

---

m) Gmelin de obligatione uxoris &c. §. 4. S. 10. und 11.

n) Struben rechtl. Beb. 1ter Thl. Beb. 24. §. 1. S. 64.

o) F. C. Harpprecht consult. Vol. novo p. 2. conf. 70. n. 35. und 42. S. 1443.

p) Heefer de bonorum et inprimis acqu: communione p. 2. loco 23. n. 398. Carpzov jurispr. for. p. 2. const. 16. def. 6. n. 7. und 18.

ebendieselbe Wirkung hat, welche man einem körperlichen Eide zuschreibt. q)

§. 26.
II.) Bey einem Contrakt mit einer pia causa.

Wenn ein Frauenzimmer zum Besten einer piæ causæ einen Vertrag schließt; so behaupten mehrere Rechtslehrer daß dieser Vertrag, wenn gleich kein Curator mit beygewohnt, von dem Frauenzimmer nicht für ungültig erklärt werden könne, weil in einem solchen Falle dasjenige, was den Anlaß zur Geschlechtsvormundschaft gab, nämlich die Gefahr daß das Frauenzimmer ihrer Schwäche wegen leicht betrogen werden könne, nicht anzunehmen sey. r) In solchen Ländern aber, wo diese Ausnahme weder durch Partikulargeseze noch durch eine rechtsgültige Gewohnheit als gegrün-

---

q) J. H. Böhmer de effic· mulier. intercess. c. 2. §. 14. not. l. l. S. 45. Gmelin de obligatione uxoris &c. §. 21. S. 30.

r) Berlich concl. p. 2. concl. 17. n. 76. S. 105. und 106.

det erwiesen werden kann, möchte ich sie nicht behaupten, da der Grund weswegen solche aufgestellt wurde, mir nicht zureichend scheint. s)

§. 27.

12.) Bey einem Frauenzimmer, welches die Rechte eines Regenten hat.

Eine weitere Ausnahme von der Regel machen die Rechtslehrer auch bey solchen Frauenzimmern, welchen die Landeshoheit oder wenigstens die hohe Gerichtsbarkeit zukommt. Sie glauben nämlich daß diejenige Rechtsgeschäfte, welche solche Personen vornehmen, zu ihrer Gültigkeit des Beytritts eines besondern Curators nicht bedürfen. t) Der Grund liegt darinn: weil man auf Personen, denen das wichtigste unter allen Rechten, das Recht ei-

---

s) S. Wibel de contract. mulier. c. 4. n. 174-181. S. 257 - 260. insbesondere n. 176.

t) Berlich concl. p. 2. consl. 17. n. 79. Wibel de contr. mulier. c. 4. n. 9. S. 202. und c. 7. n. 24. S. 355. Bardili curator ad litem, §. 36. S. 25. und 26.

nes Regenten anvertraut ist, dasjenige
was die Geschlechtsvormundschaft veranlaßt
hat, u) nicht für anwendbar hielt.

§. 28.
Fortsezung.

Die nämliche Ausnahme soll nach dem
Zeugniß Wibels, v) auch bey den Gemah-
linnen und Töchtern der Reichsfürsten statt
finden; und der Herr Oberamtmann Rößlin, w) will sie sogar auf alle Reichsun-
mittelbare Frauenzimmer ausgedehnt wissen. Ohne ein ausdrükliches Partikulargesez, oder eine rechtsgültige Gewohnheit
möchte ich aber diese Behauptung nicht vertheidigen, da ich bey Erlauchten und Reichs-
unmittelbaren Frauenzimmern als solchen
keinen Grund finde, um sie der aus der Geschlechtsvormundschaft entstehenden Rechtswohlthat für verlustig zu erklären. x)

---

u) S. oben §. 6.
v) de contr. mulier. c. 2. nr. 51. S. 29.
w) Von besondern weiblichen Rechten, 2tes
Buch, 4ter Abschn. 6tes Hptstk. §. 18. S. 173=175.
x) S. de Ludolf de jure singulari fem. illustr.

§. 29.
Noch einige Bemerkungen.

Erstens.

Bey der bisherigen Ausführung habe ich solche Grundsäze aufgestellt, welche aus der Natur der Geschlechtsvormundschaft, und aus der Analogie des Rechts abgeleitet sind. Ich halte sie also in allen denjenigen Ländern, wo eine Geschlechtsvormundschaft eingeführt ist, so lang für anwendbar, so lang es nicht erweislich ist, daß entweder Partikulargeseze oder eine rechtsgültige Gewohnheit dem einen oder dem andern derselben entgegen stehen.

§. 30.
Zweytens.

Wenn es bey einem solchen Rechtsgeschäft, aus welchem die Ehefrau des Ganntmanns von den Gläubigern belangt wird, zweifelhaft ist, ob ein Kriegsvogt beygezogen- oder ob bey der Bestätigung dieses

---

ed. 2da p. 1. §. 29. n. 3. besonders in der Note f. S. 45.

Kriegsvogts dasjenige, was die Geseze deßhalb vorgeschrieben haben, beobachtet worden sey oder nicht: so liegt nach meinem Erachten den Gläubigern, und nicht der Ehefrau der Beweiß ob. Man darf die Sache wie mich dünkt, nur zergliedern, um sich von der Richtigkeit dieser Behauptung zu überzeugen. Zweifelhaft können nämlich die aufgeworfenen Fragen nur alsdann werden, wenn zwischen der Ehefrau und den Gläubigern ein Streit entsteht. Es müssen nämlich die leztern behaupten: Das Rechtsgeschäft, wovon die Rede ist, sey unter Zuziehung eines Kriegsvogts vorgenommen = oder der Kriegsvogt sey auf die gehörige Weise, das ist unter Beobachtung der vorgeschriebenen Erfordernisse bestätigt worden; die Ehefrau hingegen muß dieses widersprechen. In diesem Falle nun stüzen sich die Gläubiger auf Begebenheiten, und zwar auf solche Begebenheiten, welche aus dem Wesen der Sache nicht nothwendig folgen, denn weder das Beyziehen eines Kriegsvogts, noch der Umstand: daß bey seiner Bestätigung dasjenige, was die Geseze erfordern, beobachtet worden sey, kann als eine aus dem Wesen der Sache nothwendig folgende Begebenheit angesehen werden. Die Gläubiger sind also nach anerkannten Rechtsgrundsäzen zum Beweiß ihrer Behauptung verbunden. y)

§. 31.
Drittens.

Der Ehemann ist schon als solcher und ohne daß er einer besondern Bestätigung bedarf, als legitimer Curator seiner Frau anzusehen, und kann daher allen Geschäften derselben durch seinen Beytrit Gültigkeit geben. Nur in dem Falle, wenn sich die Ehefrau für ihren Ehemann verbürgt, oder wenn bey einem Contrakt das eigene Interesse des Ehemanns mit dem Interesse der Ehefrau in Collision kommt, muß der leztern ein besonders bestätigter Curator beystehen; oder der Contrakt ist ungültig. z) Hingegen wenn der Contrakt ohne einen

---

y) von Tevenar Theorie der Beweise im Civil=Prozeß, 1ter Abschn. 2tes Cap. S. 26.
z) Gmelin de obligatione uxoris &c. §. 12. S. 17.

solchen Collisionsfall theils zum Vortheil des Ehemanns, und theils zum Vortheil der Ehefrau gereicht, so wird die Ehefrau durch den Beytritt des Ehemanns für ihren Antheil verbindlich. a)

§. 32.
Viertens.

In dem Wirtembergischen ist das besondere, daß wenn der Ehefrau neben ihrem Manne noch ein besonderer Curator verordnet wird, dieser nur in so ferne den Rechtsgeschäften seiner Curandin durch seinen Beytrit Gültigkeit geben kann, in so ferne sich solche nicht über 100. fl. erstrecken. b) Wenn aber dieses ist, so bedarf das Rechtsgeschäft richterlicher Bestätigung, oder die bevogtete Ehefrau kann sich der aus der Geschlechtsvormundschaft entstehenden Rechtswohlthat bedienen, und also das Rechtsgeschäft in so ferne, als es

---

a) Gmelin de obligatione uxoris &c. §. 12. S. 17. und §. 23. S. 34.
b) Landrecht p. 2. tit. 29. §. Ferner wollen wir rc. S. 312.

diese Summe übersteigt, für ungültig er‹
klären. c)

§. 33.
Fünftens.

Etwas ähnliches mit der Geschlechts=
vormundschaft ist auch in den Partikular=
gesezen zu Ulm, Eßlingen, und in der Pfalz
ꝛc. enthalten, indem die Weibspersonen in
diesen Ländern zu ihren gerichtlichen Hand=
lungen Mannspersonen beyziehen müssen.
Für eine eigentliche Geschlechtsvormundschaft möchte ich aber dieses leztere Rechts=
Institut nicht erklären. Es ist mehr eine
Folge von den Feierlichkeiten, welche bey
gerichtlichen Handlungen, besonders in äl=
tern Zeiten, gewöhnlich waren, und wo=
bey man die Weibspersonen der Regel nach
ausgeschlossen hat. Wenigstens ist dieß die
wahrscheinlichste Vermuthung, aus welcher
die Entstehung jenes Rechtsinstituts erklärt
werden kann. d) Aus diesem ergiebt sich

---

c) Wibel de contractibus mulierum c. 6. h. 36.
37. und 38. S. 325.
d) Rörlin von besondern weiblichen Rechten,

der Unterschied zwischen der eigentlichen Geschlechtsvormundschaft,, und diesem leztern Rechtsinstitute von selbst. Jene hat, wie aus den §. 5. 6. und 7. oben fol. 5 — 12. zu ersehen ist, die Begünstigung der Frauenzimmer zum Endzwek. Dieses hingegen gehört zur Förmlichkeit der gerichtlichen Handlungen. Eben deswegen wird bey der eigentlichen Geschlechtsvormundschaft, wenn die Zuziehung des Curators unterbleibt, das Rechtsgeschäft nicht an und für sich nichtig, sondern nur das Frauenzimmer erlangt ein Recht, solche für unkräftig zu erklären. Hingegen wird im zweyten Falle, wo die Zuziehung eines Curators zur Förmlichkeit einer Handlung gehört, der Mangel des Curators gewöhnlich dieß bewirken, daß das ganze Geschäft an und für sich nichtig wird, das Frauenzimmer mag damit zufrieden seyn, oder nicht. *) Jedoch läßt sich dieses nicht

---

1ter Band, 2tes Buch, 4ter Abschn. 1tes Hptstk. §. 83.
*) Das Landrecht der Grafschaft Hohenlohe vom Jahr 1731. drükt dieses im 1sten Theil, S. 8. S. 48. sehr gut aus in folgenden Worten: „Und gleichwie sie zu gerichtlichen Handlungen ohne

ganz allgemein behaupten, sondern um sicher zu gehen, muß man jedesmal auf die Partikulargeseze desjenigen Landes sehen, in welchem die Beyziehung eines Curators bey einer gerichtlichen Handlung unterblieb.

Beystand nicht zuzulassen sind; also müssen auch diejenige, die mit einer Frau ohne Beystand in aussergerichtlichen Geschäften etwas abschliessen, gewärtig seyn, daß dieselbe, wenn sie dardurch in Schaden kommen, und deswegen klagen würde, in vorigen Stand gestellet und die Handlung aufgehoben werde."

Zweyte Abtheilung.

Rechte, welche in dem Vellejanischen Rathsschluß, und in der l. 23. Cod. ad S&m. Vellej. enthalten sind.

§. 34.
Ursprung, Endzwek und Grund derselben.

Die Rechte von welchen hier die Rede ist, sind bekanntlich römischen Ursprungs. Sie sind vorzüglich in dem berühmten Vellejanischen Rathsschlusse enthalten, und haben die Begünstigung der Frauenzimmer zum Endzwek. e) Der Grund ihrer Entstehung liegt darinn: Die Frauenzimmer arbeiteten theils aus Unwissenheit der Geseze und theils aus Schwäche öfters gegen ihren eigenen Vortheil. f) Ueberredungs=

---

e) J. H. Böhmer de efficaci mulier. intercess. c. 2. §. 18. S. 56. not. l. 1. l. Lauterbach in coll. π. lib. 16. tit. 1. §. 1).

f) Voet in comment. ad π. lib. 16. tit. 1. §. 1.

künfte und Zudringlichkeiten anderer machten sie der Pflichten gegen sich und gegen ihre Familie vergessend. Besonders legten sie sich durch leichtsinnige Bürgschaften den Grund zu ihrem Verderben.

§. 35.
Geschichte ihrer Entstehung.

Den eigenen Männern derselben war es am leichtesten diese Schwäche zu benuzen. Die Achtung welche ihnen ihre Frauen zu erweisen hatten, und die Vortheile oder Nachtheile welche sie den leztern zuwenden konnten, dienten ihnen zur Unterstüzung. Zuerst suchte man also die Frauenzimmer von dieser Seite zu sichern. Zwey Verordnungen unter den Kaisern August und Claudius verboten ihnen alle Bürgschaften für ihre Männer, g) und erlaubten, daß Bürgschaften dieser Art durch Hülfe einer Einrede wieder entkräftet werden konnten. h)

Ev. Otto de perpetua feminarum tutela, §. 9. S. 1*k*. - 1*s*.

g) l. *s*. pr. *w*. ad S*c*tm. Vellej.

h) J. H. Böhmer de offic. mulier. intercess. c. *s*, §. *k*. S. 12.

§. 36.

Fortsezung.

Nachher gieng man weiter: Ein neues Gesez welches wir unter dem Namen des Vellejanischen Rathsschlusses kennen, sorgte für die Frauenzimmer auch in andern Fällen. Es warnte solche überhaupt vor allen Bürgschaften, und gab denselben ein Rechtsmittel, um sich von der dadurch übernommenen Verbindlichkeit wieder zu befreien. Auf diese Art wurden die unverheuratheten Frauenzimmer den verheuratheten gleichgestellt, und diesen wie jenen gestattet, die aus den übernommenen Bürgschaften entstandene Verbindlichkeiten wieder zu entkräften.

§. 37.

Fortsezung.

Alles dieses schien den römischen Gesezgebern noch nicht zureichend, um die Frauenzimmer vor dem Nachtheil, der aus übernommenen Bürgschaften für sie entstehen könnte, zu sichern. Eine Verordnung, welche in der l. 23. Cod. ad SCtm. Vellej.

enthalten ist, begünstigte die Frauenzimmer wieder aufs neue. Es machte nämlich einen Unterschied, unter Bürgschaften welche in einem unter öffentlichem Ansehen errichteten und von 3. Zeugen unterschriebenen Instrument enthalten waren, und unter solchen Bürgschaften, welche entweder ohne Instrument, oder nur in einem Privatinstrumente von einem Frauenzimmer übernommen wurden. Nur bey jenen blieb es bey dem alten; in Ansehung dieser aber wurde verordnet, daß sie schon an und für sich selbst nichtig seyn sollen, und daß es also der Einrede aus dem Vellejanischen Rathsschlusse bey denselben gar nicht bedürffe. i)

---

i) l. 23. cod. ad SCtm. Vellej. „Ne autem mulieres perperam sese pro aliis interponant, sancimus non aliter eas in tali contractu posse pro aliis se obligare, nisi instrumento publice confecto, & a tribus testibus subsignato, accipiant homines a muliere pro aliis confessionem: tunc enim tantummodo eas obligari, & sic omnia tractari, quæ de intercessionibus fœminarum vel veteribus legibus cauta, vel ab imperiali auctoritate introducta sunt. Sin autem extra eandem observationem mulieres acceperint intercedentes: pro nihilo habeatur ejusmodi scriptura, vel sine scriptis obligatio,

§. 38.

Fortsezung.

In der Folge erhielten die Verordnungen zu Gunsten der weiblichen Bürgschaften durch das 8te Capitel der 134ten Novelle, mit welcher die berühmte Avth. si qua mulier Cod. ad SCtm. Vellej. fast wörtlich übereinstimmt, noch eine weitere Ausdehnung. Aber diese neue Begünstigung gieng nur auf diejenigen Fälle, in welchen ein Frauenzimmer zum Besten ihres Ehemanns eine Bürgschaft übernahm. Bey den übrigen Bürgschaften findet sie keine Anwendung. k)

---

tanquam nec confecta nec penitus scriptura: Ut nec sCti auxilium imploretur, sed sit libera & absoluta, quasi penitus nullo in eadem causa subsecuto."
Lauterbach ad π. lib. 16. tit. 1. §. 10. Bachov ad Treutl. vol. 1. disp. 25. th. 2. lit. B.
k) J. H. Böhmer de efficac. mulier. intercess. §. 13. besonders not. x.

§. 39.
Sie gehen zunächst nur auf diejenige Bürgschaften, welche ein Frauenzimmer zu Gunsten eines dritten, der nicht ihr Ehemann ist, übernahm.

Die Rechte welche den Frauenzimmern wegen übernommener Bürgschaften zukommen, zerfallen also von selbst in zwey Klassen, wovon die eine die Bürgschaften für den Ehemann, und die andere die Bürgschaften für dritte Personen betrift. Die Verordnungen in Ansehung der Bürgschaften von der erstern Art kommen hienach unter denjenigen Rechten vor, welche den Eheweibern als Eheweibern zukommen.

Hier ist nur von solchen Rechten die Rede, welche bey den Bürgschaften von der leztern Art anwendbar- und welche in dem angezeigten Vellejanischen Rathsschlusse und in der l. 23. Cod. ad Sctm. Vellej. enthalten sind.

§. 40.
Sie kommen bey einem Ganntprozeß über das Vermögen des Ehemanns nur selten zur Sprache.

Diese Rechte haben bey einem Garntprozeß über das Vermögen des Ehemanns nur dann ihre Anwendung, wenn die Ehefrau in Gemeinschaft ihres Ehemanns für einen dritten sich verbürgt, d. i. wenn sie zum Vortheil eines dritten entweder auf ihre Person oder auf ihre Güter eine Verbindlichkeit übernommen hat. 1) In diesem Falle wird die Forderung, welche aus einer solchen Verbindlichkeit entsteht, gewöhnlich gegen beide Ehegatten eingeklagt. Hingegen die Verbindlichkeit der Ehefrau wird entweder als nicht existirend angenommen, wenn sie in keinem öffentlichen, und von 3. Zeugen unterschriebenen Instrumente übernommen wurde, oder wenn auch dieser leztere Fall vorhanden- und also die Bürgschaft in einem öffentlichen Instrumente enthalten ist, so kann die Klage in so ferne sie gegen die Ehefrau gerichtet wurde, durch die Einrede aus dem Vellejanischen Raths-

---

1) l. 8. und l. 29. π. desgleichen l. 5. und l. 7. cod. ad SCtm. Vellej. ferner l. ult. §. 1. π. h. t. l. 2. cod. h. tit.

Röslin von besondern weiblichen Rechten, 2ter Bd. S. 62. und 63. §. 12.

schlusse wieder entkräftet werden. *) Eben
dieselbe Einrede wird auch in dem Falle

---

*) Es glaubt zwar J. H. Böhmer in der angez. Streitschrift de efficaci mulier. intercess. S. 72. daß es heut zu Tage kein praktisches Interesse habe, ob die Bürgschaft an und für sich selbst nichtig sey, oder ob sie durch Hülfe einer Einrede wieder entkräftet werden könne. Allein ich kann mich von der Richtigkeit dieser Behauptung nicht überzeugen. In den meisten Fällen ist es freilich der Wirkung nach das nämliche, ob die Bürgschaft gleich von Anfang an für nichtig erklärt= oder ob dem Frauenzimmer gestattet wird, sich dargegen mit der Einrede aus dem Vellejanischen Rathschlusse zu schüzen. Aber diese Regel ist nicht allgemein. Z. B. Wenn ein Frauenzimmer wegen einer an und für sich selbst nichtigen Bürgschaft verklagt wird, so muß der Richter den Kläger abweisen, wenn auch gleich das Frauenzimmer in ihrer Erklärung, den Umstand: daß die Bürgschaft nichtig sey, gar nicht berührt hat, oder vielmehr der Richter ist verbunden, die Klage geradezu von Amts wegen für unstatthaft zu erklären, ohne daß er zuvor das Frauenzimmer zu einer Erklärung auffordert, weil unter den angegebenen Umständen gar kein Klagegrund vorhanden ist. S. Danz Grundsäze des ordentlichen Prozesses, §. 66. not. 1. S. 60. und §. 88. S. 185. In dem Fall aber, wenn sich das Frauenzimmer nur mit der Einrede aus dem Vellejanischen Rathschlusse schüzen kann, verhält es sich anders: Auf diese Einrede darf der Richter von Amts wegen keine Rüksicht nehmen, sondern er

gestattet, wenn eine Ehefrau um einem dritten Geld zu lehnen, eine Schuld kontrahirte, und NB. der Gläubiger entweder vor oder bey dem Entlehnen m) gewußt hat, daß das Entlehnte nicht zum eigenen Nuzen der Ehefrau, sondern zum Vortheil eines dritten verwendet werden würde. n)

---

ist verbindlich, eine solche Bürgschaft, wenn sonst kein Hinderniß vorwaltet, für gültig zu erklären. S. Röslin von besondern weiblichen Rechten, 2ter Band, 3tes Buch, 1ster Abschn. 2tes Hptstk. 1stes Kap. §. 29. S. 75. Ferner es giebt Geseze, deren Innhalt — wie ich weiter unten in dem Abschnitt von den Verbindlichkeiten zeigen werde — nur auf diejenigen Fälle anwendbar ist, wo eine Bürgschaft durch Hülfe einer Einrede wieder entkräftet werden kann; aber nicht auf diejenige, in welchen eine Bürgschaft an und für sich selbst nichtig ist.

m) Voet in comment. ad π. lib. 16. tit. 1. §. 3.

n) l. 11. π. ad SCtm. Vellej. „Si mulier tanquam in usus suos pecuniam acceperit, alii creditura: non est locus senatusconsulto. Alioquin nemo cum foeminis contrahet: quia ignorari potest, quid acturæ sint."
l. 12. π. ibid. „Imo tunc locus est senatusconsulto, cum scit creditor, eam intercedere."

Treutler vol. 1. diss. 25. th. 2. S. 242. „Ut succurritur mulieri, modo creditor scivirit

§. 41.
Noch eine Bemerkung.

Die Einrede des Vellejanischen Rathsschlusses findet zu jeder Zeit statt; nicht nur vor der Litiscontestation, sondern auch nach derselben, und selbst nach ausgesprochener Urthel. o) Auch kommt die Art, wie diese Verbindlichkeit auf Seiten der Frau entstanden ist, hier nicht in Betrachtung. Ob sie mit Worten oder mit Handlungen, ob sie ganz oder nur zum Theil, und ob sie unbedingt, oder nur auf einen gewissen Fall, auch ob sie für eine Mannsperson oder für ein Frauenzimmer p) ferner; ob sie für verwandte oder nicht verwandte Personen q) übernommen wurde;

---

eam pra alio intercedere &c." Bachov ad hanc thesin.

o) Voet in comment ad π. lib. 16. tit. I. §. 8. Lauterbach in coll. π. lib. 16. tit. I. §. 20.

p) Lauterbach am angez. Ort, §. 5.

q) l. 3. cod. ad SCtm. Vellej. „Si cum ipse mutuam pecuniam acciperes, mater tua contra amplissimi ordinis consultum fidem suam interposuit, exceptione se tueri potest. l. 2. cod. eod.

— alles dieses macht hier keine Aenderung. Das Frauenzimmer ist in dem einen wie in dem andern Falle befugt, die Einrede aus dem Vellejanischen Rathsschlusse zu gebrauchen. r).

---

r) Voet in comment. ad π. lib. 16. tit. 1. §. 8.

Zweyter Abschnitt.

Von den Rechten des Eheweibs als Eheweib.

§. 42.
Einleitung.

Dieser Abschnitt enthält die wichtigsten Rechte, welche einem Eheweib bey dem Ganntprozeß über das Vermögen ihres Ehemanns zukommen. Ich werde mich daher bey der Entwikelung derselben länger, als bey den übrigen Abschnitten verweilen. Vorläufig aber muß ich in Ansehung des Plans, der bey der Behandlung dieses Abschnitts zum Grunde liegt, bemerken, daß ich die ganze Materie in 2 Hauptfächer abgetheilt, und in dem ersten diejenigen Rechte eines Eheweibs, welche nicht aus der Gütergemeinschaft entstehen, in dem zweyten aber die aus der Gütergemeinschaft entstehenden Rechte beschrieben habe.

Erstes Hauptstük.

Von denjenigen Rechten eines Eheweibs, welche nicht aus der Gütergemeinschaft entstehen.

§. 43.

1.) Von den Rechten in Ansehung der Wiederlage.

Unter dem Ausdruk Wiederlage (donatio propter nuptias) versteht man diejenige Schenkung, welche der Ehefrau von ihrem Ehemann, oder in seinem Namen von einem Dritten zu dem Ende gemacht wird, um ihr dardurch für das eingebrachte Heurathgut entweder Sicherheit, oder aber einen Ersaz zu geben. s) Sie sezt also je-

---

s) Hofacker princ. jur. civ. lib. 2. sect. 5. cap. 5. tit. 2. §. 475. S. 376. Lauterbach de donat. propter nuptias, §. 8. in der Samml. seiner Dissert. Nr. 75.

desmal ein schon gegebenes oder noch zu gebendes Heurathgut voraus, und wurde in ältern Zeiten nach dem Verhältniß dieses Heurathguts bestimmt; t) hingegen heut zu Tage beträgt sie öfters mehr als das Heurathgut, öfters aber auch weniger.

§. 44.
Fortsezung.

Die Wiederlage wird zur Sicherheit oder zur Vergütung des eingebrachten Heurathguts gegeben. Wenn also bey einem Ganntprozeß die Wiederlage gefordert wird, so bleibt dargegen das eingebrachte Heurathgut unter dem Vermögen des Mannes. Es wäre denn, daß der leztere noch vor der Ehe *) auf eine rechtsgültige Weise bestimmt hätte, daß die Ehefrau das Heurathgut neben der Wiederlage entweder ganz oder wenigstens einen Theil davon zu fordern

---

t) Puffendorf in obs. t. 2. obs. 39. §. 15.
*) Denn wenn solches während der Ehe geschieht, so kann es von den Gläubigern des Ehemanns als eine ungültige Schenkung bey einem Ganntprozeß angefochten werden.

befugt seyn solle. u) Im erstern Falle, wenn nämlich die Wiederlage allein gefordert wird, ist sie als ein Surrogat für das Heurathgut zu betrachten, und die Frau genießt deßhalb ebendieselben Rechte, die ihr in Ansehung des Heurathguts zugekommen wären. v) Im leztern Fall aber, wenn nämlich neben der Wiederlage auch noch das Heurathgut besonders gefordert und der Ehefrau zuerkannt wird, genießt sie zwar wegen dieser Forderung nicht das ausgezeichnete Vorzugsrecht des Heurathguts, jedoch aber ein stillschweigendes Unterpfand. w)

---

u) Hofacker princ. jur. civil. lib. 2. §. 478. S. 378.

v) Gmelin Ordnung der Gläubiger, 2te Ausg. Cap. 4. §. 26. S. 349.

w) Gmelin ebendaselbst S. 348. Anderer Meynung ist der daselbst angezeigte Reinharth, welcher in einer Dissertat. de uxore in donatione propter nuptias neque dominium neque tacitam hypothecam habente, §. 17. sqq behauptet, daß dieses Unterpfand in den römischen Gesezen nicht gegründet sey.

§. 45.
2.) Von den Rechten in Ansehung des Wittums.

Unmöglich können die Grundsäze, welche hier in Betrachtung kommen, m..t einiger Zuverläsigkeit bestimmt= und die Irrthümer, welche sich vorzüglich in diese Lehre eingeschlichen haben, vermieden werden, wenn man nicht vor allen Dingen dasjenige, was man mit dem angegebenen Ausdruk bezeichnen will, genau angiebt, und wenn man nicht unter den verschiedenen Arten des Wittums unterscheidet.

Unter dem Ausdruk Wittum wird hier derjenige Antheil an dem Vermögen des Ehemanns verstanden, welcher der Ehefrau zu dem Ende angewiesen wird, um sich desselben nach dem Absterben des erstern zu ihrem Unterhalt zu bedienen x). Der Zwek aber, welcher bey dieser Anweisung beabsichtet wird, ist zweyfach. Sie geschieht nämlich entweder deswegen, um dardurch

---

x) Hofacker princ. jur. civ. lib. 2. §. 486. S. 327.

der Ehefrau einen Ersaz für das eingebrachte Heurathgut, oder auch für dasjenige, was ihr als Wiederlage ausgesezt wurde, zu geben; in welchem Falle sie nach dem Verhältniß des Heurathsguts und der Wiederlage bestimmt = und mit dem Namen Leibgeding, y) Gegenvermächtniß, z) und römisch deutscher Wittum, a) (dotalitium) bezeichnet wird. Oder es wird bey der Anweisung eines Theils von dem Vermögen des Ehemanns weder auf das eingebrachte Heurathsgut noch auf die Wiederlage einige Rüksicht genommen, sondern der Ehefrau aus bloser Freigäbigkeit zu ihrem künftigen Unterhalt etwas ausgesezt. Und in diesem Falle wird dasjenige, was der Ehefrau angewiesen ist, Wittum im engern und eigentlichen Sinn, oder auch vidualitium, oder donatio propter nup-

---

y) Runde Grundsäze des gemeinen deutschen Privatrechts, 2te Ausg. §. 595. S. 490.

z) Struben vom Ursprung des deutschen Wittums und Leibgedings in den Nebenstunden, 5ter Thl. 37ste Abhdlg. §. 1.

a) Stepf vom Contradictor, §. 127. S. 180. und S. 181. und 182. Not. 455.

tias genennt. Es ist also Leibgeding (dotalitium) von dem Wittum im eigentlichen Sinne (von dem vidualitium) wohl zu unterscheiden.

§. 46.
Fortsezung.

Was nämlich das sogenannte Leibgeding betrift, so sezt solches immerhin einen Vertrag voraus, durch welchen dasselbe bestimmt wurde, weil es jedesmal einen wahren Leibrentenkauf zum Grunde hat, b) und weil es also gleich einem jeden andern Kaufcontracte der wechselseitigen Einwilligung der Partheien bedarf.

§. 47.
Fortsezung.

Dieser Grundsaz ist fruchtbar an praktischen Folgen: Es ergiebt sich daraus, daß die Bestellung des Wittums auf die nämliche Art, wie ein jeder anderer Kaufkontrakt angefochten werden könne; und daß

---

b) Runde Grundsäze des gemeinen deutschen Privatrechts, 2te Ausg. §. 596. S. 490. und 491.

z. B. auch die Ehefrau, falls sie die Zurükforderung ihres eingebrachten Heurathguts ꝛc. für zuträglicher als den Genuß des ihr bestimmten Leibgedings hält, den wegen des leztern getroffenen Contrakt zu verwerffen befugt sey, wenn es bey demselben an den zu einem gültigen Kaufkontrakt erforderlichen Requisiten mangelt; wenn also z. B. in Ländern wo die Frauenzimmer unter einer beständigen Vormundschaft stehen, die Zuziehung eines besondern Curators unterlassen wurde ꝛc. c) *)

---

c) S. oben §. 10.
*) In den sächsischen Ländern ist das besondere, daß es den Frauenzimmern in jedem Fall, und selbst dann, wenn die Bestellung des Leibgedings unter Beobachtung aller Erfordernisse geschehen ist, frey steht, ob sie ihr eingebrachtes Heurathgut, und was ihnen allenfalls unter dem Titel Wiederlage gebührt, zurückfordern - oder ob sie statt desselben, das ihnen ausgesezte Leibgeding in Anspruche nehmen wollen. S. Runde Grundsäze des gemeinen deutschen Privatrechts, 2te Ausg. §. 597. S. 492. und die daselbst unter dem Buchstaben a. noch weiter angezeigten Schriftsteller.

§. 48.

Fortsezung.

Eine weitere Folge, welche sich aus jenem Grundsaz ergiebt, besteht darinn: daß das Leibgeding, wovon aber das Wittum im eigentlichen Sinn wohl zu unterscheiden ist, durch den Eintrit in eine weitere Ehe nicht aufhört, sondern daß es der Frauensperson, für welche es bestimmt ist, der Regel nach ihre ganze Lebenszeit hindurch gereicht werden muß, d) und daß also die Gläubiger des Ehemanns bälder nicht als nach dem Absterben der Ehefrau, auf dieses Leibgeding eine Ansprache machen können.

§. 49.

Fortsezung.

In jedem Fall aber, so oft das Eheweib das ihr bestimmte Leibgeding fordert,

---

d) Runde Grundsäze des gemeinen deutschen Privatrechts, 2te Ausg. S. 596. S. 491. Hofacker princ. juris civ. lib. 2. §. 491. S. 390. Eberhards Beyträge zur Erläuterung der deutschen Rechte, 1ster Th. Nr. I. §. 30. S. 31.

wird vorausgesezt, daß das Heirathgut nicht nur eingebracht= sondern auch zum Besten des Mannes verwendet wurde, weil sonst das Leibgeding, da es jedesmal nach dem Verhältniß und in Hinsicht auf das Heurathgut bestimmt wird, e) nicht statt finden kann. Jedoch ist es genug, wenn nur das Einbringen des Heurathguts hinlänglich erwiesen ist, das Verwenden wird sodann rechtlich vermuthet. f)

§. 50.
Fortsezung.

Was endlich den Vorzug betrift, welcher der Ehefrau wegen dieses Leibgedings bey einem Ganntprozeß zukommt, so ist derselbe nach der Verschiedenheit des Verhältnisses, in welchem das Leibgeding mit dem Heurathgut und der Wiederlage steht, ebenfalls verschieden. Es wird nämlich das Leibgeding entweder wegen des Heurathguts allein, oder wegen der Wiederlage allein,

---

e) S. oben §. 45.
f) Runde am ang. Ort, §. 597. S. 491.

oder wegen beiden zugleich ausgesezt. Im erstern Falle wird es als ein Surrogat für das Heurathgut betrachtet; g) es genießt also die Frau in Ansehung desselben den nämlichen Vorzug, der ihr wegen ihres Heurathguts zugekommen wäre. h) Im zweyten Falle trit das Leibgeding in die Stelle der Wiederlage, und also auch in die Rechte derselben ein. i) Hingegen im leztern Fall ist meinem Erachten nach zu unterscheiden, wie viel von dem ausgesez=
ten Leibgeding zum Ersaz des Heurathguts, und wie viel zum Ersaz des Wittums be=
stimmt worden sey. Jenes muß nach ana=
logischen Grundsäzen die Rechte des Heu=
rathguts, und dieses die Rechte des Wit=
tums geniesen.

---

g) Hofacker princ. jur. civ. lib. 2. §. 488. S. 388.

h) Gmelin Ordnung der Gläubiger, 2te Ausg. c. 4. §. 26. S. 349. Runde am angez. Ort, §. 596. S. 491. Hofacker princ. jur. civ. lib. 2. §. 488. S. 382. Dabelow Erläuterung der Lehre vom Concurs der Gläubiger, 2ter Thl. §. 241. S. 254.

i) S. oben §. 43.

§. 51.

Fortsezung.

Ganz verschieden sind aber die rechtlichen Grundsäze, wenn von dem eigentlichen Wittum die Rede ist. Dieses hat in den Sitten der alten Deutschen seinen Grund. k) Es sezt bey erlauchten und adelichen Familien nicht gerade einen besondern Vertrag, oder eine besondere Bewilligung voraus, sondern es ist häuffig durch Partikulargeseze, Familienverträge, oder auch durch eine rechtsgültige Gewohnheit bestimmt; bey Privatpersonen aber muß dasselbe, wenn es anderst statt finden soll, noch vor der Ehe auf eine rechtsgültige Weise zugesichert worden seyn. Denn sonst würde es als eine ungültige Schenkung von den Gläubigern des Ehemanns angefochten werden können.

---

k) Gundling de emtione uxorum, dote, & morgengaba, §. 23. S. 55. und §. 31. S. 91. Stepf vom Contractictor, §. 127. not. 454. Pütter in elem. jur. germ. §. 229.

§. 52.

Fortsezung.

Da es schon zu der Zeit gegeben wurde, wo die Weiber, weil es ihnen an einem eigenthümlichen Vermögen mangelte, noch kein Heurathgut beybrachten; so kann es nicht wie das Leibgeding als ein Surrogat für das Heurathgut betrachtet werden, sondern die Ehefrau ist befugt, solches neben dem Heurathgut noch besonders zu verlangen. 1) Auch versteht es sich von selbst, daß zur Begründung dieser Forderung kein Beweiß in Rüksicht auf das Beybringen und Verwenden des Heurathguts nothwendig sey, weil hier das Vorhandenseyn oder Nichtvorhandenseyn desselben gar nicht in Betrachtung kommt. Hingegen genießt die Ehefrau, wenn es mit dem Vermögen ihres Mannes zu einem Gannt kommt, in Ansehung dieser Forderung kein besonderes Vorzugsrecht; es wäre denn,

---

1) Runde Grundsäze des gemeinen deutschen Privatrechts, 2te Ausg. §. 598. S. 497. Step vom Contradictor, §. 127. not. 460. S. 134.

daß sie durch die Bestellung eines Unterpfands sich gesichert hätte. m)

§. 53.
Fortsezung.

Aus dem bisherigen erhellt, daß es gewöhnlich von groser Wichtigkeit sey, zu wissen, ob dasjenige, was dem Eheweib zu ihrem künftigen Unterhalt angewiesen wurde, in einem Wittum oder in einem Leibgeding bestehe. Es fragt sich also: Für was streitet im Zweifel die Vermuthung? Diese Frage finde ich zwar nirgends berührt; ich kann mich also auf Authoritäten hier nicht berufen. Mir scheint es aber, daß im Zweifel das Leztere, nämlich die Bestimmung eines Leibgedings zu vermuthen sey, weil das Erstere als eine Handlung, die im Grunde eine Schenkung enthält, n) nur bey einer bestimmten Willens-Aeusserung angenommen werden kann. o)

---

m) Runde am angez. Ort, §. 598. S. 492.
n) S. oben §. 45.
o) arg. l. 7. pr. π. de donationibus. Lauter-

§. 54.

3.) Von den Rechten in Ansehung der Morgengabe.

Die Abgabe, von welcher hier die Rede ist, ist blos deutschen Ursprungs, p) und heut zu Tage fast ausschließlich nur noch unter erlauchten und adelichen Personen gewöhnlich. Doch kommt sie auch bisweilen bey den Ehen des dritten Standes vor, und einige Landesgeseze haben dieselbe auch in Ansehung des leztern ausdrüklich bestätigt. q) Man versteht darunter ein Geschenk, welches von dem neuen Ehemann seiner Frau am ersten Morgen nach der Hochzeitsnacht gegeben = und welches deßhalb Morgengabe genennt wird. r) Mei-

---

bach coll. ⹋. lib. 39. tit. 5. §. 6. und die daselbst unter den Buchstaben d. noch weiter angezeigten Schriftsteller.

p) Gundling de emtione uxorum, dote & morgengaba, S. 82 — 89.

q) Runde Grundsäze des deutschen Privatrechts, §. 591. S. 487.

r) Hofacker princ. jur. civ. lib. 2. §. 479. S. 571. Gundling de emtione uxorum, dote & morgengaba, S. 61. §. 3.

stens wird die Gröse dieses Geschenks in der Eheberedung bestimmt, und alsdann darf dasselbe nicht überschritten werden, oder es können die Gläubiger, wenn es nachher mit dem Vermögen des Ehemanns zu einem Gannt kommt, das zu viel Gegebene als eine unerlaubte Schenkung in Ansprache nehmen.

§. 55.
Fortsezung.

Als Geschenk sezt diese Abgabe jedesmal die Bewilligung des Ehemanns voraus, und muß also von der sogenannten sächsischen Morgengabe wohl unterschieden werden, weil diese nach der Vorschrift der Geseze auch ohne die Einwilligung des Ehemanns statt findet. s)

§. 56.
Fortsezung.

Wenn aber die eigentliche Morgengabe

---

s) Barth von der Gerade, c. 6. m. 3. Runde

bey dem Ganntprozeß über das Vermögen des Ehemanns gefordert wird, so ist meinem Erachten nach darauf zu sehen, ob dasjenige, was als Morgengabe bestimmt wurde, noch vor dem Ganntprozeß in das Eigentum des Ehemanns übergegangen sey oder nicht. Im erstern Falle findet deshalb gleichwie bey einer jeden andern der Ehefrau eigentümlich zugehörigen Sache das Absonderungsrecht statt. Im zweyten Fall aber mus sie sich mit ihrer Forderung in den Gannt einlassen, und genießt wegen derselben kein Vorzugsrecht; t) es müßte denn solches durch einen Vertrag besonders bestimmt seyn. Hingegen die Rechte eines gewönlichen Gläubigers wird man ihr, wie ich glaube, in keinem Falle versagen können, und eben deswegen sehe ich nicht ein, warum solche in der Ordnung der Gläubiger u) allen andern Forderungen nachgesezt wird.

Grundsäze des deutschen Privatrechts, §. 592. S. 483.
  t) Gmelin Ordnung der Gläubiger, 2te Ausg. a. 3. §. 5. S. 176. und c. 4. §. 20. S. 321.
  u) am angez. Orte, c. 3. §. 5. S. 176.

§. 57.

4.) Von den Rechten aus einem Contracte.

Regel.

Bey der Erläuterung dieser Rechte gehe ich von folgendem Grundsaze aus:

Alle Contracte, nur die Schenkungen abgerechnet, sind der Regel nach unter Eheleuten wie unter dritten Personen erlaubt. v) Die Eheleute können ihre Güter gegen einander vertauschen, sie können sie einander verkauffen, und können sich wechselseitig durch Geldanlehnungen unterstüzen, u. s. f.

§. 58.

Nähere Bestimmung dieser Regel.

Selbst bey einer allgemeinen Gütergemeinschaft finde ich keine Abweichung. Zwar bringt es die Natur einer solchen Gemeinschaft mit sich, daß das ganze Vermögen unter beiden Ehegatten gemeinschaftlich

---

v) Hofäker princ. jur. civ. lib. 2. §. 463. S. 369.

wird, und daß keines derselben ein abgesondertes Eigentum hat; w) ein Contract hingegen ist gewönlich von der Art, daß er auf der einen Seite Eigentumsrechte giebt, und auf der andern wieder entzieht. Und eben deswegen wird man also einen Contract unter den Eheleuten mit der Fortdauer einer allgemeinen Gütergemeinschaft unvereinbarlich finden. Aber daraus folgt noch nicht, daß gerade der eingegangene Contract ungültig sey, sondern ich würde vielmehr unter diesen Umständen die Gütergemeinschaft wenigstens in so ferne für aufgehoben erklären, in so ferne sie mit jenem Contracte unvereinbarlich ist. Denn bekanntlich sind die Eheleute befugt, die Gütergemeinschaft nach ihrer Willkühr wieder aufzuheben, und es bedarf hierzu, wenn sie anderst durch die Rechte eines Dritten nicht eingeschränkt sind, weiter nichts, als daß sie durch Worte oder Handlungen ihre Absicht erklären. x) Da nun nach meinem

---

w) S. oben im 1sten Thl. S. 48. S. 73.
x) S. oben im 1sten Thl. S. 82. S. 137. und 138.

Erachten jene Handlung eine solche Erklärung enthält, und also das Hinderniß, das ihr sonst im Wege gestanden wäre, dardurch gehoben wird; so sahe ich nicht ein, wie man von dieser Seite ihre Gültigkeit noch ferner bestreiten könnte.

§. 59.

Ausnamen von der Regel.

Hingegen wird der aufgestellte Grundsaz in vielen andern Rüksichten, welche ich nunmehr aufzählen werde, wieder eingeschränkt. Ich bemerke hier zuerst die Verordnung, nach welcher die Schenkungen unter Eheleuten verboten sind. Es darf nämlich unter einem Contrakt, den die Eheleute mit einander schliessen, keine Schenkung versteckt seyn, weil sonst derselbe durch die Vorschrift der römischen Geseze für nichtig erklärt ist. y)

---

y) Hofacker princ. juris civ. lib. 2. §. 468. S. 369.

§. 60.

Fortsezung.

Eine weitere Einschränkung erhält jene Regel zweytens dadurch: daß nach dem gemeinen Rechte alle vorhandenen Güter der Eheleute so lange als Eigenthum des Ehemanns angenommen werden, so lange die Ehefrau nicht beweisen kann, daß sie eigenes Vermögen eingebracht = oder während der Ehe erworben habe. z) Wenn also das Eheweib z. B. aus einem Darlehens=Contrakt an die Ganntmasse ihres Ehemanns etwas fordert, so entsteht im Zweifel die Vermuthung, daß das Geld, das sie ihrem Manne angeliehen haben will, von dem Vermögen des leztern genommen worden sey, und daß sie also nur um die Gläubiger zu hintergehen, einen Darlehens=Contrakt vorgegeben habe. a) Und eben diese Vermuthung muß aus den näm-

---

z) Gmelin von Aufsäzen über Verträge, §. 102. S. 215. und die daselbst unter dem Buchstaben p. angezeigten Gesetze und Schriftsteller.
a) Ebenderselbe am angez. Ort.

lichen Gründen im Zweifelsfalle auch dann statt finden, wenn die Frau aus einem Kauf- oder Tauschcontrakt etwas fordert.

§. 61.
Fortsezung.

Endlich drittens: Wenn die Ehefrau zwar eigenes Vermögen, der Ehemann aber — die Benuzung und Verwaltung desselben hat, so kann zwar ein Kauf oder Tausch- aber kein Darlehenscontrakt unter ihnen geschlossen werden. Es wäre denn, daß die Ehefrau in der Eheberedung einen Theil ihres Vermögens zur eigenen Verwaltung und Benuzung sich vorbehalten; oder daß ihr während der Ehe der Mann, ohne gegen jemand betrügerische Absichten zu haben, dergleichen überlassen hätte. b)

§. 62.
Resultat.

Der bisherigen Ausführung gemäs ist

---

b) Gmelin von Aufsäzen über Verträge, §. 102. S. 215.

also ein Contrakt, welcher unter Eheleuten geschlossen wird, der Regel nach gültig, und die Ehefrau ist befugt, der Rechte, welche sie aus einem solchen Contrakte erworben hat, sich nachher, wenn es mit ihrem Ehemann zu einem Ganntprozeß kommt, mit Wirkung zu bedienen. Nur trit in folgenden Fällen eine Ausname von dieser Regel ein:

Erstens: Wenn unter dem Contrakt eine Schenkung versteckt ist, welches aber von demjenigen der es behauptet, erwiesen werden muß.

und

Zweytens: Wenn die Ehefrau nicht erweisen kann, daß sie eigenes Vermögen entweder in die Ehe gebracht- oder während der Ehe erworben habe.

auch muß

Drittens: Wenn die Ehefrau ihren Ehemann wegen eines ihm gemachten Anlehens belangen will, noch dieses bewiesen seyn, daß ihr wenigstens über einen Theil ihres Vermögens die Administration gebührt habe.

§. 63.
Fortsezung.

Wenn aber keine dieser Ausnamen der Ehefrau im Wege steht, so ist dieselbe dasjenige, was sie aus einem Contrakt erweislich zu fordern hat, samt den allenfalls rükständigen Zinnsen c) aus der Concursmasse zu verlangen befugt; jedoch kommt einer solchen Forderung an und für sich selbst kein Vorzugsrecht zu, sondern sie wird, wenn sich die Ehefrau durch die Bestellung eines besondern Unterpfands, oder auf eine andere Weise nicht vorgesehen hat, in die lezte Klasse gesezt. d)

§. 64.
Noch eine Bemerkung.

Bey allen denjenigen Rechten, von welchen bisher die Rede war, ist es ausser Zweifel, daß sie in dem Falle zur Anwendung kommen, wenn die Ehefrau in keiner Gütergemeinschaft lebte. Ob aber das näm-

---

c) Gmelin am angez. Ort, S. 217.
d) Gmelin ebendaselbst.

liche auch bey einer Gütergemeinschaft eintrete, oder ob hier eine Abweichung und in welcher Beziehung statt finde, das wird nunmehr in den folgenden Abschnitten näher untersucht werden.

Zweytes Hauptstük.

Von denjenigen Rechten eines Eheweibs, welche die Gütergemeinschaft hervorbringt.

Erste Abtheilung.

Rechte welche unter dem Namen weibliche Freiheiten bekannt sind.

§. 65.
Einleitung.

Diese Rechte kommen bey einer jeden Art von Gütergemeinschaft zur Sprache. Ich hielte also für nöthig, sie noch zuvor, ehe ich zu denjenigen Rechten komme, welche nur dieser oder jener Art von Gütergemeinschaft eigen sind, zu erörtern.

Erstes Kapitel.

Was sind die weiblichen Freiheiten? Worinn besteht der Grund derselben? Ihr Endzweck und Nuzen?

§. 66.

Vorläuffige Bemerkungen.

Ein jeder, welcher mit dem bürgerlichen Recht nur oberflächlich bekannt ist, wird bekennen, daß es in demselben nur wenige Lehren giebt, welche im Ganzen genommen wichtiger sind, als die gegenwärtige. Zusammengesezt aus einer Menge von verschiedenartigen und zum Theil schwankenden Grundsäzen ist sie auf der einen Seite eben so schwehr und verwikelt, als sie auf der andern Seite wegen ihres Umfangs und ihres praktischen Interesse allen, die sich mit der Rechtspflege beschäftigen, merkwürdig ist. Nichts kann also nothwendiger seyn, als daß wir durch einige vorläuffige Betrachtungen uns mit dem Geiste dieses Rechtsinstituts bekannt machen, und auf diese Art die Einsicht in die Verbindung und in den Zusammenhang, worinn einzelne Theile sowohl unter sich, als mit dem Ganzen stehen, erleichtern.

Diesen Zwek hoffe ich durch die Erörterung der aufgeworfenen vier Fragen zu erreichen. Ich lasse sie also billig der gegenwärtigen Abhandlung vorangehen.

§. 67.
Begriff der weiblichen Freiheiten.

Der Ausdruk weibliche Freiheiten wird in einem engern und in einem weitern Sinne gebraucht. Im weitern Sinne bezeichnet er den Innbegriff aller derjenigen rechtlichen Vorzüge, welche das weibliche Geschlecht vor dem männlichen voraus hat. Im engern Sinn aber — und in diesem kommt er in der gegenwärtigen Abhandlung vor, — ist die Bestimmung desselben etwas schwieriger. Ich verstehe darunter:

Eine durch Partikulargeseze oder Gewohnheit eingeführte Rechtswohlthat, durch welche sich eine Ehefrau gegen

Verzicht auf dasjenige Vermögen, welches ihr und ihrem Ehemann vermög ihres ehelichen Verhältnisses **gemeinschaftlich** zugehört, von den meisten aus eben diesem Grunde ihnen **gemeinschaftlich** obliegenden Verbindlichkeiten wieder befreien kann.

Die Richtigkeit dieser Umschreibung wird erst durch die folgenden Abschnitte, in welchen die Fälle, wo die weiblichen Freiheiten statt finden, ihr Umfang und ihre Wirkungen betrachtet werden, sich erproben.

§. 68.
Zergliederung desselben.

Inzwischen sey es mir erlaubt, zu mehrerer Deutlichkeit die Merkmale, welche in jenem Begriff enthalten sind, etwas näher zu beschreiben.

„Die weiblichen Freiheiten sind eine durch Partikulargeseze oder Gewohnheit eingeführte Rechtswohlthat rc."

Sie können keinem Eheweib aufgedrungen werden, sondern es hängt von ihrer Entschließung ab, sich ihrer zu bedienen oder nicht:

„gegen Verzicht auf dasjenige Vermögen, welches ihr und ihrem Ehemann vermög ihres ehelichen Verhältnisses gemeinschaftlich zugehört ꝛc."

Die weiblichen Freiheiten haben das eigenthümliche, daß sie den Weibern nicht blos einen Vortheil bringen, sondern daß sie auch bereits erworbene Rechte ihnen wieder entziehen. Aber diese Entziehung geht nur auf dasjenige, was unter den Eheleuten zuvor gemeinschaftlich, und zwar was vermög des ehelichen Verhältnisses unter ihnen gemeinschaftlich war.

„von den meisten aus eben diesem Grunde ihnen **gemeinschaftlich obliegenden Verbindlichkeiten** ꝛc."

Verbindlichkeiten, welche ihnen **gemeinschaftlich obliegen**, müssen es seyn, oder die weiblichen Freiheiten haben auf sie keinen Einfluß. Aber nicht eine jede den Eheleuten gemeinschaftlich obliegende Verbindlichkeit gehört in diese Klasse, sondern es muß eine solche Verbindlichkeit seyn, welche vermög ihres ehelichen Verhältnisses unter ihnen gemeinschaftlich ist. Und selbst unter diesen Verbindlichkeiten giebt es einige, von denen jene Rechtswohlthat nicht befreien kann, nämlich diejenige, deren Erfüllung das Eheweib besonders zugesichert hat. Deswegen heißt es in jener Umschreibung: „von den meisten ihnen gemeinschaftlich obliegenden Verbindlichkeiten ꝛc."

§. 69.
Von dem Grunde der weiblichen Freiheiten.

Bey der weitern Frage:

Worinn der Grund der weiblichen Freiheiten bestehe? müssen wir wie ich glaube, auf die Natur der ehelichen Gütergemeinschaft, und auf die besondern Verhältnisse zurückgehen, welche diese Gütergemeinschaft hervorbringt. Hierinn allein glaube ich das Mittel zur Erörterung der aufgeworfenen Frage zu entdeken.

Die eheliche Gütergemeinschaft macht nämlich der Regel nach den Ehemann zum rechtmäßigen Verwalter des ganzen Vermögens, und alle Handlungen, welche er in dieser Eigenschaft vornimmt, sind nicht nur für ihn, sondern auch für sein Eheweib verbindlich, selbst wenn sie ohne ihr Vor-

wissen, ja so gar gegen ihren Willen geschehen sind. e)

§. 70.

Fortsezung.

Eben dieser Grundsaz schien in ältern
Zeiten ein Verstoß gegen die natürliche
Billigkeit zu seyn. f) Und in der That
hat es dem ersten Anblike nach etwas har-
tes, daß die Ehefrau für eine Administration, woran sie nach den Gesezen so wenig
Antheil hat, verantwortlich seyn = und alle
die Nachtheile, welche daraus entstehen,
eben so, wie ihr Ehemann übernehmen solle.
Deswegen geschah es denn, daß man sie
durch ein Rechtsmittel wieder erleichtern
wollte, welches unter dem Namen weibliche
Freiheiten, Verzicht auf die eheliche Errungenschaft ꝛc. *) theils durch eine rechts-

---

e) S. oben im ersten Thl. §. 59. S. 92. Ferner §. 61 — 63. S. 95 — 98.
f) F. C. Harpprecht de renunc. acqu. conj.
th. II.
*) Dieser leztere Ausdruck scheint mir der Sa-
che weniger angemessen zu seyn, als der erstere.
Denn dasjenige, was hier bezeichnet werden soll

gültige Gewohnheit und theils durch Partikulargeseze bestätigt- und dardurch in vielen Ländern eingeführt wurde.

---

betrift im eigentlichen Verstande eine Begünstigung der Eheweiber, und für diese halte ich den Ausdruk weibliche Freiheiten für passender, als die Worte: Verzicht auf die eheliche Errungenschaft. Das leztere hat ohnehin eine mehrfache Bedeutung. Es wird darunter nicht blos eine solche Handlung verstanden, welche mit der Befreiung von Nachtheilen verbunden ist, wie dieses bey der Rechtswohlthat, welche hier zur Sprache kommt, nothwendig seyn muß, sondern es bedeutet der Ausdruk: Verzicht auf die weiblichen Freiheiten sehr oft ein eigentliches Geschenk, welches das Eheweib entweder ihrem Ehemann oder aber einem Dritten macht. cf. F. C. Harpprecht de renunc. acqu. conj. §. 4. nr. 31. und §. 6. nr. 54. Ferner Lauterbach de ære alieno §. 9. und wo also dieser Verzicht von der hier zur Sprache kommenden Rechtswohlthat gänzlich verschieden ist. Aus diesem Grunde werde ich mich bey der gegenwärtigen Abhandlung des Ausdrufs: weibliche Freiheiten, allein bedienen.

Diejenige aber, welche mit den verschiedenen Benennungen, unter denen diese Rechtswohlthat in andern Schriften vorkommt, sich bekannt machen wollen, verweise ich auf F. C. Harpprecht in der angezeigten Abhandlung de renunc. acqu. conj. thef. 4. nr. 34 — 45. und auf Canz in diss. de juribus & obligat. uxoris, §. 7. S. 14.

§. 71.

Fortsezung.

Bedauren mit dem Schikfal der Weiber, welches sie auch für diejenige Nachtheile verbindlich macht, die durch die Administration ihrer Männer veranlaßt wurden, war also der Grund, aus welchem die weiblichen Freiheiten entstunden; g) wenigstens können sie aus dieser Ursache allein noch scheinbar vertheidigt werden. *)

---

g) Gmelin de obligatione uxoris &c. §. 17. S. 25. ibi:
„Ratio beneficii alia esse non potest, quam commiseratio in mulierem infirmam, quae maritum prodigum, & quævis pericula incaute subeuntem cohibere ejusque moribus dissolutis modum ponere non potest &c."
Wesel de connub. bonorum societate &c. tr. 2. c. 3. nr. 129. S. 200. ibi:
„Mariti debitis eximitur uxor, quia durum videtur, mulierem obligari ad æs alienum a marito conflatum, quod ob ejus imperium cui parere necesse habuit, impedire non potuit."
*) Nur der ehemalige Tübingische Rechtslehrer Eb. Christph. Canz de juribus & obligationibus uxoris &c. S. 15. not. b. und S. 19. §. 8. hat hierinn etwas Abweichendes. Er unterscheidet nämlich unter den weiblichen Freiheiten insoferne sie bey einer allgemeinen = und insoferne sie bey

§. 72.

Von dem Zwek derselben.

Der Zwek der weiblichen Freiheiten ergiebt sich hieraus von selbst. Wenn nämlich der Grund derselben in dem Nachtheil, welcher aus der Administration der Ehemänner für die Eheweiber öfters entsteht, und in dem dardurch erzeugten Bedauren mit ihrem Schiksal zu suchen ist, so kann

---

einer Partikular=Gütergemeinschaft zur Sprache kommen. Im leztern Falle nimmt er die nämliche Meynung an. Im erstern Falle aber glaubt er, daß der Grund, aus welchem die weiblichen Freiheiten gestattet wurden, darinn liege: weil man annehmen könne, das Weib habe nur diejenige Güter gemeinschaftlich machen wollen, die sie wirklich in die Ehe gebracht hat, und auch die Gläubiger haben bey der Berechnung der Sicherheit für ihre Anlehnung hauptsächlich nur auf das gegenwärtige Vermögen der Schuldner, nicht aber auf dasjenige Rüksicht genommen, welches sie erst in der Folge noch zu hoffen haben. Allein diese Meynung wurde schon von dem Herrn Professor C. G. Gmelin in diss. de obligat. uxoris &c. §. 13. S. 24. und 25. für das, was sie meinem Erachten nach wirklich ist, nämlich für unstatthaft erklärt, und gezeigt, daß solche den Grund der weiblichen Freiheiten in dem leztern Falle eben so wenig als in dem erstern enthalte.

der Zwek, welcher durch dieselbe erreicht werden soll, in nichts anders als darinn bestehen, um den aus jener Administration entstandenen Nachtheil entweder aufzuheben, oder zu vermindern. h)

§. 73.
Fortsezung.

Dieser Zwek wird nach der Verschiedenheit, ob die Ehegatten in dieser oder jener Gütergemeinschaft mit einander lebten, auf eine verschiedene Weise erreicht. Jedoch kommt die nähere Bestimmung dieser Verschiedenheit nicht hier, sondern erst in der Folge vor, wenn wir die besondern Grundsäze der weiblichen Freiheiten entwikeln werden. Inzwischen können wir uns mit der allgemeinen Bemerkung begnügen:

Je kleiner der Umfang ist, auf welchen sich die eheliche Gütergemeinschaft erstrekt, desto gröser ist gewöhnlich der

---

h) Harpprecht de renunc. acqu. conj. §. 76. m. 864.

Vortheil, welcher für die Weiber aus der Anrufung der weiblichen Freiheiten entsteht. *)

§. 74.

Von dem Nuzen derselben. **)

Nur ist zu bedauren, daß die Rechts=wohlthat, von welcher hier die Rede ist,

---

*) Die Richtigkeit dieser Bemerkung wird sich in der Folge erproben. Vorläufig aber wird sie schon dardurch bestätigt, wenn man bedenkt, daß bey der Anrufung der weiblichen Freiheiten im=merhin auf dasjenige, was ein Gegenstand der Gemeinschaft ist, und mithin bey der allgemeinen Gütergemeinschaft auf alles Vermögen der Ehe=gatten, und bey der Errungenschaftsgesellschaft, auf dasjenige, was zur Errungenschaft gehört, Verzicht gethan werden muß.
**) Man könnte hier einwenden, daß eine Aus=führung über den Nuzen der weiblichen Freihei=ten, d. i. über die Frage: Ob diese Rechtswohl=that aus Gründen der gesezgebenden Klugheit gerechtfertigt werden könne oder nicht? in die gegenwärtige Abhandlung, in welcher von der Anwendung bereits gegebener Geseze die Rede ist, nicht gehöre. Allein ich hielt deswegen et=was davon anzuführen für nöthig, weil beson=ders in dieser Lehre politische Gründe so oft mit rechtlichen verwechselt werden, oder mit andern

in eben dem Verhältnisse, in welchem sie für die Weiber mehr oder weniger Nuzen hat, sowohl für dritte Personen als auch für das Ganze, wieder nachtheilig wird, und daß also der Vortheil auf der einen Seite immer wieder mit einem Nachtheil auf der andern, und gewöhnlich mit einem gröfern Nachtheile verbunden ist.

§. 75.
Fortsezung.

Dessen ungeachtet fehlt es nicht an Rechtslehrern, welche den weiblichen Freiheiten fast überall das Wort sprechen, und sie als eine auf die natürliche Billigkeit gegründete Rechtswohlthat empfehlen. i) Ich für meine Person würde aber, wenn

---

Worten: weil dasjenige, was den Gesezgeber hätte bestimmen können, um die weiblichen Freiheiten gar nicht einzuführen, öfters auch da gebraucht wird, wo gegen die Anwendbarkeit dieser Rechtswohlthat im allgemeinen nichts eingewendet werden kann, sondern wo nur von der Anwendung derselben auf einzelne Fälle die Rede ist.

i) F. C. Harpprecht de renunc. acqu. conj. th. II.

von Gebung eines neuen- und nicht von
der Anwendung eines bereits gegebenen
Gesezes die Rede wäre, die weiblichen Freiheiten durchaus verwerfen. Zwar läugne
ich nicht, es würde in einzelnen Fällen hart
seyn, das Eheweib auch zur Bezahlung der
von ihrem Mann allein contrahirten Schulden verbindlich zu machen, und sie also
für die Liederlichkeiten des Leztern büs-
sen zu lassen. Allein diese Rüksicht soll
den Gesezgeber nie verleiten, den eigentlichen Endzwek aller Geseze, nämlich die Er-
höhung des allgemeinen Wohls dadurch
ausser Augen zu sezen. Es soll ihn nie verleiten, daß er, indem er billig gegen einzelne seyn will, ungerecht gegen das Ganze
wird. Und dieß ist bey den weiblichen Freiheiten der Fall. Sie haben in einzelnen
Rüksichten die Billigkeit zur Seite; in vielen andern aber enthalten sie eine Unge-
rechtigkeit gegen mehrere und einen Nachtheil für das Ganze. Ein Blik auf die
tägliche Erfahrung wird uns von der Richtigkeit dieser Behauptung überzeugen. Es
ist bekannt, wie sehr die weiblichen Freiheiten darzu beytragen, um die Weiber

gleichgültiger in der Beobachtung ihrer Pflichten zu machen, wie sehr sie Chikanen und Prozessen die Thüre öfnen, Geldaufnahmen und andere Verträge durch die vielen Klauseln und Kautelen, welche dabey nöthig werden, erschwehren, und — welches noch das schlimmste ist — den öffentlichen Kredit, die Grundlage des allgemeinen Wohlstandes, vermindern.

§. 76.
Fortsezung.

Das Gute also, das sie vielleicht in einer einzelnen Rüksicht stiften könnten, wird durch das unzählige Uebel, das sie in andern Rüksichten bewirken, unendlich überwogen, und dieser Umstand sollte billig einen jeden Gesezgeber zur Abschaffung der weiblichen Freiheiten bestimmen. Gewöhnlich ist ohnehin das Eheweib bey einem Vermögenszerfall nicht der unschuldige Theil, und wenn sie dieser in einem einzelnen Fall auch seyn sollte, so ist es eben ein Unglük, das doch immer mehr ihr, als den unschuldigen Gläubigern aufgebürdet werden kann. Sie hat ja doch an demjenigen Vermögen Theil, welches durch die Administration des Mannes erworben wird, warum soll sie also von der Theilnahme an dem Schaden befreit seyn, der sich durch eben diese Administration ergiebt?

§. 77.
Fortsezung.

Allein dieses alles kommt bey der gegenwärtigen Abhandlung, wo die Geseze genommen werden, wie sie sind, nicht wie sie etwa seyn könnten, nicht in Betrachtung. Die weiblichen Freiheiten haben in vielen Ländern noch das unbestrittene Bürgerrecht, und wo dieß der Fall ist, da bleibt ihre Entwikelung und genauere Bestimmung um so nothwendiger, je gewisser es ist, daß sie gröstentheils auf schwankenden und unsichern Grundsäzen beruhen, und je mehr sie also einer nähern Erörterung bedürfen.

Zweytes Kapitel.

Unter welchen Voraussezungen finden die weiblichen Freiheiten statt?

§. 78.
Erste Regel.

Die Ehefrau, welche die weiblichen Freiheiten anrufen will, muß sich in einem solchen Lande befinden, wo entweder das ganze Vermögen der Ehegatten oder wenigstens ein Theil desselben unter ihnen gemeinschaftlich ist, und wo also entweder eine Art von Gütergemeinschaft, oder welches hier einerley ist, eine eheliche Gesellschaft statt findet.

§. 79.
Nähere Bestimmung derselben.

Bey dieser Regel darf man zuvörderst als entschieden voraussezen, daß die weiblichen Freiheiten in denjenigen Ländern, wo weder eine Gütergemeinschaft, noch eine eheliche Gesellschaft unter den Eheleuten statt findet, nicht eintreten können, weil hier das Weib zur Bezahlung desjenigen, wovon sie sich durch die Anrufung der weiblichen Freiheiten wieder los macht, schon an und für sich befreit ist. Aber selbst in solchen Ländern, wo eine Gütergemeinschaft eingeführt ist, sind die weiblichen Freiheiten nicht durchaus gewöhnlich. Wenigstens dürfen wir sie im Zweifel nicht vermuthen, sondern sie müssen jedesmal als aufgenommen erwiesen seyn.

§. 80.
Fortsezung.

Die Richtigkeit dieses Sazes ergiebt sich, wie ich glaube, schon daraus, daß die weiblichen Freiheiten durch kein allgemeines in ganz Deutschland geltendes Recht, sondern blos durch Partikulargeseze oder Gewohnheit eingeführt sind. Ihre Aufnahme muß also, wenn darüber Streit entsteht, von demjenigen, welcher solche behauptet, erwiesen werden. k) Inzwischen ist es ausser Zweifel, daß sie in sehr vielen Ländern Deutschlands auf eine rechtsgültige Art aufgenommen sind, z. B. in Wirtemberg, in der Pfalz, in den Fürstenthümern Hohenlohe, in der Reichsstadt Lübek, in der Mark Brandenburg ꝛc. l)

§. 81.
Zweyte Regel.

Die Ehefrau muß sich in einer solchen Lage befinden, daß ihr

---

k) Canz de juribus & oblig. uxor. §. 7. S. 14. nota a. Eine andere Meinung scheint zu enthalten die deutsche Encyclopädie im 10ten Theil unter dem Wort: „weibliche Freiheiten." S. 523. und 524.
Es heißt nämlich daselbst:
„Die weibliche Freiheiten finden statt, wenn gleich die besondern Gesetze eines Orts ihrer nicht gedenken, und sie (die Ehefrau) ohne Einschränkung zur Bezahlung aller gesellschaftlichen Schulden verbinden."
l) Hofmann deutsches Eherecht, §. 85. S. 278. Canz de jur. & oblig. ux. §. 1. S. 3. §. 4. S. 9. und §. 7. S. 13. Stein Abhandlung des Lübischen Rechts im 3ten Theil, §. 39. S. 43. Harpprecht de renunc. acqu. conj. §. 7.

Vermögen, oder eigentlich dasjenige, was durch die weiblichen Freiheiten noch gerettet werden kann, in erweisliche Gefahr kommt.

§. 82.
Erläuterung derselben.

Diese Regel wird mehr durch die aus dem Zwek der weiblichen Freiheiten fliesenden Grundsäze, als durch die Zeugnisse der Rechtslehrer bestätigt, denn die Leztere haben meistens schwankend und unbestimmt sich hierüber erklärt.

§. 83.
Fortsezung.

Um uns von der Richtigkeit dieser Behauptung zu überzeugen, dürfen wir nur einen Blik auf dasjenige werfen, was die Rechtslehrer in ihren Schriften deshalb ausgeführt haben. Die meisten derselben unterscheiden, ob von einer Anrufung der weiblichen Freiheiten während der Ehe oder aber erst nach getrennter Ehe die Rede sey. Im leztern Falle geben sie den weiblichen Freiheiten statt, die Ehe mag durch den

Tod des Ehemanns, oder durch Ehescheidung getrennt worden seyn. m) Ueber den ersten Fall aber, wenn nämlich die Frau noch während der Ehe, ihre weiblichen Freiheiten anrufen will, erklären sie sich auf eine verschiedene Art. Der oft angezeigte F. E. Harpprecht n) glaubt, daß auch während der Ehe die Anrufung der weiblichen Freiheiten statt finde, wenn entweder der Mann selbst auf den Ganntprozeß provocire, oder wenn unter Umständen, wo er abwesend oder versteckt sey, von seinen Gläubigern ein Ganntprozeß veranlaßt werde. Er macht also hier keinen Unterschied, ob die Ehegatten in einer Gütergemeinschaft, oder in einer ehelichen Gesellschaft lebten. Ich will zu mehrerer Deutlichkeit die eigenen Worte Harpprechts hier beysetzen:

„Nobis — sagt er — si ista quæstio in talibus terminis proponatur, an uxor, in casu, quo ipsius maritus vel ipse ad con-

---

m) Harpprecht de renunc. acqu. conj. §. 77 nr. 866.
n) de renunc. acqu. conj. §. 78. nr. 872.

curfum creditorum provocat, vel bonis cedit, vel ipfo abfente aut latitante concurfus ab ipfius creditoribus excitatur, lucris connubialibus renunciando, fefe debitis exuere, & pro natura focietatis, moribusque locorum fuam dotem & reliqua peculiaria repetere poffit? affirmando refpondendum, fuffragante vel ipfo fori quotidiano ufu, omnino videtur."

Bald nachher aber im §. 80. nr. 898. erklärt er sich dahin, daß in dem Falle, wenn die Ehegatten in einer allgemeinen Gütergemeinschaft gelebt haben, die Ehefrau anderst nicht, als nach dem Absterben ihres Ehemanns die weiblichen Freiheiten anrufen = und sich dardurch von künftigen Ansprüchen befreien könne.

Quid ergo? — dieß sind seine eigenen Worte: — Nobis falvis melioribus ita videtur, quod, fi quidem de illis quæratur provinciis, in quibus inter conjuges univerfalis in fpecie fic dicta communio viget, tunc nec mutua conjugum conventione, ipfa tota bonorum communio diffolvi, nec per connubialem acquifitorum renunciationem quicquam effici queat, neque aliter, quam demum defuncto marito, per renunciationem & ceffionem omnium bonorum, uxor ab onerofis talis focietatis effectibus liberari queat."

Und eben diefer Harpprecht fagt am Ende des §. 919.

„imo plane fi vel unus majoris summæ creditor & rigidus exactor maritum ad folutionem executive urgeat, ipfa pariter ad falvanda fua illata ad hoc juris afylum confugere valeat."

Ferner bezeugt er in Cofs. tom. 2. conf. 60. S. 1158. nr. 236. daß die Renunciation der Ehefrau oder die Anrufung der weiblichen Freiheiten, zu jeder Zeit statt finde.

„Denique quod hæc — dieß find die Worte Harpprechts — conjugalis bonorum focietas tum in noftro ducatu, tum & aliis in locis, ejus natura fit, ut uxor eidem, quandocunque voluerit, libere renunciare atque ita ab onere omnis æris alieni (præterquam ad quod ipfa fuam perfonam legitime obligavit) liberare fe valeat, fupra pluribus audivimus."

Eb. Chr. Canz o) ſagt:

„In communione bonorum univerſali, ſeu quæ vocatur omnium bonorum, beneficia muliebria in hoc ponuntur, ut uxori marito mortuo vel ad incitas redacto, bonis omnibus præſentibus tamen cedere poſſit, hoc fine, ut futura bona, poſt ceſſionem vel ſolutum matrimonium acquiſita ſibi ſervet."

Zu dieſem gehören noch einige Stellen aus dem deutſchen Privatrecht des Herrn Profeſſor Weſtphal, welcher ſich im 2ten Thl. in der 44ſten Abhdlg. §. 20. S. 24. auf folgende Art äuſſert:

„Man räumte endlich das Recht — ſich von der Gütergemeinſchaft loszumachen, oder welches das nämliche iſt, die weiblichen Freiheiten zu gebrauchen — der Frau beym Leben des Mannes ein, der entweder darein willigte, oder es ſich wegen ſeiner üblen Wirthſchaft gefallen laſſen mußte."

Ferner ebendaſelbſt §. 24.

---

o) de juribus & obligat. uxor. §. 9. S. 20.

„Ohne des Mannes Einwilligung ist
sie (die Abtretung von der Gemeinschaft)
der Frau aber freilich nur bei einer dar=
nach beschaffenen Aufführung des Man=
nes zu gestatten."

§. 84.

Grundsäze, welche sich aus dem bisherigen
ergeben.

Dieß sind die verschiedenen Aeuserun=
gen der Rechtslehrer, um welche wir uns
hier um so mehr zu bekümmern haben, da
das in Frage stehende Rechtsinstitut in den
meisten Ländern nicht durch ausdrükliche
Geseze, sondern nur durch Gewohnheit
eingeführt wurde. Wenn wir nun alle die=
se Meynungen zusammenrechnen, so erge=
ben sich daraus folgende Regeln:

1.) Die Gestattung der weiblichen Frei=
heiten wird von einigen Rechtslehrern da=
von abhängig gemacht, ob die leztere wäh=
rend der Ehe, oder erst wenn dieselbe ge=
trennt ist, angerufen werden.

In jenem Falle legen sie den weib=
lichen Freiheiten viele Schwierigkeiten in
den Weg; in diesem keine.

2.) Die meisten Rechtslehrer unterscheiden ferner: ob die Ehegatten in einer allgemeinen Gütergemeinschaft lebten, oder in einer Errungenschaftsgesellschaft.

Im erstern Falle lassen viele die weiblichen Freiheiten entweder gar nicht, oder nur alsdann zu, wenn der Ehemann an den Bettelstab gebracht ist. Im leztern Falle hingegen, wenn nämlich die Ehegatten in einer Errungenschaftsgesellschaft lebten, wird die Anrufung der weiblichen Freiheiten gestattet:

a.) Wenn der Ehemann selbst auf einen Ganntprozeß provocirt, oder aber

b.) Wenn derselbe unter Umständen, wo jener abwesend oder versteckt ist, von seinen Gläubigern veranlaßt wurde.

desgleichen

c.) Wenn der Ehemann einen verschwenderischen Lebenswandel führt.

und endlich

d.) Wenn eine beträchtliche Forderung eingeklagt ist.

§. 85.

Fortsezung.

Diese verschiedenen Grundsäze sind es, welche man, da es hier an allgemeinen Gesezen mangelt, bisher zur Norm angenommen hat, um die Gestattung der weiblichen Freiheiten darnach zu beurtheilen. Aber die Sache hat viele Schwierigkeiten. Jene Grundsäze sind meistens sehr unbestimmt; gehen öfters nur auf einzelne Fälle, sind unter sich schwehr zu vereinigen, und zeigen uns bey genauerer Prüfung, daß sie grosentheils blos willkührlich, und in der Natur der Sache nicht gegründet sind.

§. 86.

Prüfung dieser Grundsäze, und zwar des erstern derselben.

Eine Punktenweise Zergliederung wird uns von der Richtigkeit dieser Behauptungen überzeugen.

Ad 1.) Sehe ich nicht ein, wie der Unterschied, ob die weiblichen Freiheiten noch während der Ehe, oder aber erst nach der Ehe angerufen werden, einen Unterschied in Hinsicht auf die Gestattung derselben bewirken sollte. Denn wenn zur Anrufung der weiblichen Freiheiten überhaupt Gründe vorhanden sind; warum sollten sie während der Ehe nicht eben so wohl; als nach getrennter Ehe statt finden? Die weiblichen Freiheiten beruhen ja auf einem solchen Grunde, auf welchen die Dauer oder das Aufhören der Ehe an und für sich keinen Einfluß hat. Man gestattete sie nämlich deswegen, weil man es hart fand, daß das Eheweib für die Nachtheile aus einer Administration, woran sie nach den Gesezen so wenig Antheil hat, gleich ihrem Ehemann haften solle. Wie sollte nun dieser Umstand nur nach der Ehe und nicht eben so wohl auch während derselben in Betrachtung kommen? Wenn es hart ist, daß der Ehefrau die Nachtheile, welche aus der ehelichen Administration entstehen, gleich dem Ehemann aufgebürdet werden; so muß es eben so wohl hart seyn, es mag dieses nach der Ehe, oder während derselben geschehen, da die Härte in der Natur der Verbindlichkeiten, und wie gesagt, nicht

in der Dauer oder in dem Aufhören der
Ehe zu suchen ist. Nur muß man dasjeni=
ge, was gewöhnlich geschieht, und dasje=
nige, worzu man befugt ist, oder kürzer,
das was facti und das was juris ist, nicht
mit einander verwechseln. Denn freilich
kommen die weiblichen Freiheiten wäh=
rend der Ehe, besonders wenn der
Vermögenszerfall bey dem Ehemann nicht
durch einen Ganntprozeß ins Klare gesezt
ist, nur selten zur Sprache. Aber der
Grund dieser Seltenheit liegt in dem Wil=
len der Eheweiber, welcher durch die Ab=
hängigkeit von ihren Männern bestimmt
wird; hingegen nicht darinn, daß die Wei=
ber nicht bälder darzu befugt wären.

§. 87.
Fortsezung.

Die Anrufung der weiblichen Freihei=
ten findet also, wenn sonst die Umstände
darzu geeigenschaftet sind, nach dem Tode
des Ehemanns, wie die Rechtslehrer rich=
tig bemerken, statt. Aber ich finde keinen
Grund, warum solche auf diesen Fall allein
eingeschränkt werden sollte, sondern ich

glaube, daß solche überhaupt in allen den Fällen zuzulassen sey, in welchen dasjenige, was durch jene Rechtswohlthat noch gerettet werden kann, in erweisliche Gefahr kommt, ohne Unterschied, ob sich diese Gefahr noch bey Lebzeiten des Ehemanns, oder erst nach seinem Tode äussert.

§. 88.
Prüfung des zweyten Grundsazes.

Eine ähnliche Beschaffenheit hat es ad 2.) auch mit dem weitern Grundsaz nach welchem die Rechtslehrer die Gestattung der weiblichen Freiheiten davon abhängig machen, ob die Ehegatten in einer allgemeinen Gütergemeinschaft, oder in einer ehelichen Gesellschaft lebten. Ich halte nämlich dafür, daß auch dieser Unterschied auf die Gestattung oder Nichtgestattung der weiblichen Freiheiten keinen Einfluß habe. Wir dürfen nur um uns hievon zu überzeugen, auf den Zwek zurükgehen, welcher durch die weiblichen Freiheiten erreicht werden soll. Diese leztere finden nämlich deswegen statt, um den aus der Administration des Ehemanns entstandenen Schaden

entweder aufzuheben, ober wenigſtens zu
vermindern. p) Nun wird niemand läug=
nen, daß ſich ein Schaden bey der allge=
meinen Gütergemeinſchaft eben ſowohl, als
bey der Errungenſchaftsgeſellſchaft ergeben
könne. Die Vorausſezung alſo unter wel=
cher die weiblichen Freiheiten ſtatt finden,
trit in dem einen wie in dem andern Falle
ein. Es iſt auch in der Natur der allge=
meinen Gütergemeinſchaft *) kein Grund,
weswegen hier die Geſtattung der weibli=
chen Freiheiten größern Schwierigkeiten als
bey der ehelichen Geſellſchaft unterworfen
ſeyn ſollte. Denn das was die weiblichen
Freiheiten eigentlich veranlaßte, nämlich
das Mitleiden das eine Frau in dem Falle
verdient, wenn ſie durch die ihrem Ehe=
mann geſezlich zukommende Adminiſtration
in S ch a d e n kommt, q) muß bey einer all=
gemeinen Gütergemeinſchaft eben ſo ſehr

---

p) S. oben §. 72. und 73.

*) Und dieſe muß man, da es an allgemeinen
geſezlichen Beſtimmungen fehlt, hier vorzüglich
zur Richtſchnur nehmen.

q) S. oben §. 71.

als bey einer ehelichen Gesellschaft statt finden; wenigstens können wir eine Verschiedenheit ohne eine ausdrückliche gesetzliche Bestimmung nicht annehmen.

§. 89.

Fortsetzung.

Dessen ungeachtet gebe ich gerne zu, daß die weiblichen Freiheiten bey einer in einer allgemeinen Gütergemeinschaft lebenden Ehefrau gewöhnlich nur dann zur Sprache kommen, wenn ihr beiderseitiges Vermögen gänzlich aufgezört - und also ihr Ehemann wie Canz r) sich ausdrükt, an den Betelstab gebracht ist. Aber dieser Umstand ist es nicht, welcher an und für sich das Statt-finden der weiblichen Freiheiten begründet. Er begründet es nur in so ferne, in so ferne eine Gefahr wegen desjenigen, was durch jene Rechtswohlthat gerettet werden kann, nicht bälder vorhanden ist. Und freilich haben wir diesen Fall gewöhn-

---

r) de juribus & oblig. uxor. §. 11. S. 29.

lich. Denn gewöhnlich wird die Anrufung der weiblichen Freiheiten einer Ehefrau welche in einer allgemeinen Gütergemeinschaft lebt, erst alsdann nützlich, wenn die Schulden das Vermögen übersteigen, oder mit andern Worten wenn die Eheleute an den Betelstab gebracht sind, weil bey einer allgemeinen Gütergemeinschaft die weiblichen Freiheiten nur das noch zu hoffende Vermögen sichern, hingegen auf dasjenige, was der Ehefrau bereits angefallen ist, keinen Einfluß haben. Aber es ist gleichwohl von Wichtigkeit, daß wir auch hier das gewöhnliche von dem Nothwendigen unterscheiden. Denn es giebt Fälle in welchen die Gefahr für die Ehefrau noch ehe das gemeinschaftliche Vermögen aufgezört ist, eintreten kann, z. B. In den Fürstentümern Hohenlohe — woselbst die allgemeine Gütergemeinschaft eingeführt ist, — hat eine Ehefrau das Recht, nach angerufenen weiblichen Freiheiten nicht nur ihr künftig noch zu hoffen habendes Vermögen, sondern auch einen Theil ihres bereits erworbenen Vermögens sich zuzueignen. s) In diesem Falle nun sehe ich nicht ein, wie ein Eheweib verbindlich gemacht werden könnte, mit der Anrufung der weiblichen Freiheiten auf den Zeitpunkt bis der Ehemann an den Betelstab gebracht ist, und also auf einen Zeitpunkt, wo jenes Recht von keiner Wirkung mehr seyn würde, zuzuwarten.

§. 90.
Fortsetzung.

Es hat also wie es aus der bisherigen Erörterung erhellt, die Eintheilung der ehelichen Gütergemeinschaft in die allgemeine und nicht allgemeine auf das Statt-finden oder Nicht Statt-finden der weiblichen Freiheiten keinen Einfluß, sondern eine Ehefrau — sie mag in diesem oder in jenem Verhältnisse seyn, — darf die weiblichen Freiheiten in allen den Fällen anrufen, in welchen dasjenige, was durch die Anrufung

---

s) Canz de juribus & obligationibus uxoris &c. §. 7. lit. c. S. 16.

jener Rechtswohlthat noch gerettet werden kann, durch die Fortdauer ihres vorhinigen Verhältnisses in erweisliche Gefahr kommt. Diese Gefahr kann sich bey der ehelichen Gesellschaft in mehreren Fällen ereignen. Hingegen bey einer allgemeinen Gütergemeinschaft ist sie gewöhnlich nur alsdann vorhanden, wenn das bereits erworbene Vermögen der Ehegatten gänzlich aufgezört ist, weil sonst die weiblichen Freiheiten, welche bey einer solchen Gütergemeinschaft der Regel nach mit einem Verzicht auf die zu dieser Zeit besizende Güter verbunden ist, nur schädlich und nicht nüzlich seyn würde.

§. 91.
Fortsezung.

Ein weiterer Grundsaz, welcher sich aus den oben §. 84. angezeigten Meinungen der Rechtslehrer ergiebt, besteht

ad 2.) und zwar ad subm. a und b. darinn:

Bey einer ehelichen Gesellschaft finden die weiblichen Freiheiten in dem Falle statt, wenn entweder der Ehemann selbst auf einen Ganntprozeß provocirt, oder aber, wenn derselbe unter Umständen, wo jener abwesend oder versteckt ist, von seinen Gläubigern veranlaßt wurde.

§. 92.
Fortsezung.

Daß die weiblichen Freiheiten unter diesen Umständen zur Anwendung gebracht werden können, hat keinen Zweifel. Der ganze Zwek dieser Rechtswohlthat, und die einstimmige Meinung der Rechtslehrer spricht dieser Behauptung so sehr das Wort, daß ich eine weitere Bestätigung derselben für überflüssig halte. Sie ist auch der bisherigen Erörterung ganz gemäs, da in einem solchen Falle die Gefahr auf Seiten des Eheweibs augenscheinlich ist.

§. 93.
Fortsezung.

Eben so wenig scheint es mir
ad subm. c.) zweifelhaft zu seyn, daß die weiblichen Freiheiten auch alsdann statt finden, wenn der Ehemann einen sehr verschwenderischen Lebenswandel führt; denn

auch hier ist Gefahr für das Eheweib, und
also dasjenige, was durch die weiblichen
Freiheiten abgewendet werden soll, vorhanden. *)

§. 94.
Fortsezung.

Nur mit der Meinung Harpprechts,
welcher

ad subm. d.) schon das Einklagen einer beträchtlichen Forderung zur Begründung der weiblichen Freiheiten für hinlänglich hält, kann ich mich nicht ganz vereinigen. Das Einklagen an sich, ist — wie
ein jeder selbst einsehen wird, — eine solche Handlung, welche auf die Gestattung
jener Rechtswohlthat keinen Einfluß haben
kann; es wäre denn, daß eine solche For-

---

*) Es muß aber das Eheweib nicht nur die
Verschwendung, weil sie unter den angegebenen
Umständen den Grund ihrer Klage ausmacht,
sondern auch, daß sie durch diese Verschwendung
in wirklicher Gefahr sey, beweisen; jedoch glaube ich, daß man hier keinen strengen Beweiß
verlangen könne, sondern daß es an einer Be-
scheinigung genüge.

derung eingeklagt würde, welche diejenigen
Vortheile, die das Eheweib durch das Anrufen der weiblichen Freiheiten zu erwarten hat, in Gefahr sezt; aber genau genommen ist alsdann nur dieses leztere die
Ursache, aus welcher die angezeigte Rechtswohlthat gestattet wird.

§. 95.
Resultat.

Wenn wir nun dasjenige, was wir
bisher von der Gestattung der weiblichen
Freiheiten ausgeführt haben, zusammenrechnen, so ergiebt es sich, daß die verschiedenen Meinungen der Rechtslehrer sich unter
die oben angezigte allgemeine Regel bringen lassen, nach welcher die weiblichen Freiheiten in allen denjenigen Fällen statt finden, in welchen dasjenige, was durch die
Anrufung derselben noch gerettet werden
kann, in erweisliche Gefahr kommt. Diese
Regel scheint mir so natürlich, und dem
Zwek der weiblichen Freiheiten so gemäs
zu seyn, daß ich einige Einwendung um so
weniger befürchte, als selbst die angezeigten Meinungen der Rechtslehrer bey ge-

nauerer Betrachtung dahin zu ziehlen scheinen.

§. 96.

Erörterung einer hieher gehörigen Frage.

Nach der bisherigen Entwikelung wäre also der Zeitpunkt, in welcher die weiblichen Freiheiten zur Anwendung kommen können, alsdann vorhanden, wenn eine Gefahr in Ansehung desjenigen, was durch die Anrufung der weiblichen Freiheiten noch gerettet werden kann, eintrit. Diese Gefahr zeigt sich gewöhnlich in dem Falle, wenn der Ehemann so viele Schulden, daß solche mit dem ehelichen Vermögen in keinem Verhältniß stehen, kontrahirt hat. In diesem Falle hat die Sache, wie es sich aus der bisherigen Ausführung ergiebt, gar keinen Anstand, und auch die meisten Rechtslehrer stimmen damit überein. Eine schwierige Frage hingegen entsteht darüber:

Ob die weiblichen Freiheiten nicht auch dann statt finden, wenn keine Schulden, sondern blos Verringerung des

Vermögens, blos Einbuß vorhanden
ist?

Diese Frage wurde noch nirgends besonders abgehandelt, und doch ist sie einer genauern Erörterung in aller Rüksicht würdig. *) Für ihre Bejahung sowohl, als für ihre Verneinung finden sich viele Gründe vor, und auf beiden Seiten ist meinem Erachten nach ihr Gewicht so stark, daß ich lange Zeit im Zweifel war, auf welche Seite ich mich neigen sollte.

§. 97.
Gründe für die Verneinung der aufgeworfenen Frage.

Erster Grund.

Die weiblichen Freiheiten sind ursprünglich mehr durch Gewohnheit, als durch ausdrükliche Geseze entstanden; und selbst in denjenigen Ländern, in denen sie eine ausdrükliche gesezliche Bestätigung erhiel-

---

*) Schon im isten Band §. 134. S. 250. und 251. habe ich zwar diese Frage berührt, aber noch nicht hinlänglich erörtert.

ten, wurde ihr Umfang durch Gesetze nicht genau bestimmt, sondern nur einiger Wirkungen derselben erwehnt. Es müssen also die Grenzen der weiblichen Freiheiten hauptsächlich nach den Bestimmungen der Rechtslehrer, und zwar vorzüglich der ältern Rechtslehrer festgesezt werden, weil diese theils als Urheber, und theils als Zeugen der entstandenen Gewohnheit zu betrachten sind. Da nun eben diese Rechtslehrer die Anwendung jener Rechtswohlthat nur dann zur Sprache bringen, wenn von Schulden, welche der Ehemann kontrahirt hat, die Rede ist; so scheint es als ob man das Vorhandenseyn der Schulden als Bedingung anzusehen habe, unter welcher die weiblichen Freiheiten statt finden.

§. 98.

Zweyter Grund.

Die weiblichen Freiheiten sind unstreitig unter die besondern Rechte (jura singularia) zu zählen und lassen also nach bekannten Grundsäzen keine ausdehnende Erklärung, t) sondern nur die Anwendung auf solche Fälle zu, welche entweder durch ausdrükliche Geseze, oder durch eine rechtsgültige Gewohnheit bestätigt sind.

§. 99.
Dritter Grund.

Zu diesem kommt noch, daß die weiblichen Freiheiten überhaupt den Grundsäzen einer guten Gesezgebung entgegen sind; und daß sie das Verhältniß der Eheleute in eine eigentliche societatem leoninam, wobey die Frau nur an dem Nuzen aber nicht an dem Schaden Antheil nimmt, verwandeln. Es wird also die Regel: daß bey der Rechtswohlthat der weiblichen Freiheiten keine ausdehnende Erklärung statt finden könne, auch in dieser Rüksicht verstärkt.

§. 100.
Gründe für die Bejahung derselben.
Erster Grund.

Schon zum voraus läßt sich nicht einsehen, warum von dem Umstand: Ob ne=

―――――――――――

t) Hofacker princ. jur. civ. &c. tom. 1. §. 156. S. 125.

den der Einbuß zugleich auch Schulden vorhanden seyen oder nicht, die Gestattung oder Nichtgestattung der weiblichen Freiheiten abhängen sollte. Wir haben oben §. 72. S. 96. und 97. gesehen, daß die weiblichen Freiheiten deswegen statt finden, um den aus der Administration des Ehemanns für die Ehefrau entstandenen Schaden entweder aufzuheben, oder wenigstens zu vermindern. Die Existenz eines Schadens oder mit andern Worten die Existenz einer Einbuß ist also die Bedingung, welche man bey der Gestattung der weiblichen Freiheiten voraussezt. Diese Bedingung aber ist von der Existenz der Schulden nicht abhängig: Denn es kann eine Einbuß und keine Schulden, und umgekehrt: Es können Schulden und keine Einbuß vorhanden seyn. Schulden sind also in Hinsicht auf Einbuß eine blos zufällige Sache; und wenn man sie an und für sich, und ohne Beziehung auf Einbuß betrachtet, so enthalten sie gar nichts, welches vernünftiger Weise auf die Gestattung oder Nichtgestattung der weiblichen Freiheiten einen Einfluß haben könnte.

J

§. 101.

Zwepter Grund:

Der Grundsaz: Daß die weiblichen Freiheiten von der Existenz der Schulden abhängen sollten, würde auf wahre Absurditäten, und auf offenbare Inkonsequenzen führen. Es würde nämlich in vielen Fällen blos von dem Ehemann abhängen, ob er seiner Frau den Genuß jener Rechtswohlthat durch Bezahlung der vorhandenen Schulden entziehen = oder umgekehrt: durch Kontrahirung einiger Schulden verschaffen wollte. Ferner; es würden sich Fälle ereignen, wo bey stärkern Gründen für die weiblichen Freiheiten solche versagt = bey geringern aber solche gestattet würden; man nehme z. B. den Fall an, daß 2. Ehemänner A. und B. durch die ihnen zukommende Administration eine eheliche Einbuß veranlaßt haben. Ich will diese Einbuß bey dem A. auf 4000: und bey dem B. auf 2000. fl. bestimmen. A. hat keine Schulden. Mit dem Erlöß aus den ehelichen Gütern macht er sich davon frey. Allein er mußte, um dieses zu bewirken, jene Güter zur Unzeit verkauffen, und machte dardurch aus Uebel

ärger. B. hingegen fand für zuträglich lieber einige 100. fl. Schulden zu haben, als
durch einen zur Unzeit vorzunehmenden
Verkauf den Schaden zu vergrößern. Wer
ist nun in diesen 2. Fällen übler daran;
die Frau des A. oder die Frau des B?
Ohne Zweifel ist es die leztere. Und doch
würde, wenn Schulden zur Gestattung der
weiblichen Freiheiten nothwendig wären,
die Frau des B. die weiblichen Freiheiten
anrufen können, der Frau des A. hingegen
die doch offenbar mehr Grund darzu hätte,
würden solche versagt werden.

§. 102.
Dritter Grund.

So unläugbar die in vorstehendem
§. 97. enthaltene Bemerkung ist, und so
sehr also dieser gemäs die Schriften der
ältern Rechtslehrer bey der Bestimmung
des Umfangs der weiblichen Freiheiten Rück-
sicht verdienen; eben so unläugbar ist es
auch, daß dasjenige, was sie hievon er-
wehnen, größtentheils unbestimmt und
schwankend ist, und daß sie diese Lehre
überhaupt fast gar nicht bearbeitet haben.

Es kann also der Umstand, daß die Rechtslehrer nur da, wo von Bezahlung der ehelichen Schulden die Rede ist, der weiblichen Freiheiten Erwehnung thun, nicht als ein hinlänglicher Grund angenommen werden, um die Gestattung derselben auf diesen Fall allein einzuschränken. Ausdrüklich haben sie dieses nirgends erklärt, und vermuthen läßt es sich um so weniger, als sie dardurch nicht nur dem Geist des in Frage stehenden Rechtsinstituts, sondern auch der Analogie des Rechts entgegen gehandelt hätten. Vielmehr wird es bey dem Mangel an Vollständigkeit, welcher sich besonders bey dieser Lehre beroffenbart, in einem hohen Grade wahrscheinlich, daß sie des angezeigten Falls nur Beyspielsweise als desjenigen, bey welchem die Anwendung der weiblichen Freiheiten am häufigsten zur Sprache kommt, erwehnten, ohne jedoch die Absicht zu haben, die Fälle in denen sie statt finden, dardurch zu erschöpfen.

§. 103.
Vierter Grund.

Die Einwendung: daß die weiblichen

Freiheiten als eine besondere Vergünstigung, und als eine Abweichung vom gewöhnlichen Recht keine Ausdehnung zulassen, findet in dem gegenwärtigen Falle nicht statt, denn es ist keine Ausdehnung der weiblichen Freiheiten vorhanden, wenn man solche auch in dem Falle, wo nur Einbuß, aber keine Schulden vorhanden sind, gestattet. Sie werden blos so in Anwendung gebracht, wie sie ihrem Zwek nach in Anwendung gebracht werden sollen. Es ist der nämliche Fall, den wir bey der Frage: Ob die Strafe, welche bey dem Ehebruch statt findet, auch in andern Fällen, z. B. bey der böslichen Verlassung zuerkannt werden könne? vor uns haben. Auch diese Frage wurde aus dem nämlichen Grunde von den angesehensten Rechtslehrern bejaht. u)

§. 104.
Fünfter Grund.

Die bejahende Meinung wird durch

---

u) Kapf diff. de effectu divortii quoad bona. §. 9. und 10. Hofacker princ. jur. civ. T. I. §. 495. S. 393.

mehrere Präjudicien angesehener Spruch-
Kollegien, und namentlich durch einige Entscheidungen der löbl. Jurisenfacultät zu
Tübingen unterstüzt. Auch stimmen derselben einige Rechtslehrer dardurch bey, daß
sie die Aufhebung der Gütergemeinschaft
und dardurch also den Gebrauch der weiblichen Freiheiten v) schon in dem Falle zu=
lassen, wenn der Ehemann einen ver=
schwenderischen Lebenswandel führt, w)
und mithin nicht gerade das Vorhanden=
seyn von Schulden als Bedingung annneh=
men, unter welchen die weiblichen Freihei=
ten statt finden können.

§. 105.
Sechster Grund.

Für das Ganze sind zwar die weiblichen Freiheiten mehr schädlich als nüzlich.

---

v) Harpprecht in conf. T. 2. Conf. 60. S. 1158.
nr. 236.

w) Westphal deutsches Privatrecht, 2ter Th.
44ste Abhandlung, §. 20. und 23. S. 24. und 25.
Runde allgemeines deutsches Privatrecht, §.
609. S. 468. Hofmann deutsches Eherecht,
§. 85. S. 284.

Sie sollten also aus politischen Gründen gänzlich abgeschaft werden; allein so lange sie dieses nicht sind, so lange bleiben sie für den Rechtsgelehrten, wie für jeden andern Gesez, und müssen also gleich allen übrigen Gesezen behandelt werden.

§. 106.

Resultat.

Es bedarf also die oben §. 81. angegebene allgemeine Regel auch in dieser Rüksicht keiner Einschränkung, sondern sobald dasjenige, was durch die weiblichen Freiheiten noch gerettet werden kann; in erweisliche Gefahr kommt, so darf das Eheweib von dieser Rechtswohlthat Gebrauch machen, ohne Unterschied, ob Einbuß allein, oder auch Schulden zugleich, vorhanden sind. *)

---

*) In der Herzogl. Wirtemb. Commun-Ordnung im 2ten Kap. im 19ten Abſch. §. 13. findet sich eine Stelle, welche hier einen Plaz verdient, und welche folgenden Innhalts ist:

„Bey erscheinenden vielen Schulden und grosen Einbuß ist sowohl bey Eventual- als Realabthei-

§. 107.

Dritte Regel.

Die Ehefrau muß die weiblichen Freiheiten, wenn sie von

Jungen den hinterbliebenen Wittwen nicht alsogleich die Helfte davon zuzuscheiden, sondern vorsichtig zu geben, und von dergleichen Fällen dem Stabsbeamten zeitliche Anzeige zu thun. Dieser aber hat sodann sich der Umstände zu erkundigen, und nach deren Beschaffenheit den Wittwen und derselbigen Kriegsvögten die nach unserem Fürstlichen Landrecht den Eheweibern und Wittwen zuständige Wohlthaten zu erkennen zu geben, um sich darnach achten zu können."

Ich glaube aber nicht, daß dadurch der von mir angegebene Grundsaz in Wirtemberg unanwendbar wird, indem jene Gesezstelle, wie aus ihrem Innhalt selbst erhellt, nicht dieß zur Absicht hat, um die Fälle, in welchen die befragte Rechtswohlthat statt finden soll, aufzuzählen, sondern sie hat nur auf den Fall, wenn „viele Schulden und grose Einbuß" und wenn also eine grose Gefahr für das Eheweib vorhanden ist, den Beamten gewisse Vorschriften zum Besten der Eheweiber ertheilt. Ueberhaupt würde ich ohne eine bestimmte und deutliche Verordnung eine Abweichung von jenem Grundsaz um so weniger vermuthen, als solche nicht nur dem Geist des in Frage stehenden Rechts-Instituts, sondern auch der Rechts-Analogie entgegen seyn würde.

Wirkung seyn sollen, wirklich angerufen haben, denn von selbst und ohne eine wirkliche Anrufung finden dieselbe nicht statt.

§. 108.

Nähere Bestimmung.

Es ist hier der nämliche Fall, wie bei den Rechtswohlthaten überhaupt. Es muß derjenige, dem sie zustehen, sich darauf berufen, denn ohne dieses kann sie der Richter aus eigenem Antrieb nicht gestatten. Jedoch ist nicht gerade eine ausdrückliche Anrufung nothwendig, sondern es sind solche Handlungen, welche keine andere Erklärung zulassen, auch hinreichend. x) Z. B. Wenn die Ehefrau eheliche Schulden zu ihrem Antheil zu bezahlen sich weigert, und dabey erklärt, sie wolle mit ihrem Heurathgut und mit ihrem übrigen Beybringen zufrieden seyn. y)

---

x) Harpprecht de renunciat. acqu. conj. §. 17.
y) Gmelin de obligat. uxoris &c. S. 46.

§. 109.

Vierte Regel.

Da in vielen Ländern die Beobachtung gewisser Feierlichkeiten bey der Anrufung der weiblichen Freiheiten als wesentlich vorgeschrieben ist, so müssen, wenn die Ehefrau in einem solchen Lande lebt, auch diese beobachtet werden.

§. 110.

Worinn diese Feierlichkeiten bestehen.

Eine umständliche Erzählung derselben würde zu weitläuf, und noch darzu von keinem besondern Nuzen seyn, da sie auf keinen allgemeinen Grundsäzen beruhen, sondern fast in einem jeden Lande wieder verschieden sind. So muß z. B. die Ehefrau in einigen Ländern noch vor der Beerdigung des Leichnams ihres Ehemanns, das Wohnhauß, welches demselben gehörte, verlassen; sie darf nur dasjenige, was sie an ihrem Leibe trägt, mit sich nehmen, und dieses darf nur in denjenigen Kleidern bestehen, welche sie zuvor täglich zu tragen gewohnt war. z) Ferner in andern Ländern muß sie gleich nach der Begräbniß die Wohnung, welche ihrem Ehemann gehörte, verlassen, und die Schlüssel darzu der Obrigkeit übergeben a) *) Es giebt aber auch Länder, wo bey der Anrufung der weiblichen Freiheiten gar keine Feierlichkeiten vorgeschrieben sind, wie z. B. im Wirtembergischen ꝛc. b)

---

z) Canz de juribus & obligat. ux. §. 17. not. d. ad §. 7.

a) Hofmann deutsches Eherecht, §. 85. S. 283. Canz de juribus & obligat. ux. §. 17. not. d. ad §. 7.

*) Noch weitere Feierlichkeiten, welche wieder in andern Ländern zu beobachten sind, hat beschrieben F. C. Harpprecht de renunc. acqu. conj. §. 81. 83. 84. und 90.

b) Lauterbah de ere alieno in soc. bb. conj. contr. solv. §. 72. nr. 5. Gmelin de obligat. uxor. S. 45. §. 30.

Drittes Kapitel.

Von den Personen, welche zum Gebrauch der weiblichen Freiheiten berechtigt sind.

§. III.
Sie gehen nur das Eheweib an.

Daß diese Rechtswohlthat nicht beiden Ehegatten, sondern nur der Ehefrau allein zukomme, ergiebt sich nicht nur aus den bisherigen Grundsäzen, sondern schon aus dem Begriff des Ausdruks weibliche Freiheiten, und bedarf also wie ich glaube, keines weitern Beweises. Nur diese Frage scheint mir noch eine nähere Erörterung zu verdienen:

Ob jene Rechtswohlthat auch auf die Erben der Ehefrau übergehe oder nicht?

§. 112.
Erörterung einer Frage.

Wenn wir hierüber die Geseze um Rath fragen, so erhalten wir im allgemeinen folgende Regel:

Eine Rechtswohlthat, welche nicht blos persönlich ist, sondern der Sache, weswegen sie gegeben wird, anklebt hört mit der Person, welcher sie ursprünglich zukommt, nicht auf, sondern geht auf ihre Erben, oder eigentlich auf alle diejenige über, welche jene Sache angeht. c)

In dem vorliegenden Falle kommt mithin alles darauf an: Ob die weiblichen Freiheiten zu den persönlichen Rechtswohlthaten zu zählen seyen, oder ob sie in die Klasse der der Sache anklebenden Rechtswohlthaten gehören?

§. 113.
Fortsezung.

Ueber diese Frage können wir meinem

---

c) l. 68. π. de reg. jur. l. 196. π. eod. Hofacker princ. jur. civ. §. 93. S. 77.

Erachten nach nimmer im Zweifel seyn, sobald wir auf den Grund, aus welchem die weiblichen Freiheiten gestattet wurden, zurük gehen. Dieser liegt nämlich wie wir schon oben §. 69. gesehen haben, in der Eigenschaft gewisser Verbindlichkeiten für welche das Eheweib nach den Regeln der Gesellschaft gleich dem Ehemann zu haften hätte, bey welchen man aber eine Ansprache an das Eheweib hart fand, und ihr deswegen jene Rechtswohlthat gestattete. Sie ist also nicht als eine persönliche, sondern als eine der Sache anklebende Rechtswohlthat zu betrachten, weil sie in der besondern Beschaffenheit einer gewissen Klasse von Verbindlichkeiten, und in dem mit dem Eheweib deshalb entstandenen Bedauren ihren Grund hat; und eben deswegen sehe ich nicht ein, wie man den Erben einer Ehefrau, wenn sie wegen Verbindlichkeiten von dieser Art belangt werden, die ihrer Erblasserin zuständig gewesene Rechtswohlthat versagen könnte. Zudeme ist es von mehreren Rechtslehrern namentlich anerkannt, daß die weiblichen Freiheiten auch auf die

Erben übergehen. d) Nur wird dieß aus andern, als aus den hier angezeigten Gründen von ihnen behauptet.

§. 114.
Fortsezung.

So sehr ich aber nach allem was ich bisher ausgeführt habe, überzeugt bin, daß die Rechtswohlthat der weiblichen Freiheiten auch auf die Erben übergehe; so wenig möchte ich die allgemeine Anwendbarkeit dieses Grundsazes behaupten, sondern ich glaube, daß dabey folgende Einschränkungen zu bemerken sind:

Erstens. Die Ehefrau ist befugt, den Gebrauch der weiblichen Freiheiten ihren Erben zu verbieten. Wenn also dieses geschehen ist, so können die leztere von jener Rechtswohlthat keinen Gebrauch machen. Nur muß die Absicht, daß die Ehefrau den

---

d) Harpprecht de renunc. acquæst. conj. §. 73. nr. 831. fqq. §. 83. nr. 954. Deutsche Encyclopädie unter dem Wort: „weibliche Freiheiten" 10ter Theil, S. 524.

Gebrauch der weiblichen Freiheiten wirklich habe verbieten wollen, aus ihren Handlungen erweislich seyn, denn im Zweifel wird solche nicht vermuthet. e)

§. 115.

Fortsezung.

Zweytens. Alle diejenige Einwendungen, welche der Ehefrau selbst, wegen Zulassung zu den weiblichen Freiheiten hätten gemacht werden können, finden auch gegen ihre Erben statt.

Diese Einschränkung liegt in der Natur der Sache, da kein Erblasser gröfere Rechte auf seine Erben übertragen kann, als diejenige sind, die er selbst hatte. Wenn also die weiblichen Freiheiten schon aus Gründen a priori nicht statt finden, oder aber wenn Handlungen begangen wurden, welche das Eheweib dieser Rechts-

---

e) F. C. Harpprecht de renunc. acq. conj. §. 45. woselbst einige Fälle angezeigt sind, aus welchen jene Absicht nicht geschlossen werden kann.

wohlthat wieder verlustig machen, so versteht es sich von selbst, daß auch die Erben der Ehefrau derselben sich nicht bedienen können.

Viertes Kapitel.

Von den Wirkungen der weiblichen Freiheiten.

§. 116.

α.) Bey einer allgemeinen Gütergemeinschaft.

In diesem Falle sind die Wirkungen der weiblichen Freiheiten von keinem grosen Belang. Die Ehefrau rettet durch die Anrufung derselben nur dasjenige, was sie etwa künftig noch zu hoffen hat, dasjenige aber, was ihr bereits angefallen ist, muß den Gläubigern ohne alle Ausnahme überlassen werden. f)

---

f) Harpprecht de renunc. acqu. conj. §. 73. nr. 831. sqq. Ferner §. 105. S. 1750. Auch ist hierüber nachzusehen: Stein in der Abhandlung des Lübischen Rechts, 1ster Theil, §. 132. S. 179. — 181.

§. 112.

Fortsezung.

Schon der Begriff von den weiblichen Freiheiten bringt dieses mit sich. Sie sind mit einem Verzicht auf alles, was unter den Eheleuten gemeinschaftlich ist, verbunden. g) Nun ist bey einer allgemeinen Gütergemeinschaft alles Vermögen, welches den Eheleuten angefallen ist, unter ihnen gemeinschaftlich. Es muß also die Ehefrau dadurch, daß sie auf alles, was gemeinschaftlich ist, Verzicht thut, nothwendig auch auf alles, was ihr bereits angefallen ist, Verzicht thun, weil dieses leztere sogleich in dem Augenblik, in welchem es ihr anfiel, gemeinschaftlich wird. Nur dasjenige, was sie künftig noch zu hoffen hat, wird, wie ich schon bemerkte, von den Ansprüchen der Gläubiger befreit. Aber selbst diese Befreiung ist nicht allgemein. Sie dehnt sich nicht auf diejenige Verbindlichkeiten aus, welche aus einem zum Be-

---

g) S. oben §. 67. S. 89. sqq.

ften der Ehefrau vorgegangenen Contract entstanden sind, und für welche sich die leztere ausdrüklich verbindlich gemacht hat. Denn den Gläubigern dieser Art bleibt ihre Ansprache, wenn solche aus der gemeinschaftlichen Vermögensmasse nicht befriedigt wird, der weiblichen Freiheiten ungeachtet, noch auf dasjenige bevor, was der Ehefrau in der Folge, es sey bälder oder später, zufällt. h) *)

§. 118.

a.) Bey der Partikular-Gütergemeinschaft.

aa.) Bey einer eigentlichen Partikulargütergemeinschaft.

Wenn die Eheleute in einer eigentlichen Partikulargütergemeinschaft leben, so finden

---

h) Gmelin de obligatione uxoris &c. §. 14. S. 26.

*) In dem Hohenlohischen, wo eine allgemeine Gütergemeinschaft unter den Eheleuten statt findet, ist dieß Besondere, daß die Ehefrau nach gestatteten weiblichen Freiheiten, nicht nur dasjenige, was sie erst künftig zu hoffen hat, von den Ansprüchen der Gläubiger befreyt, sondern daß sie sogar alles von ihr beygebrachte Vermögen wieder zurüffordern darf. S. Canz de juribus & obligationibus uxoris &c. §. 7. lit. c, S. 16.

wir die Wirkungen der weiblichen Freiheiten nirgends bestimmt. Zwar wird es in Deutschland schwehrlich ein Territorium geben, wo eine eigentliche Partikular-Gütergemeinschaft eingeführt ist, i) und eben daher läßt sich auch der Mangel an einer gesezlichen Bestimmung erklären. Wenn aber je der Fall eintreten sollte, in welchem von den Wirkungen einer solchen Partikulargütergemeinschaft die Rede ist, so wird man zuerst dasjenige, auf was sich diese Gemeinschaft erstrekt, von demjenigen, was von der Gemeinschaft ausgenommen ist, zu unterscheiden haben. Was nämlich das erstere betrift, so bringen die weiblichen Freiheiten hier eben dieselbe Wirkungen hervor, welche ihnen bey einer allgemeinen Gütergemeinschaft eigen sind. k) Hingegen auf dasjenige, was von der Gütergemeinschaft ausgenommen ist, würde ich den Gläubigern nur in Ansehung derjenigen

---

Dieser Fall muß aber als eine Ausnahme von der Regel betrachtet werden.
i) S. oben im 1sten Theil, §. 197. S. 168.
k) S. ebendaselbst.

Forderung eine Ansprache geben, welche die Ehefrau bey der ehelichen Gesellschaft aus ihrem eigenen Vermögen befriedigen muß.

§. 119.

χ.) Bey der ehelichen Gesellschaft.
Prüfung einer allgemeinen Regel.

Wenn endlich der Fall eintrit, daß die Eheleute in einer uneigentlichen Gütergemeinschaft, oder in einer ehelichen Gesellschaft mit einander lebten, so besteht nach der Meinung mehrerer Rechtslehrer die Wirkung der weiblichen Freiheiten darinn:

Daß man die Sache in den Zustand zurüksezt, in welchem sie war, ehe noch eine Ehe eingegangen wurde, und daß mithin eben so gehandelt wird, als ob keine eheliche Gesellschaft vorhanden gewesen wäre. l)

---

l) Gmelin de obligat. uxor. &c. §. 27.. S. 39. und 40. Heefer de bonorum & inprimis acquæstuum conjugalium communione, p. 2. loc. 23. nr. 348 Canz de juribus & obligationibns uxoris &c.

§. 120.

Allein diese Regel kann wie ich glaube, so allgemein nicht angenommen werden; es würden sonst Entscheidungen daraus folgen, welche den anerkanntesten Rechtsgrundsäzen zuwider sind. Die Frau bleibt z. B. der weiblichen Freiheiten ungeachtet verbindlich, eheliche Schulden, deren Bezahlung sie besonders versprochen hat, zu ihrem Antheil zu übernehmen. Aber *eheliche* Schulden müssen es seyn; denn sonst ist sie frey. Also schon hier bleibt eine Wirkung der ehelichen Gesellschaft übrig. Denn wenn alles in den Zustand, in welchem die Sache vor der Ehe war, zurükgesezt würde, so könnte von ehelichen Schulden, und von einer aus dieser Eigenschaft entstehenden besondern Verbindlichkeit gar keine Rede seyn. Ferner würde aus jenem Grundsaz: „Daß alles in den Zustand, in welchem es vor der Ehe war, zurükgesezt werde," folgen, daß die Ehe=

---

§. 7. S. 14. und §. 10. S. 23. Harpprecht de renunc. acqu. conj. §. 92. und 102.

frau dasjenige, was ihr während der Ehe durch Erbschaften, Schenkungen ꝛc. anfiel, durch die Anrufung der weiblichen Freiheiten wieder verliere, und daß überhaupt alles was dieselbe in Hinsicht auf die eheliche Gesellschaft gethan hat, als nicht geschehen angenommen werden müsse; welches aber meines Wissens noch niemand behauptet hat. Und wenn man endlich die Sache so behandeln wollte, als ob nie eine eheliche Gesellschaft vorhanden gewesen wäre, so müßten die aus dem Vermögen der Ehefrau während der Ehe bezogenen Früchte und Nuzungen der leztern wieder zurükgegeben werden; aber auch dieses geschieht nirgends.

§. 121.
Eine andere Regel.

Aus dem bisherigen sehen wir also, daß jene Regel unrichtig oder wenigstens nicht durchgreifend ist. Aber wie soll sie nun anderst bestimmt werden?

Wenn ich alle Wirkungen, welche nach der Praxis den weiblichen Freiheiten zuerkannt werden, zusammen rechne, so glaube ich folgende Regel in die Stelle der obigen sezen zu dürfen:

Durch die Anrufung der weiblichen Freiheiten können sich die Weiber von den meisten aus der ehelichen Gesellschaft entstandenen Nachtheilen befreien; sie müssen aber dargegen auf die Vortheile Verzicht thun, welche sie als Folge dieser Gesellschaft anzusprechen gehabt hätten.

§. 122.
Folgen daraus.

Die Wirkungen, welche aus der Anrufung der weiblichen Freiheiten entstehen, sind also von einer gedoppelten Art. Sie bringen nämlich der Ehefrau theils Vortheil, und theils Nachtheil.

§. 123.
a.) Vortheil.

Die vortheilhaften Wirkungen lassen

sich nach den Grundsäzen, welche die Praxis angenommen hat, unter die einfache Regel reduciren:

Die Ehefrau wird frey von der Verbindlichkeit zur Theilnahme an der ehelichen Einbuß.

Diese Regel ist im allgemeinen keinem Zweifel ausgesezt; nur in Hinsicht auf einzelne Fälle ist es nothwendig, zu zeigen, wie solche in Anwendung gebracht wird.

§. 124.

Nähere Bestimmung.

Die eheliche Einbuß begreift nach demjenigen, was ich oben im 1sten Thl. §. 113. S. 189. sqq. ausgeführt habe, allen denjenigen Aufwand in sich, welcher aus einem nach der priesterlichen Trauung entstandenen Rechtsgrunde zum Besten der ehelichen Gesellschaft gemacht wird. Von allem also, was auf diese Art aufgewendet wurde, ist die Ehefrau, wenn sie zu den weiblichen Freiheiten zugelassen wird, befreit; oder mit andern Worten: Sie erhält ihr ganzes Beybringen wieder zurük, ohne daß ihr wegen eines zum Besten der ehelichen Gesellschaft gemachten Aufwands ein Abzug gemacht wird.

§. 125.
Fortsezung.

Dasjenige, was von ihrem Beybringen noch in Natur vorhanden ist, muß ihr kraft des Absonderungsrechts ausserhalb des Concurses zugestellt= und dasjenige, was nimmer vorhanden ist, muß ihr nach dem gemachten Anschlag wieder ersezt werden. Sie ist auch zu verlangen befugt, daß man dasjenige, um was die in Natur zurük erhaltende Sachen durch den zum Besten der ehelichen Gesellschaft vorgegangenen Gebrauch in ihrem Werthe vermindert wurden, — weil diese Verminderung gleichfalls zu der ehelichen Einbuß gehört, m) — ihr noch besonders vergüte. Gesezt also, eine Frau hat in die Ehe gebracht 1000 fl. Bey dem Gauntprozeß, welcher über ihres Mannes Vermögen entstanden ist, beträgt

---

m) S. oben Im 1sten Thl. §. 113. S. 198.

dasjenige, was sich von ihrem Beybringen noch in Natur vorfindet, dem bey ihrer Verheurathung gemachten Anschlage gemäß, 600 fl. Es fehlen mithin zur Ergänzung jener Summe noch 400 fl.; welche ihr von der Ganntmasse des Ehemanns zu ersetzen sind. Wenn ich aber den Fall annehme, daß jene um 600 fl. angeschlagene Sachen durch die zum Besten der ehelichen Gesellschaft vorgegangene Benuzung in ihrem Werthe z. B. um 75 fl. vermindert wurden; so müssen diese 75. neben jenen 400 fl. der Ehefrau noch besonders ersezt werden. Es erhellt also hieraus, daß die Regel, nach welcher die weiblichen Freiheiten eine Befreiung von der ehelichen Einbuß zur Folge haben, bey den bisher angezeigten Gegenständen nach ihrem ganzen Umfang in Anwendung gebracht werde.

§. 126.

Fortsezung.

Bey Schulden hingegen, welche zu Bestreitung des ehelichen Aufwands gemacht wurden, und welche also gleichfalls zu

ehelichen Einbuß gehören, n) muß
man unterscheiden, ob sie von der Ehefrau
selbst, oder von dem Ehemann kontrahirt
wurden.

Auf jene haben die weiblichen Freihei=
ten keinen Einfluß, sondern die Ehefrau
bleibt, wie ich weiter unten in dem Ab=
schnitte von den Verbindlichkeiten zeigen
werde, gehalten, solche der weiblichen Frei=
heiten ungeachtet, zu ihrem Antheil zu be=
zahlen. Von denjenigen ehelichen Schulden
aber, welche der Ehemann allein kontrahirt
hat, wird sie durch jene Rechtswohlthat
wieder befreit, wenn sie anderst nicht be=
sonders sich dafür verbindlich gemacht= und
deren Bezahlung versprochen hat. Diese
Befreiung ist nicht nur dem Zwek der weib=
lichen Freiheiten, o) sondern auch der herr=
schenden Praxis p) gemäs, und bedarf al=
so wie ich glaube, keiner weitern Bestäti=

---

n) S. oben im 1sten Thl. §. 113. S. 198.
o) S. oben §. 72. S. 96.
p) F. C. Harpprecht de renunc. acqu. conj. §.
101. und 102. nr. 1159. sqq. Canz de juribus &
obligationibus uxoris &c. §. 7. S. 14. Gmelin
de obligatione uxoris &c. §. 27. S. 413

gung. Nur dieß muß ich noch bemerken, daß die Ehefrau von jenen Schulden auch in dem Falle befreit wird, wenn sie gleich mit ihrem Vorbißen kontrahirt würden. q)

§. 127.
β.) Nachtheil.

Die nachtheiligen Wirkungen der weiblichen Freiheiten sind ein Correlat von den vortheilhaften Wirkungen derselben. So wie nämlich die leztere von der Verbindlichkeit zur Theilnahme an der ehelichen Einbuß befreien; so schließen dargegen die erstere von dem Recht zur Theilnahme an der ehelichen Errungenschaft aus.

§. 128.
Fortsezung.

Auch diese Wirkung der weiblichen Freiheiten ist keinem Zweifel ausgesezt. r) Man hielt es der natürlichen Billigkeit für

---

q) Gmelin am angez. Ort und §. 28. S. 42.
r) F. C. Harpprecht de renunc. acqu. conj. §. 90. und 91. nr. 1012. sqq Gmelin de obligatione uxoris &c. §. 27. S. 40.

gemäs, daß diejenige Weiber, die keinen Theil an den Nachtheilen der ehelichen Gesellschaft nehmen, auch keinen Theil an den Vortheilen haben sollen, welche sich aus der nämlichen Gesellschaft ergeben.

§. 129.
Fortsezung.

Was zu den Vortheilen der ehelichen Gesellschaft, oder mit andern Worten was zu der ehelichen Errungenschaft gehöre? habe ich oben im 1sten Thl. §. 112. von S. 177. — 189. ausführlich angegeben; die Bestimmung desjenigen, wovon die Weiber nach angerufenen weiblichen Freiheiten, ausgeschlossen werden, ergiebt sich also hieraus von selbst. Nur dieß muß ich noch bemerken, daß in einigen Ländern, wie z. B. in dem Herzogthum Wirtemberg, s) die Weiber, wenn sie sich der weiblichen Freiheiten bedienen, nicht nur der ehelichen Errungenschaft, sondern auch

---

s) F. C. Harpprecht de renunc. acqu. conj. §. 90. nr. 1025. Lauterbach de are aliena &c. §. 72. nr. 5.

des Erbrechts in Ansehung der Verlassenschaft des Ehemanns, für verlustig erklärt werden. Da aber diese leztere Wirkung der weiblichen Freiheiten, weder zu ihren natürlichen, und noch viel weniger zu ihren wesentlichen Eigenschaften gerechnet werden kann; so würde ich dieselbe nur in denjenigen Ländern zulassen, wo sie entweder durch Partikulargeseze, oder durch eine rechtsgültige Gewohnheit bestätigt ist.

§. 130.
Noch einige Bemerkungen.
Erstens.

Aus den bisher entwikelten Grundsäzen erhellt, daß die Rechte und Verbindlichkeiten der Weiber durch die Anrufung der weiblichen Freiheiten in vielen Rüksichten verändert werden, und daß die weiblichen Freiheiten zwar eine Verminderung der Verbindlichkeiten der Weiber, aber zugleich auch eine Verminderung in ihren Rechten bewirke. Noch ehe die weiblichen Freiheiten angerufen werden, hat also das Eheweib oder ihr Sachwalter sorgfältig zu prüfen, auf welche Seite sich die Wagschale neigt, weil es Fälle giebt, in denen die weiblichen Freiheiten mehr schädlich als nüzlich sind. Eben dieses haben auch die Gläubiger zu beobachten. Auch ihnen, oder wenigstens Einzelnen derselben kann der Gebrauch der weiblichen Freiheiten eben sowohl nüzlich, als schädlich seyn. Sie müssen also noch ehe sie einen Schritt thun, durch eine anzustellende Berechnung sich hierüber in's klare sezen. Welches besonders denjenigen Sachwaltern zu bedenken gegeben wird, die alles gethan zu haben glauben, wenn sie es nur dahin bringen, daß das Eheweib der weiblichen Freiheiten für verlustig erklärt wird.

§. 131.
Zweytens.

Mehrere Rechtslehrer geben als eine Wirkung der weiblichen Freiheiten auch dieses an, daß das Eheweib befugt sey, ihr Heurathsgut und ihr übriges Vermögen wieder zurükzufordern. t) Allein genau

---

t) F. C. Harpprecht de renunc. acqu. conj. §. 104. nr. 1174. sqq.

betrachtet, ist dieses Recht keine Wirkung der weiblichen Freiheiten, sondern vielmehr eine Folge des ausschließlichen Eigenthums, welches bey einer ehelichen Gesellschaft dem Eheweib in Absicht auf ihr Beybringen bevorbleibt. Es trit daher ein, die weiblichen Freiheiten mögen statt finden oder nicht. u) Eben deswegen kann auch eine Kaufmännin ihr Beybringen und alles was ihr sonst gehört, bey einem über das Vermögen des Ehemanns ausgebrochenen Gannt in jedem Falle zurükfordern, auch wenn sie, — wie es die Gewohnheit vieler Länder mit sich bringt, — von den weiblichen Freiheiten keinen Gebrauch machen kann. v)

---

u) Canz de juribus & obligationibus uxoris &c. §. 12. — 15. S. 25. — 28.

v) Gmelin de obligatione uxoris &c. §. 13. S. 19.

Fünftes Capitel.

Von

den Fällen, in welchen die weiblichen Freiheiten durch Hülfe einer Einwendung unanwendbar werden.

§. 132.

Einleitung.

Erster Fall.

Schon oben im zweyten Capitel, worinn von den Voraussezungen, unter denen die weiblichen Freiheiten statt finden, gehandelt wird, sind solche Fälle angegeben, in welchen die Gläubiger befugt sind, zu verlangen, daß das Eheweib von dem Gebrauch der weiblichen Freiheiten ausgeschlossen werde. Diese Fälle unterscheiden sich von denjenigen, welche in gegenwärtigem Capitel zur Sprache kommen, vorzüglich in der Art wie der Beweis wenn zwischen den Gläubigern und der Ehefrau ein Streit entsteht, geführt werden muß. In den Fällen der erstern Art liegt nämlich die Beweisführung der Ehefrau; in denjenigen Fällen aber, welche gegenwärtig zur Sprache kommen, liegt sie den Gläubigern ob. Denn jene Fälle gehören zu den Bedingungen, ohne welche die weiblichen Freiheiten gar nicht statt finden, und bestehen also in einem Theil desjenigen, worauf das Wesen der weiblichen Freiheiten beruht. Diese aber sind von der Art, daß die weiblichen Freiheiten nur wegen besonderer Verhältnisse, welche sich erst in der Folge ergeben haben, unanwendbar werden. Oder mit andern Worten: Es ist in diesem leztern Falle ein Recht die weiblichen Freiheiten zu gebrauchen, vorhanden; aber dieses Recht wird durch nachgefolgte Handlungen wieder unwirksam gemacht.

§. 133.

Fortsezung.

Diese Handlungen sind von einer vielfachen Art. Sie treten ein:

Erstens: Wenn die Ehefrau dem Gebrauch der weiblichen Freiheiten entsagt hat.

In diesem Falle hat die Sache gar keine Schwierigkeiten, denn so wie man einer jeden Rechtswohlthat entsagen kann, so kann dieß auch bey den weiblichen Freiheiten geschehen. w) Es kann denselben nicht nur im allgemeinen, sondern auch in Beziehung auf einen einzelnen Gläubiger, x) ferner nicht nur ausdrüklich, sondern auch stillschweigend, durch Handlungen, welche nicht wohl eine andere Deutung zulassen, y) z. B. durch die Anerkennung eines Inventariums, worinn der Ehefrau der gewöhnliche Antheil an der ehelichen Einbuß zugeschrieben ist; z) und endlich bedingt oder unbedingt, a) entsagt werden. Nur ist es

---

w) Gmelin de obligatione uxoris &c. §. 33. S. 49.

x) Deutsche Encyklopädie, 10ter Theil, unter dem Wort: „weibliche Freiheiten." S. 524. Gmelin de obligatione uxoris &c. §. 18. S. 26. und §. 37. S. 54.

y) Canz de juribus & obligationibus uxoris &c. §. 8. S. 18. und 19.

z) Coss. Tub. Vol. 8. Consf. 105. nr. 57.

a) Gmelin de obligatione uxoris &c. §. 33. S. 50.

nöthig, daß in einem jeden Falle dasjenige, was zu einer gültigen Entsagung überhaupt erfordert wird, auch hier beobachtet werde. Es muß also die Entsagung wenn sie in einem Lande, wo die Geschlechtsvormundschaft eingeführt ist, geschieht, unter Zuziehung eines Curators vor sich gehen, auch muß der Ehefrau die Rechtswohlthat, welcher sie entsagen will, vorher erklärt seyn. b) Hingegen ist die Entsagung welche von einem dritten im Namen der Ehefrau geschieht, und selbst wenn dieser dritte ihr leiblicher Vater wäre, ungültig. Es wäre denn daß er als aufgestellter Mandatarius gehandelt hätte, und deshalb mit einer gültigen Specialvollmacht sich legitimiren könnte.

§. 134.

Zweyter Fall.

Wenn die Ehefrau die zur Anrufung der weiblichen Frei-

---

b) Gmelin de obligat. ex uxoris &c. §. 5. S. 54

h)eiten vorgeschriebene Zeit frucht,
los verstreichen ließ.

In sehr vielen Ländern ist nämlich die Anrufung der weiblichen Freiheiten auf einen gewissen Zeitraum eingeschränkt, so daß nach Verfluß desselben diese Rechtswohlthat nimmer gestattet wird. c) Z. B. Im Lübekischen muß die Anrufung der weiblichen Freiheiten von Zeit des entstandenen Gannts inner 6. Monaten geschehen. d) In Frankfurt innerhalb 30 Tagen, von dem Tode des Ehemanns an gerechnet. e) In andern Ländern noch vor der Beerdigung des Mannes. f) Noch in andern gleich nach der Beerdigung, und wie-

---

c) Canz de juribus & obligat. uxor. &c. §. 7. not. c. S. 16. und der daselbst angezeigte Lange Gemeinschaft der Güter 9. Hptst. §. 8. S. 290. Ferner Canz ebendaselbst not. d. S. 17. Harpprecht de renunciat. acqu. conj. §. 19. nr. 255. ic.

d) Stein Abhandlung des Lübischen Rechts, 3ter Thl. §. 38. S. 41. und 42.

e) Gmelin de obligat. uxoris &c. §. 29. S. 45. not. x. Harpprecht de renunc. acqu. conjug. §. 19. nr. 265.

f) a Wesel de connubiali bonorum societate, tr. 2. c. 3. nr. 129.

der in andern noch während der Beerdi=
gung. g) *) Es giebt aber auch Länder,
wie z. B. das Herzogthum Wirtemberg,
in welchen wegen der Zeit, wenn die weiblichen Freiheiten angerufen werden sollen,
gar nichts bestimmt ist. In solchen Län=
dern ist es gewöhnlich, daß der Richter entweder aus eigenem Antrieb, oder
auf Ansuchen der Gläubiger dem Eheweib
einen gewissen Zeitraum festsezt, in welchem sie sich wegen der Anrufung der weib=
lichen Freiheiten zu erklären hat. Wenn
aber eine solche richterliche Bestimmung un-

---

g) Canz de juribus & obligat. uxoris &c. §. 7.
not. d. S. 17.

*) Wenn zur Anrufung der weiblichen Freihei=
ten ein gewisser Zeitraum bestimmt= dabey aber
nicht ausgedrukt ist, wie dieser Zeitraum berech=
net werden solle; so glaube ich, daß man die
Berechnung erst von der Zeit anfangt, in wel=
cher der Ganntprozeß als angefangen angenom=
men wird. Cf. Dabelow in der Lehre vom
Concurs der Gläubiger in der Einleitung S. 25.
weil es hart= und mit dem Geist der Geseze un=
vereinbarlich seyn würde, dem Eheweib dardurch,
daß man die Berechnung jenes Zeitraums noch
früher anfienge, die Verbindlichkeit aufzulegen,
selbst den Ausbruch eines Ganntprozesses durch
die Anrufung der weiblichen Freiheiten zu befördern.

terbleibt, so würde alsdann nach der Meinung mehrerer Rechtslehrer die Rechtswohlthat der weiblichen Freiheiten nur durch das tempus longissimum h) und also nur durch einen Zeitraum von 30 Jahren ausgeschlossen. i)

§. 135.
Dritter Fall.

Wenn die Ehefrau in Gemeinschaft mit ihrem Ehemann Kaufmannschaft getrieben hat, und beide — welches wohl zu bemerken ist — in einer eigentlichen Handlungs=Gesellschaft mit einander gestanden sind. k)

---

h) Canz de juribus & obligat. uxor. &c. §. 7. not. d. S. 17.

i) Heefer de bonorum &c. communione, p. 2. loco 16. nr. 161. S. 722. Harpprecht de renunc. acqu. conj. &c. §. 19. nr. 269. und 270. Hellfeld ad π. Tom. 2. §. 1759.

k) Deutsche Encyklopädie, 10ter Theil, unter dem Wort „weibliche Freiheiten" S. 524. Harpprecht de renunc. acqu. conj. §. 13t. in collect. diss. Vol. 2. S. 1771. und vorzüglich Westphal

Diese Ausnahme ist aber nicht allgemein und findet z. B. im Wirtembergischen nicht statt. l) Und selbst da, wo sie statt findet, macht sie das Eheweib der weiblichen Freiheiten nicht überhaupt, sondern nur in Beziehung auf gewisse Handlungen verlustig.

Sie hat nämlich der Regel nach nur die Wirkung, daß die Ehefrau diejenige Verbindlichkeiten, welche der Ehemann in Beziehung auf die zwischen ihm und seiner Frau bestandene Handlungs = Gesellschaft kontrahirt hat, zu ihrem Antheil übernehmen muß. m) Hingegen in Ansehung aller übrigen Verbindlichkeiten ändert sie nichts. n)

§. 136.
Vierter Fall.

Wenn die Ehefrau etwas,

---

teutsches Privatrecht 44ste Abbdlg. S. 45. nr. 5. und 6.

l) Gmelin de obligat. uxoris &c. §. 13. S. 19. und 20.

m) Deutsche Encyklopädie 10ter Theil, unter dem Wort „weibliche Freiheiten" S. 524.

n) Gmelin de obligat. uxoris &c. §. 34. S. 51.

das zur Ganntmasse des Ehemanns gehört, entweder verhehlt oder entwendet. o)

Bey dieser Bestimmung berufen sich die Rechtslehrer gewöhnlich auf die l. 71. §. 4. *π*. de acquir. vel omitt. heredit. in welcher Gesezstelle bestimmt ist, daß der suus heres, wenn er aus der Erbschaft etwas entwende, der Rechtswohlthat — von der Erbschaft abzustehen, — verlustig seyn solle. Hingegen der Herr Professor C. G. Gmelin zu Tübingen p) ist der Meinung, daß man nicht befugt sey, von demjenigen, was zur Strafe des sui heredis, welcher aus der Erbschaft etwas entwendet, bestimmt ist, einen Schluß auf den Fall zu machen, wenn eine Ehefrau etwas, das zur Ganntmasse ihres Ehemanns gehört, verhehlt oder entwendet; und daß man also jene Strafe nur in denjenigen Ländern,

---

o) Stepf vom Contradictor, §. 97. not. 325. S. 134. Cols. Tub. Vol. 1. Consil. 48. nr. 7. Harpprecht de renuuc. acqu. conj. §. 124. 137. und 133.

p) de obligat. uxor. &c. §. 36. S. 52. — 54.

in welcher sie sich auf eine rechtsgültige Gewohnheit gründe, zulassen könne. Allein so sehr ich darinn dem Herrn Professor Gmelin beystimme, daß man dasjenige, was zur Strafe des sui heredis, und also bey einer ganz andern Rechtswohlthat und unter ganz andern Umständen bestimmt wurde, auf die weiblichen Freiheiten nicht anwenden könne. So wenig möchte ich jedoch behaupten, daß die Anwendung jener Strafe nur auf den von dem Herrn Professor angezeigten Fall einzuschränken sey. Wir haben nämlich im allgemeinen den Grundsatz, daß diejenige, welche sich eines Betrugs schuldig machen, bey demjenigen Gegenstand, bey welchem sie sich den Betrug erlaubten, auf keine Rechtswohlthat mehr Ansprache machen können. q) Ich

---

q) Lauterbach in coll. π. Lib. 16. tit, 1. §. 21. Arg. l. 2. π. ad SCtm. Vellej. „Sed ita demum eis subvenit, si non callide sint versatæ. Hoc enim divus Pius & Severus rescripserunt. Nam deceptis non decipientibus opitulatur." Ferner arg. l. 30. π. ad SCtm. Vellej. l. 37. in f. π. de minor. „& non sit ætatis excusatio adversus præcepta legum ei, qui

sehe also nicht ein, warum dieser allgemeine Grundsaz auf die Rechtswohlthat der weiblichen Freiheiten keine Anwendung finden sollte. Vielmehr glaube ich, daß eine jede Ehefrau, welche etwas von demjenigen, was zur Ganntmasse des Ehemanns gehört, verhehlt oder entwendet, insofern dieß anders in betrüglicher Absicht geschehen ist, auf die Rechtswohlthat der weiblichen Freiheiten keine Ansprache mehr machen könne; und zwar ohne Unterschied, ob das Verhehlte oder Entwendete von Beträchtlichkeit sey oder nicht, r) weil hier nicht sowohl der Werth des Entwedeten oder Verhehlten, als vielmehr der Betrug des Eheweibs in Betrachtung kommt. Es muß aber, — wie es sich von selbst ver-

---

dum leges invocat, contra eas committit." und l. 18. Cod. ad SCtm. Vellej. „fœminas alienas vel veteres vel novas obligationes aliqua ratione suscipientibus subvenitur, nisi creditor aliqua ratione per mulierem deceptus sit. Nam tunc replicatione doli Sfli. exceptionem removeri conftitutum eft."

r) **Harpprecht** de renunc. aequ. conj. §. 137. nr. 1485. 1486. und 1487.

steht, — die Entwendung oder das Ver=
hehlen, von denjenigen, welche sich darauf
berufen, erwiesen werden. Die betrügli=
che Absicht hingegen wird aus der Hand=
lung selbst so lange vermuthet, so lange
nicht das Gegentheil aus andern Umständen
den wahrscheinlich wird. Wahrscheinlich
kann es aber aus vielen Umständen wer=
den, nur möchte ich daraus, daß die Sa=
che, welche verhehlt oder entwendet wur=
de, von der Ehefrau als ihr Eigenthum
hätte vindicirt werden können, nicht gerade
den Mangel einer betrüglichen Absicht an=
nehmen, weil ja der Ehefrau für dasjeni=
ge, was von ihrem Eingebrachten nimmer
in Natur vorhanden ist, der Werth aus
der Sanntmasse ersezt werden muß. s)

§. 137.
Fünfter Fall.

Wenn die Ehefrau einen ver=

---

s) Anderer Meinung ist Gmelin de obligat.
axoris &c. §. 36. S. 53. und die daselbst unter
dem Buchstaben e. angezeigten Coss. Tub. Vol. I.
Cons. 132. nr. 53.

schwenderischen Lebenswandel ge=
führet hat. *)

Dieser Punkt macht gewöhnlich die
meisten Schwierigkeiten. Im allgemeinen
stimmen zwar die Rechtslehrer darinn mit
einander ein, daß das Eheweib in jenem
Falle der weiblichen Freiheiten für verlustig
erklärt werde; t) und dieß ist auch dem

---

*) Nach dem Wittembergischen Landrecht p. 1.
tit. 76. §. Nicht weniger ꝛc. in den Worten:
„sofern sie anders an ihres Mannes Verder=
ben unschuldig."
scheint es zwar als ob der Umstand, daß die Ehe=
frau keinen verschwenderischen Lebenswandel ge=
führt, zur Begründung der weiblichen Freihei=
ten, und mithin unter die Voraussetzun=
gen gehöre, unter welchen dieselbe
statt finden. Allein nach einem unbestrittenen
Gerichtsgebrauch wird auch in diesem Lande nicht
dem Eheweib, sondern den Gläubigern der Be=
weis auferlegt, wenn sie das Eheweib wegen ih=
res verschwenderischen Lebenswandels der weibli=
chen Freiheiten für verlustig erklärt wissen wollen.
t) Struben rechtl. Beb. 5ter Thl. n. 75.
S. 162. Westphal deutsches Privatrecht, 2ter
Thl. 24ste Abhdlg. §. 24. S. 25. Estor bürger=
liche Rechtsgel. 1ster Thl. §. 736. Lauterbach
de aere alieno, §. 71.

E. C. Canz in der oft angezeigten Streit=
schrift de juribus & obligationibus uxoris ꝛc.
glaubt zwar, daß die weiblichen Freihei=

Zwek der weiblichen Freiheiten, von welchem ich oben §. 72. gehandelt habe, gemäs. Aber darinn liegt der Knoten:

> Was darzu gehöre, um sagen zu können, daß das Eheweib eine verschwenderische Lebensart geführt habe?

Die Sache ist von Wichtigkeit; denn beynahe in allen denjenigen Fällen, in welchen die weiblichen Freiheiten zur Sprache kommen, geschieht auch dieses Punkts Erwehnung, und gewöhnlich ist davon das Schikfal nicht nur des Eheweibs, sondern auch mehrerer Gläubiger abhängig.

§. 138.
Fortsezung.

Der berühmte ehemalige Rechtslehrer

---

ten aus dem angezeigten Grunde nur in denjenigen Ländern entzogen werden können, in welchen die Strafe der Entziehung auf eine verschwenderische Lebensart ausdrüklich gesezt worden sey. Es wurde aber diese Behauptung schon von dem Herrn Professor Gmelin in der angezeigten Streitschrift de obligatione uxoris &c. §. 17. S. 24. und 25. für das was sie nach meinem Erachten wirklich ist, nämlich für ungegründet erklärt.

E. C. Canz zu Tübingen, welcher über diesen Gegenstand sich am ausführlichsten erklärt hat, stellt in der oftberührten Streitschrift de juribus & obligationibus uxoris &c. §. 1. den Grundsaz auf: daß das Eheweib wo nicht mehr, doch wenigstens eben soviel als der Ehemann zum Vermögenszerfall beygetragen haben müsse, wenn sie aus diesem Grunde der weiblichen Freiheiten für verlustig erklärt werden soll.

Er sagt nämlich:

"Plerumque tamen deficit heic probatio; quæ hoc cafu eo eft difficilior, quia non fufficit in genere uxoris vitam probaſſe luxuriofam, fed abſciſſe probandum eft, illam hoc ipfo tantundem certe, fi non plus, ad hanc rei familiaris jacturam contuliſſe."

Und eben diese Meinung scheint auch der Herr Professor Gmelin u) anzunehmen, in den Worten:

"Et quidem non fufficit, prodigalitatem in genere probari, fed actus plu-

---

u) de obligat. uxoris &c. §. 31. S. 47.

res speciales, ex quibus prodigalitas patet, probandi funt, velut quod veftibus pretiofis, commeffationibus, bibendo, ludendo, donationibus inutilibus, & negligenti rei familiaris adminiftratione, æque vel magis ac maritus facultates conjugum diffipaverit."

§. 139.
Fortſezung.

Ich glaube aber nicht, daß man den Saz: Das Weib müſſe eben ſoviel als der Mann zum Vermögenszerfall beygetragen haben, ſo wie ihn hier die Rechtslehrer aufſtellten, annehmen kann. Denn es würde ja allen Grundſäzen von Zurechnung entgegen ſeyn, wenn man die Verſchuldungen des Ehemanns zum Maasſtab annehmen wollte, um das Verſchulden des Eheweibs darnach abzumeſſen. Nur meine eigene Handlungen können beſtimmen, ob ich ſtrafbar oder eines Rechts unwürdig bin oder nicht. Hingegen die Handlungen eines Dritten kommen hier nicht in Betrachtung, weil dieſe meinen Werth weder erhöhen noch vermindern. Bey einem Ehe=

Weib finde ich in dieser Rükſicht keine Verſchiedenheit. Sie muß eben ſowohl als andere aus ihren eigenen Handlungen beurtheilt werden, wenn man die Frage entſcheiden will: Ob ſie einer Rechtswohlthat für unwürdig zu erklären ſey oder nicht? Es ließe ſich ohnehin in den meiſten Fällen wenigſtens mit Zuverläſſigkeit nicht beſtimmen, welcher von den Ehegatten zum Vermögenszerfall am meiſten beygetragen habe; denn neben deme, daß der Beweis auf beyden Seiten äuſſerſt ſchwierig iſt, ſind noch die Handlungen des Mannes und der Frau, und ihre Verbindlichkeiten zu denſelben, von ſo verſchiedener Art, daß eine richtige Berechnung: Ob durch dieſe oder jene Handlungen der Vermögenszerfall am meiſten veranlaßt worden ſey, wo nicht in allen, doch wenigſtens in den meiſten Fällen in die Klaſſe der Unmöglichkeiten gehören würde. Es müßte alſo das Eheweib ſchon deswegen freygeſprochen werden, weil die Vorausſetzung, welche nach der Meinung jener Rechtslehrer erfordert wird, gröſtentheils gar nicht erwieſen werden kann; und auf dieſe Art würde es faſt

M 2

eben so seyn, als ob man die Strafe, welche auf die verschwenderische Lebensart der Weiber gesezt ist, gänzlich aufgehoben hätte.

§. 140.
Fortsezung.

Aus dem bisherigen sehen wir also, daß es bey der Bestimmung der Frage: Ob das Eheweib sich einer verschwenderischen Lebensart schuldig gemacht habe oder nicht, nicht sowohl auf das Verhältniß, in welchem ihre Handlungen mit den Handlungen ihres Ehemanns stehen, als vielmehr darauf ankomme: Ob ihre Handlungen an und für sich von der Art seyen, daß wegen derselben eine Zurechnung statt finde, und daß ihnen ein beträchtlicher Einfluß auf den Vermögenszerfall zugeschrieben werden könne; Oder mit andern Worten: Ob die Ehefrau die Pflichten, welche sie als Ehefrau hat, in einem solchen Grade vernachläßigt habe, daß sie darduch als Miturfache des Vermögenszerfalls anzusehen sey?

§. 141.

Fortsezung.

Diese Frage läßt sich nach der Natur der Sache im allgemeinen nicht wohl bestimmen; sondern es muß in einem jeden einzelnen Falle der richterlichen Beurtheilung immer das meiste überlassen bleiben. Die Verschiedenheit der Handlungen, welche auf den Vermögenszerfall einen Einfluß haben; die Verschiedenheit der Umstände, unter welchen diese Handlungen vorkommen, und die weitere Verschiedenheit, welche in Ansehung des Grads der Zurechnung daraus entsteht, macht dieses unvermeidlich. Inzwischen dürfte es sich doch der Mühe lohnen, diejenige Handlungen, auf welche es hier vorzüglich ankommt, aus der Reihe der übrigen auszuheben.

§. 142.

Fortsezung.

Eine Ehefrau kann die Pflichten, welche sie als Ehefrau hat, auf eine gedoppelte Art vernachläsigen. Theils durch Nichthandeln und theils durch Handeln.

Sie hat nämlich die Verbindlichkeit auf sich, zum Besten der gemeinschaftlichen Haushaltung zu arbeiten, und für die Erhaltung des gemeinschaftlichen Vermögens zu sorgen. Unterläßt sie dieß, so hat es keinen Zweifel, daß ihr diese Unterlassung zur Last fällt. Hingegen der Grad der Zurechnung läßt sich im allgemeinen nicht bestimmen. Er muß nach den Verhältnissen der Eheleute, nach ihrem Stande, nach ihrem Vermögen, und nach der daher entstehenden grössern oder geringern Verbindlichkeit bestimmt werden. Eben so sehr, oder noch mehr kann die Ehefrau durch Handeln zum Vermögenszerfall beygetragen haben. Z. B. durch Uebermaas im Essen und Trinken, durch Verschwendung in der Haushaltung in Kleidern ꝛc. durch Spielen, durch Ausschweifungen mit dem andern Geschlecht ꝛc.

§. 143.
Fortsezung.

Alle diese Laster können mehr oder weniger zum Vermögens-Zerfall beytragen, je nachdem der Grad derselben, und die damit verknüpften Nebenumstände verschieden sind. Besonders aber ist es das Laster der Trunkenheit, welches in dieser Hinsicht am meisten aufgerechnet werden muß. Trunkenheit hat nämlich das Eigenthümliche, daß sie nicht nur an sich der ehelichen Gesellschaft nachtheilig ist, sondern daß sie es noch mehr wird, durch ihre Folgen. Sie ist gewöhnlich die Quelle alles Uebels, besonders bey den Weibern, welche bey der grössern Reizbarkeit ihrer Nerven in einem solchen Zustande für alle Laster mehr als die Männer empfänglich sind. Je grösser also die Verpflichtung ist, sich vor diesem Laster zu hüten, desto grösser muß auch die Zurechnung seyn, welche im Uebertretungs-Falle statt findet.

§. 144.
Fortsezung.

Diese Handlungen nun sind es, welche bey der Bestimmung der Frage:

Ob sich das Eheweib der weiblichen Freiheiten unwürdig gemacht habe?

in Betrachtung kommen; und welche von den Gläubigern, wenn darüber, — wie es gewöhnlich ist, — ein Streit entsteht, bewiesen werden müssen. Wir haben also hier nur noch die einzige Frage zu berühren: Wie diese Beweisführung geschehe?

§. 145.
Fortsezung.

Wenn wir die Natur jener Handlungen etwas genauer untersuchen, so finden wir, daß es gewöhnlich äusserst schwehr sey, solche nach rechtlicher Ordnung zu beweisen. Die meisten derselben gehen gewöhnlich innerhalb des Familien = Zirkels unter den Augen des Ehemanns vor sich, und dritte Personen haben der Regel nach weder ein Recht, noch viel weniger eine Verbindlichkeit, die Ehefrau wegen ihrer Handlungen zu beobachten, oder sie deshalb zur Rechenschaft zu ziehen. Der Mann allein ist hierzu befugt. Gerade dieser ist aber vorzüglich dabey interessirt, daß gegen seine Frau nichts Nachtheiliges erwiesen werde, weil mit demjenigen, was durch Hülfe der weiblichen Freiheiten aus dem Schiffbruch noch gerettet wird, nachher die ehelichen Ausgaben wieder bestritten werden. Er wird sich also sorgfältig hüten, die Handlungen, welche seiner Frau zur Last gelegt werden könnten, anzugeben, und auf jeden Fall würde sein Zeugniß, selbst wenn es gegen die Leztere ausfallen sollte, nicht einmal von Wirkung seyn.

§. 146.
Fortsezung.

Alle diese Umstände müssen bey der Beurtheilung des über jenen Gegenstand zu führenden Beweises nothwendig in Betracht gezogen= und hiernach die Anzahl und die Beschaffenheit derjenigen Thatsachen, die man zu einem solchen Beweise für nothwendig hält, bestimmt werden. Ich glaube also, daß sich hier, wenn man alles dieses zusammen nimmt, folgende Säze rechtfertigen lassen:

1) Daß auch Geschwister und andere nahe Verwandte der Gläubiger als Zeugen gebraucht werden können, weil diese in andern Fällen, wo der Beweis sehr

schwehr ist, gleichfalls zugelassen werden. v) *)

2.) Daß aus eben demselben Grunde auch Zeugnisse vom Hörensagen (de auditu) welche sonst in den meisten Fällen nicht in Betrachtung kommen, hier mit in Anschlag gebracht werden müssen.

und

3.) daß besonders einem Zeugniß von den Vorstehern desjenigen Orts, wo sich zuvor die Ehefrau aufhielt, wenn es gleich nur im allgemeinen eine verschwenderische, Lebensart derselben bestätigt, ein grosses Gewicht beyzulegen sey, weil ein solches Zeugniß als das Resultat der allgemeinen

---

v) Hofacker princ. juris civ. &c. §. 550. S. 434.

*) Das Wirtembergische Landrecht p. 1. tit. 35. S. 134. verordnet in Ansehung des Zeugnisses der Geschwister folgendes:

„Item Brüder und Schwestern mögen auch weder für noch wider einander Kundschaft geben. Es wären dann keine andere Zeugen oder Beweisung vorhanden, in welchen wie auch sonst in etlich andern Fällen die Recht solche Personen zur Zeugnus zulassen."

Ich glaube also, daß auch im Wirtembergischen obiger Grundsaz in Anwendung gebracht werden kann.

Volksmeinung zu betrachten ist, und eben deswegen in einem Falle, wie der gegenwärtige ist, eine besondere Aufmerksamkeit verdient.

§. 147.
Fortsezung.

Bey dieser Gelegenheit könnte noch die Frage entstehen:

Ob der den Gläubigern obliegende Beweis auch durch Eideszuschiebung geführt werden könne oder nicht?

Im allgemeinen steht der Bejahung dieser Frage, wie mich dünkt, nichts im Wege. Eine Eideszuschiebung findet der Regel nach in Ansehung aller derjenigen Thatsachen statt, welche auf Rechte und Verbindlichkeiten der streitenden Theile einen Einfluß haben, und worüber die leztere frey schalten und walten können. w) Die Ausnahmen von dieser Regel sind unbedeutend, und keine derselben tritt nach meinem Erachten in dem gegenwärtigen

---

w) Danz Grundsäze des gemeinen, ordentlichen, bürgerlichen Prozesses, §. 370. S. 487.

Falle ein. Von dieser Seite also scheint mir die Sache keine Schwierigkeiten zu haben. Aber alsdann finden sich einige Anstände vor, wenn man die Frage:

In welcher Form die Eides-zuschiebung geschehen müsse?

rechtlich bestimmen will. Wir haben oben §. 140. gesehen, daß eine Ehefrau, wenn sie der weiblichen Freiheiten verlustig erklärt werden soll, die Pflichten, welche sie als Ehefrau hat, in einem solchen Grade vernachläßigt haben müsse, daß sie dardurch als Miturfache des Vermögenszerfalls anzusehen sey. Wenn nun der Ehefrau darüber: Ob eine solche Vernachläßigung vorhanden sey? der Eid zugeschoben werden wollte; so halte ich sie nicht für verbindlich, dieser Forderung Genüge zu thun, weil ein Eid nur über Thatsachen zugeschoben werden kann, hier aber nicht blos Thatsachen, sondern auch die rechtliche Frage: Ob eine den Verlust der weiblichen Freiheiten nach sich ziehende Vernachläßigung vorhanden sey? in dem zugeschobenen Eide enthalten seyn würde. Hingegen zweifle ich nicht, daß der Eid über einzelne Begebenheiten, aus welchen sich der Grad der von der Ehefrau begangenen Vernachläßigung bestimmen läßt, zugeschoben werden könne.

§. 148.
Sechster Fall.

Wenn der Vermögenszerfall nicht durch die Administration des Ehemanns, sondern durch Unglüksfälle veranlaßt wurde.

Bekanntlich haben nämlich die weiblichen Freiheiten dieß zum Zwek, um die Weiber für Nachtheile aus der Vermögensadministration, welche den Rechten nach den Männern zugehört, wieder zu entschädigen. x) Hieraus folgt, daß in denjenigen Fällen, in welchen der Vermögenszerfall aus dieser Administration nicht entstanden ist, die weiblichen Freiheiten, weil es alsdann an dem Grund zur Entschädigung mangelt, nicht statt finden. y) Gesezt also

---

x) S. oben §. 72. S. 96.
y) Canz de juribus & obligationibus uxoris &c.

die Vermögensabnahme ist durch unglükliche Zufälle, z. B. durch Brandschazung und Plünderung in Kriegszeiten, durch Feuersbrunst, durch Mißwachs ic. entstanden; so würde das Weib unter solchen Umständen von den aus der Gütergemeinschaft entstandenen Verbindlichkeiten sich nicht befreien können. Nur müßte es aber erweislich seyn, daß der Vermögenszerfall, oder wenn man es genauer ausdrüken will, ein = der Vermögensabnahme gleichkommender Schaden aus diesen Umständen entstanden sey. Denn im Zweifel muß man die Administration des Ehemanns als Ursache annehmen. So sehr ich aber von der Richtigkeit dieses Grundsazes überzeugt bin, so habe ich jedoch keine Spuren gefunden, daß solcher von den Gerichtshöfen in Anwendung gebracht worden wäre.

---

§. 8. S. 19.

ibi: „Rationem potissimam horum privilegiorum in eo poni, supra diximus, quia maritus plerumque & sæpe solus contrahere solet, quo ipso facile thori sociam ære alieno obruere posset. Ubi igitur cessat hæc ratio, ibi etiam plerumque frustra ad beneficia muliebria provocant uxores."

§. 149.
Noch einige Bemerkungen.

Erstens. Wenn die Ehefrau wissentlich einen Mann, welcher mit Schulden überhäuft war, geheurathet hat, so macht sie dieser Umstand der weiblichen Freiheiten nicht verlustig, weil diese Strafe als Folge jener Handlung ausdrüklich hätte bestimmt werden müssen; dieses aber nirgends geschehen ist. z)

Zweytens. Wenn die Entsagung auf die weiblichen Freiheiten einmal auf eine gültige Weise geschehen = und von den Gläubigern angenommen ist, so kann die Frau nachher dieselbe nimmer anrufen. Und eben so wenn sie zu dem Gebrauch derselben einmal zugelassen ist, so kann sie alsdann anders nimmer als unter Einwilligung aller derjenigen, welche dabey interessirt sind, denselben wieder entsagen. a)

---

z) Gmelin de obligatione uxoris &c. §. 31. S. 46. und der daselbst angezeigte Mencken de usufructu mariti ad inopiam redacti in bonis uxoris, §. 27. Anderer Meinung ist Walch de discrimine bonorum uxoriorum jure Rostochensi sublato, §. 14.

a) Gmelin de obligatione uxoris &c. §. 33. S. 50.

Drittens: Unter die Mittel, wodurch sich eine Ehefrau des Gebrauchs der weiblichen Freiheiten verlustig macht, rechnen einige Rechtslehrer auch den Fall, wenn die Ehefrau die Erbschaft ihres verstorbenen Mannes angetreten hat. b) Allein ich sehe nicht ein, wie diese Handlung an und für sich den Verlust der weiblichen Freiheiten zur Folge haben sollte; und ob schon die Ehefrau dadurch, daß sie Erbin wird, diejenige Verbindlichkeiten, von welchen sie durch die weiblichen Freiheiten befreit wird, vielleicht aus jenem Grunde wieder erfüllen muß; so ist es doch nichts weniger als gleichgültig, ob man diese Verbindlichkeit als Folge der versagten weiblichen Freiheiten, oder als Folge der Erbschafts-Antretung betrachtet. Denn im leztern Falle ist die Ehefrau, wenn sie Mit-Erben hat, nur nach demjenigen Antheil, der ihr an der Erbschaft zukommt, verbind-

---

b) Canz de juribus & obligationibus uxoris &c. §. 8. S. 19. not. h. Cof. Tub. Vol. **.** Conf. 105. nr. 49. Deutsche Encyclopädie, 10ter Thl. unter dem Wort: „weibliche Freiheiten." S. 524.

lich. Ferner wenn sie die Erbschaft unter Vorbehalt der Rechtswohlthat des Inventarii angetreten hat, so ist sie als Erbin für dasjenige, worzu die Erbschaft nicht hinreicht, nicht verbindlich; so wie sie auch von denjenigen Verbindlichkeiten befreit bleibt, welche nicht auf die Erben übergehen. Z. B. Von der Verbindlichkeit aus einem Verbrechen. c)

---

c) Gmelin de obligatione uxoris &c. §. 35. S. 51.

Zweyte Abtheilung.

Rechte bey einer allgemeinen Gütergemeinschaft.

§. 150.

Erläuterung dieser Rechte.

Bey einer allgemeinen Gütergemeinschaft ist alles unter den Ehegatten gemeinschaftlich. Keiner derselben hat ein abgesondertes Eigenthum und der Unterschied unter mein und dein hört bey ihnen auf. d) Auf dem Glük des Mannes beruht daher auch das Glük der Frau; und umgekehrt: Von dem Unglük des Mannes ist auch das Unglük der Frau ein unzertrennlicher Gefährte. Wenn also der Mann so viele Schulden kontrahirt, daß sein Vermögen zur Bezahlung derselben nimmer hinreicht,

---

d) S. oben im 1sten Thl. §. 48. S. 73. und §. 53. S. 80.

so hat die Frau nichts, das sie für sich ansprechen kann. Es findet bey einer allgemeinen Gütergemeinschaft weder Heurathsgut noch Paraphernalvermögen, weder Morgengabe noch Wiederlage statt. Es können also die Rechte, welche denselben beygelegt sind, auch nicht eintreten; *) sondern alles worzu die Frau befugt ist, besteht darinn: daß sie sich durch Anrufung der weiblichen Freiheiten, von welchen in der nächst vorhergehenden Abtheilung ausführlich gehandelt wurde, nur dasjenige Vermögen, welches sie etwa noch künftig zu hoffen hat, vor den Ansprüchen der Gläubiger sichern kann. Hingegen dasjenige, was derselben bereits angefallen ist, muß sie den Gläubigern ohne alle Ausnahme überlassen. e)

---

*) Nur in den Fürstenthümern Hohenlohe, tritt wie ich schon mehrmals bemerkte, eine Ausname ein, indem daselbst eine Ehefrau befugt ist, der allgemeinen Gütergemeinschaft ungeachtet, ihr Beybringen bey dem Ganniprozeß über das Vermögen ihres Ehemanns eben so, als in andern Ländern, wo keine allgemeine Gütergemeinschaft eingeführt ist, zurückzufordern.
e) S. oben S. 116. und 117. S. 146. — 148.

Dritte Abtheilung.

Rechte bey einer Partikulargütergemeinschaft.

Erstes Hauptstük.

Rechte bey der uneigentlichen Partikulargütergemeinschaft oder bey der ehelichen Gesellschaft.

Erstes Kapitel.

Rechte welche von den weiblichen Freyheiten unabhängig sind.

Erster Titel.

Von den Rechten des Eheweibs in Ansehung ihres Eingebrachten.

§. 151.

1.) Was zu dem Eingebrachten gehöre. Um die Rechte in Ansehung des Eingebrachten desto richtiger zu bestimmen, müssen wir zuerst untersuchen, was man unter diesem Ausdruk verstehe, und was also zu dem Eingebrachten der Ehefrau ge:rechnet werde. — Diese Untersuchung scheint mir um so nothwendiger zu seyn, als die verschiedenen Eigenschaften des Eingebrach=ten gewöhnlich auch verschiedene Rechte hervorbringen. Es wird nämlich zu dem Eingebrachten der Ehefrau nicht nur

Erstens: Dasjenige gerechnet, was sie gleich Anfangs in die Ehe brachte, f) son=dern auch zweytens: Dasjenige, was ihr während der Ehe, weder durch ihren Fleis noch durch Hülfe ihres Vermögens, son=dern durch das Glük allein zu Theil wird, z. B. Erbschaften, Legaten ꝛc. g) Ferner Drittens; dasjenige, was für eine von der Ehefrau in die Ehe gebrachte Sache wäh=rend der Ehe eingetauscht wird. h) Des=gleichen Viertens: Die v o r und n a c h der Ehe aus dem Eigenthum der Ehefrau bezo-

---

f) S. oben im 1sten Thl. §. 114. S. 200.
g) S. ebendaselbst. S. 209. wo mehrere Fälle, welche hieher gehören, aufgezählt sind.
h) S. ebendaselbst S. 201.

genen Früchte und Nuzungen. i) Fünftens: Alle diejenige Früchte und Nuzungen, welche aus den vorbehaltenen Gütern nicht nur vor und nach der Ehe, sondern auch während der Ehe bezogen werden. Sechstens: Dasjenige, was die Ehefrau zwar während der Ehe, aber aus einem Titel, der älter als die Ehe ist, erwirbt. k) Siebentens: Der Zuwachs, der sich bey den zu dem ausschließlichen Eigenthum der Ehefrau gehörigen Sachen ergiebt. l) Auch wird Achtens nach der Meinung einiger Rechtslehrer vermuthet, daß das Eigenthum von demjenigen, was der Schwiegervater seiner Tochter wegen, dem Schwiegersohn geschenkt hat, jener gewiedmet sey. ll)

§. 152.

2.) Das Eingebrachte zerfällt in 3. Abtheilungen.

Nach den verschiedenen Befugnissen,

---

i) S. oben im 1ten Th. §. 114. S. 200. und S. 227.
k) S. ebendaselbst S. 202.
l) Hofacker princ. jur. civ. T. 2. §. 443. S. 349. und die daselbst angezeigte l. 10. §. 1. ff. de jure dot.
ll) Struben rechtliche Bedenken 1ster Thl. Bed. 11. S. 34.

welche dem Ehemann in Ansehung des Eingebrachten zukommen, wird dasselbe entweder Heurathsgut oder Paraphernalvermögen, oder vorbehaltenes Gut genennt.

§. 153.

3.) Es giebt Rechte, welche allen 3. Abtheilungen auf gleiche Weise zukommen.

Die verschiedenen Rechte, welche das Eheweib in Ansehung ihres Eingebrachten hat, sind wohl von einander zu unterscheiden: Eines dieser Rechte steht ihr in Ansehung aller 3. Abtheilungen auf gleiche Weise zu; nämlich das Absonderungsrecht ausserhalb des Concurses. Andere Rechte aber sind nur auf die eine oder auf die andere jener Abtheilungen eingeschränkt.

§. 154.

Fortsezung.

Das Absonderungsrecht ist eine Wirkung des der Ehefrau zustehenden Eigenthums, und in dieser Hinsicht hat sie ihr Recht mit den übrigen Gläubigern gemein. Es wird also davon in dem folgenden Abschnitt unter den Rechten, welche eine Ehefrau als Gläubigerin hat, gehandelt werden. Hingegen diejenige Rechte, welche nur einer gewissen Gattung des Eingebrachten eigen sind, kommen der Ehefrau als Ehefrau zu, und deswegen wird hievon in dem gegenwärtigen Abschnitt gehandelt.

§. 155.

4.) Rechte, welche nur dem Heurathsgut eigen sind.

aa.) Was versteht man unter dem Ausdruk Heurathsgut.

Der Ausdruk Heurathsgut wird mit dem römischen Ausdruk Dos für gleichbedeutend angenommen, und daher werden auf jenes die Rechte des leztern angewendet: Bey einer genauern Betrachtung ergiebt es sich aber, daß dasjenige, was mit jenen verschiedenen Ausdrüken bezeichnet wird, nicht ganz mit einander übereinstimme.

Dos war bey den Römern dasjenige, was zu Bestreitung der ehelichen Ausgaben dem Ehemann entweder von seiner Ehefrau, oder in ihrem Namen von einem dritten gegeben wurde. m) Bey den Römern hatte nämlich keiner von den Ehegatten eine Ansprache an das Vermögen des andern. Der Ehemann war verbunden, alle eheliche Ausgaben allein zu bestreiten, und nur den Ertrag von demjenigen, was ihm von dem Vermögen der Ehefrau besonders überlassen wurde, konnte er darzu benuzen. Alles also, was von dem Vermögen der Ehefrau die Eigenschaft als Heurathsgut erlangen sollte, mußte dem Ehemann besonders überlassen seyn. Aber heut zu Tage ist wenigstens bey denjenigen Ehegatten, unter welchen eine Gütergemeinschaft, oder eine Errungenschaftsgesellschaft statt findet, keine besondere Ueberlassung nöthig. Der Ehemann ist schon als solcher befugt, alles was zu dem Vermögen seiner Frau gehört, zu administriren und zu benuzen. Worzu sollte also eine besondere Ueberlassung dienen, da der

---

m) Hofacker princ. juris civ. Lib. 2. §. 416. S. 27.

Ehemann durch diese Ueberlassung keine grössere Rechte erlangen würde, als diejenige sind, die er schon als Ehemann hatte?

§. 156.

Fortsezung.

Alles kommt bey solchen Ehegatten nur darauf an, daß die Ehefrau, oder ein Dritter in ihrem Namen, mit dem Ehemann zu einer solchen Zeit, wo dieser noch gültige Handlungen vornehmen kann, übereinkommt, ob und was von dem Vermögen der Ehefrau als Heurathsgut behandelt werden solle. Diese Uebereinkunft nun kann auf eine zweyfache Art, nämlich entweder ausdrüklich oder stillschweigend, d. i. durch Handlungen, welche keine andere Deutung zulassen, geschehen. Am gewöhnlichsten aber geschieht sie dardurch, daß man dasjenige Vermögen der Ehefrau, welches man als Heurathsgut angesehen wissen will, in dieser Eigenschaft in das Bub=ingensinventarium einsezt.

§. 157.
Fortsezung.

Was hingegen diejenige Ehegatten betrift, welche weder in einer Gütergemeinschaft, noch in einer Errungenschafts=Gesellschaft leben, so finde ich bey diesen keinen Grund, um von demjenigen, was die römischen Geseze in Ansehung des Dotis verordnet haben, abzugehen. Ich würde also hier nur dasjenige Vermögen der Ehefrau als Heurathsgut anerkennen, wovon der Ertrag zu Bestreitung der ehelichen Ausgaben bestimmt = und NB. welches dem Ehemann zu diesem Behuf **besonders überlassen** wurde.

§. 158.
Fortsezung.

Heurathsgut ist also bey Ehegatten, welche in einer Gütergemeinschaft, oder in einer Errungenschaftsgesellschaft leben,

Alles dasjenige, was sie selbst, unter Umständen, wo sie noch gültig handeln konnten, von dem Vermögen der Ehefrau darzu bestimmten.

Bey solchen Ehegatten aber, welche weder in einer Gütergemeinschaft noch in einer Errungenschaftsgesellschaft leben, genügt es an dieser Bestimmung nicht, sondern es muß hier die Vorschrift des römischen Rechts beobachtet= und also von der Ehefrau dasjenige, was Heurathsgut seyn soll, ihrem Ehemann besonders, und zwar zum Behuf der ehelichen Ausgaben überlassen werden. *)

---

*) Dieser Unterschied zwischen Heurathsgut bey Ehegatten, welche in einer Gütergemeinschaft leben, und bey Ehegatten, unter welchen keine Gemeinschaft der Güter eingeführt ist, ist besonders in Absicht auf die Verbindlichkeit zur Beweisführung wichtig. Denn bey demjenigen, was bey Ehegatten, welche in keiner Gütergemeinschaft leben, Heurathsgut seyn soll, muß — wie ich weiter unten in dem Abschnitt von den Verbindlichkeiten ausführen werde, — bewiesen seyn, daß solches dem Ehemann zum Behuf der ehelichen Ausgaben, besonders überlassen wurde. Bey solchen Ehegatten aber, unter welchen eine Gütergemeinschaft statt findet, bedarf es keiner besondern Ueberlassung, sondern es ist genug, wenn nur die Ehegatten zu einer Zeit, wo sie noch gültig handeln konnten, deshalb mit einander übereingekommen sind.

§. 159.

bb.) Von dem Vorzugsrecht in Ansehung des Heurathsguts.

α.) Im allgemeinen.

Nachdem wir also wissen, was Heurathsgut ist, so fragt es sich nur noch, was demselben für Rechte zukommen?

Nach römischen Gesezen wurde dem Eheweib wegen ihres Dotis ein besonderer Vorzug, nämlich zuerst nach der l. 22. §. 13. ff. soluto matrim. ein persönliches Vorrecht, nachher aber durch die l. unic. Cod. de rei uxor. act. ein stillschweigendes Unterpfand, welches endlich durch Justinian in l. 12. §. 1. Cod. qui pot. in pignore in ein privilegirtes Unterpfand verwandelt wurde, gegeben. Dieser Vorzug wird heut zu Tage nach einem einstimmigen Gerichtsgebrauch auf das, was wir Heurathsgut nennen, angewendet, so daß das Heurathsgut wenn es mit dem Vermögen des Ehemanns zu einem Concurs kommt, nach der in den meisten Ländern Deutschlands eingeführten Classifikation, in die zweyte Klasse gesezt wird.

§. 160.

ß.) **Insbesondere.**

1.) Wenn mit dem Heurathsgut die Forderung der Kinder erster Ehe zusammentrift.

Die Rangordnung, welche das Heurathsgut in jener Klasse hat, ist keiner besondern Schwierigkeit ausgesezt, und bedarf also wie ich glaube, keiner weitläufen Erörterung. Nur dieß ist dabey zu bemerken, daß wenn Kinder erster Ehe mit der zweyten Ehefrau, und also mit ihrer Stiefmutter konkurriren, jene in so ferne sie das Heurathsgut ihrer verstorbenen Mutter noch zu fordern haben, der leztern nach einem ausdrüklichen Gesez nämlich nach der l. 12. §. 1. Cod. qui potiores in pignore vorgezogen werden, ungeachtet sonst das Privilegium des Heurathsguts weder auf die Erben noch auf andere Personen, n) und nach derjenigen Meinung, welche ich für die richtige halte, ohne jene Konkur-

---

n) C. Gmelin de jure dotis &c. §. 4. S. 13.

renz nicht einmal auf die Kinder über=
geht. o) *)

§. 161.

2.) Wenn das Heurathsgut mit andern
Unterpfändern in Collision kommt.

Eine gröfere Schwierigkeit entsteht
aber in dem Falle, wenn mit dem Heu=

---

o) Gmelin am angez. Ort. §. 7. und 9.
S. 17. 18. und 21. Dabelow vom Concurs
der Gläubiger, 2ter Thl. 6tes Hptstk. §. 238.
S. 245.

*) Hingegen nach dem Gerichtsgebrauch ist die
entgegengesezte Meinung angenommen, daß näm=
lich das Privilegium des Heurathsguts auf die
Kinder in jedem Falle, auch wenn sie mit der Stief=
mutter nicht konkurriren, übergehe. S. Dabe=
low am angez. Ort, §. 238. S. 247. not. 1.
Und eben dieses scheint auch das Wirt. Landrecht
zu verordnen, indem es p. 1. tit. 75. S. 211. §.
Es sollen auch ic. ganz allgemein sagt, daß
jenes Privilegium auf die Kinder übergehe. Es
ist aber hier — wie ich wohl zu bemerken bitten
muß, — blos von dem besondern Vorzugs=
recht, kraft dessen das Heurathsgut in die zwote
Klasse gesezt wird, die Rede, denn das stillschwei=
gende Unterpfand, das dem Heurathsgut zukommt,
geht schon nach dem gemeinen Recht als eine der
Sache selbst anklebende Eigenschaft; nicht nur auf

rathsgut solche Gläubiger, welche ein älteres ausdrückliches Unterpfand haben, und solche, welchen ein noch älteres, aber stillschweigendes Unterpfand zukommt, bey einem Concurs zusammentreffen. Der entschiedene Gerichtsgebrauch giebt nämlich dem Heurathsgut nach dem Inhalt mehrerer Geseze, und vorzüglich nach der l. 12. §. 1. Cod. qui potiores in pignore, den Vorzug vor allen übrigen Pfandgläubigern — welche nicht besonders privilegirt sind, — ohne Unterschied ob solche ausdrückliche oder stillschweigende Unterpfänder haben, und ohne Unterschied ob diese Unterpfänder jünger als das Heurathsgut sind, oder nicht. p) Hingegen mehrere Partikulargeseze Deutschlands, z. B. in Chursachsen, q) in Wirtemberg, r) in der Pfalz, s) in Pom=

---

die Erben, sondern auch auf andere Personen z. B. auf Cessionarios über.

p) Ch. G. Smelin Ordnung der Gläubiger ꝛc. 2te Ausg. S. 169. und 170.

q) Prozeßordnung tit. 43. §. 1. Const. Elect. Sax. p. 1. Const. 28.

r) Landrecht p. 1. tit. 7f. §. Es sollen auch ꝛc. S. 211.

s) Landrecht p. 2. tit. 20. §. 12.

mern ꝛc. t) geben denjenigen Gläubigern, welche ein älteres ausdrükliches Unterpfand haben, den Vorzug vor dem Heurathsgut, ohne jedoch den noch ältern stillschweigenden Unterpfändern, den aus der Zeitordnung entstehenden Vorzug zu entziehen. Bey diesen Umständen geht das ältere stillschweigende Unterpfand dem jüngern ausdrüklichen; das ältere Ausdrükliche dem Heurathsgut, und das Heurathsgut den sämtlichen stillschweigenden Unterpfändern, und so immer der Besiegte von dem einen, dem Sieger des andern wieder vor. Was ist also hier zu thun?

Nach der Praxis ist die Sache bald im Reinen. Sie hat fast einstimmig zu Gunsten des Heurathsguts entschieden. Das leztere wird also sowohl den ausdrüklichen als auch den stillschweigenden Unterpfändern, ohne Unterschied, ob diese älter oder jünger als das Heurathsgut sind, in jenem Collisionsfalle vorgezogen.

---

t) Pomr. Constitution von Lehen- und Aussteuer-Sachen vom Jahr 1694. tit. 9. §. 1.

§. 162.

Fortsezung.

Hingegen aus theoretischen Gründen möchte ich diese Meinung nicht vertheidigen. Die Geseze, nach welchen den ältern ausdrüklichen Unterpfändern ein Vorzug vor dem Heurathsgut eingeräumt wurde, sind jünger als alle übrigen Geseze, welche die Rangordnung der hier kollidirenden Unterpfänder bestimmen. Ich glaube also' daß man schon aus diesem Grunde den ältern ausdrüklichen Unterpfändern den Vorzug vor dem Heurathsgut einräumen sollte. Aber noch von einer andern Seite sind nach meinem Erachten die ältern ausdrüklichen Unterpfänder gedekt. Der Vorzug, welcher ihnen vor dem Heurathsgut gegeben ist, ist durch deutsche Partikulargeseze, welche dem römischen als einem blos subsidiarischen Recht immerhin vorgehen, bestimmt. Diese Bestimmung muß also zuerst in Anwendung gebracht = und erst dasjenige, was durch dieselbe nicht ins reine kommt, kann nach römischen Gesezen regulirt werden. Diesemnach würde unter den hier kollidi=

renden Unterpfändern in denjenigen Ländern, in welchen ein Partikulargesez die ältern ausdrüklichen Unterpfänder über das
Heurathsgut erhebt, folgende Rangordnung
statt finden.

Den ersten Plaz würde ich eben diesen ältern ausdrüklichen Unterpfändern aus
den bisher angezeigten Gründen einräumen,
alsdann aber das Heurathsgut, und erst
nach diesem die stillschweigende obgleich ältere Unterpfänder befriedigen, weil das rö-
mische Recht oder wenigstens der entschiedene Gerichtsgebrauch dem Heurathsgut
den Vorzug vor allen stillschweigenden Unterpfändern gegeben hat, und in dieser Bestimmung durch die deutschen Partikulargeseze keine Abänderung gemacht ist. *)

---

*) Nur in dem Herzogthum Wirtemberg würde
hierinn eine Abweichung eintreten. Es ist nämlich nach dem Landrecht p. 1. tit. 75. §. Es sollen
auch ꝛc. und §. Jedoch ꝛc. S. 211. verordnet,
daß nicht nur das ältere ausdrükliche, sondern
auch dasjenige ältere stillschweigende Unterpfand,
welches dem ehemaligen Eigenthümmer eines noch
vor der Ehe an den Ehemann verkauften liegenden Guts zukommt, dem Heurathsgut vorgehen
solle. Hingegen nach einem General-Rescript vom

§. 163.

Fortsezung.

Die ganze Sache würde sich also auf folgende einfache Regel zurükführen laſſen:

19ten Merz 1736. (bey Hochſtetter im 2ten Theil S. 25.) ſollen

„die tacitæ vel legales hypothecæ immediate nach den publicis und vor den privatis locirt werden."
Die ausdrüklichen Privat=Unterpfänder haben also nach dieſem neuern Geſez eine Kapitis Di=minution erlitten, wenn ſie mit ſtillſchweigenden Unterpfändern konkurriren, und müſſen folglich, da man ſie ſogar den ſtillſchweigenden Unterpfän=dern ohne Unterſchied nachgeſezt hat, noch viel=mehr auch dem Heurathsgut nachgeſezt werden, weil das Heurathsgut nicht nur mit einem ſtill=ſchweigenden, ſondern ſogar mit einem privile=girten ſtillſchweigenden Unterpfand verſehen iſt. Nur in dem Falle, wenn ein älteres ausdrükli=ches und NB. öffentliches Unterpfand mit dem Heurathsgut zuſammenträfe, würde das erſtere dem Heurathsgut vorgehen, und alſo hier die angezeigte landrechtliche Stelle §. Es ſollen auch ꝛc. weil ſie in dieſem Punkt durch jenes General=Re=ſcript nicht aufgehoben wurde, noch in Anwendung kommen. S. der Herr geheime Rath Kapf de dote pignori anteriori expreſſo poſtponendo §. 7. S. 20.

Gleichen Vorzug vor dem Heurathsgut ſcheint der ebengedachte Herr Geheime Rath Kapf auch den ältern ausdrüklichen Privat=Unterpfändern in dem Falle einzuräumen, wenn

Wenn ein neues Gesez gegeben wird, durch welches der a. der zuvor dem b.

---

mit solchen keine stillschweigende Unterpfänder konkurriren. S. die angez. Dissertation de dote &c. §. 7. S. 20. und §. 9. S. 23. und 24. Nach meiner Meinung aber muß das Heurathsgut den ausdrüklichen Privatunterpfändern in jedem und selbst in dem von dem Herrn geheimen Rath Kapf angenommenen Falle, vorgezogen werden, weil durch ein neueres Gesez, nämlich durch das angezeigte General-Rescript die ganze Klasse der stillschweigenden Unterpfänder vor den sämtlichen ausdrüklichen Privatunterpfändern den Vorzug erhalten hat, und weil also das Heurathsgut, welchem gleichfalls ein stillschweigendes Unterpfand anklebt, schon aus diesem Grunde, nämlich insoferne es in die Klasse der stillschweigenden Unterpfänder gehört, allen ausdrüklichen Unterpfändern vorgeht. Was hingegen das ältere stillschweigende Unterpfand betrift, welches dem ehemaligen Eigenthümmer eines noch vor der Ehe von dem Ehemann verkauften liegenden Guts, insoferne solches noch in der Concursmasse vorhanden ist, zukommt, so glaube ich, daß solches dem Heurathsgut in jedem Falle und auch dann vorzuziehen sey, wenn gleich öffentliche ausdrükliche Unterpfänder damit konkurriren, weil der demselben in der angezeigten landrechtlichen Stelle §. Es sollen 2c. gegebene Vorzug durch das gedachte General-Rescript von 1736. nicht aufgehoben wurde. Nach der Praxis aber wird auch hier die Regel: Si vinco &c. zu Gunsten des Heurathsguts in Anwendung gebracht.

und c. nachgieng, über den b. erhoben wird, so muß man ihn als über den c. gleichfalls erhoben ansehen. Und auf diese Art würde die allbekannte Regel hier eintreten: Si vinco vincentem te, vinco etiam te. Oder wie es in der l. 14. §. 3. *. de div. temp. præscript. heißt:

„Nam qui me potior est, cum ego te superaturus sim, multo magis adversus te obtinere debet."

Nur würde diese Regel immerhin zu Gunsten desjenigen angewendet, dessen Vorzug auf ein neueres Gesez gegründet ist.

§. 164.
Fortsezung.

Die Praktiker sagen zwar, daß wegen der Begünstigung des Heurathsguts diesem im Zweifel der Vorzug gegeben werden müsse. Allein die Sache ist hier gar nicht zweifelhaft. Neuere deutliche Geseze erheben die ältere ausdrükliche Unterpfänder über das Heurathsgut, hingegen ist in der Rangordnung bey dem leztern, und bey den stillschweigenden Unterpfändern keine Abänderung gemacht; die leztere müssen al so nach der Bestimmung des römischen Rechts locirt werden. Aber wie gesagt, der Gerichtsgebrauch, der in so vielen Fällen die Stelle der Geseze vertrit, hat jene Meinung, nach welcher das Heurathsgut in dem angezeigten Collisionsfalle vorgezogen wird, bestättgt. Ich kann also nicht hoffen, daß eine andere Meinung, wenn sie gleich auf den richtigsten Grundsäzen beruhen sollte, Eingang finden wird.

§. 165.
Noch einige Bemerkungen.

Erstens.

Das besondere Vorzugsrecht, welches dem Heurathsgut durch die Geseze gegeben ist, kommt nicht nur den Ehefrauen der Christen, sondern selbst den Ehefrauen der Juden zu; wenigstens ist dieß die Meinung angesehener Rechtslehrer, u) welche ich vor-

---

u) Dabelow vom Concurs der Gläubiger, 2ter Thl. 6tes Hptst. §. 240. S. 251. — 253. C. Gmelin de jure dotis &c. §. 3. S. 12. und die daselbst unter dem Buchstaben a. noch weiter

züglich aus dem Grunde für die richtige halte, weil den Juden durch das Diplom Kaiser Rudolfs vom Jahr 1572. das Bürgerrecht in dem deutschen Reiche gegeben wurde; und weil überhaupt dasjenige, was man in ältern Zeiten blos aus Haß gegen die Juden angeordnet hat, in unsern Zeiten nimmer anwendbar ist. v)

§. 166.
Zweytens.

Ebendasselbe Vorzugsrecht, welches dem Heurathsgut gegeben ist, wird nach der Meinung einiger Rechtslehrer auch auf die sogenannte Aussteuer ausgedehnt. w) Die-

---

angezeigten Schriftsteller. Ch. G. Gmelin Ordnung der Gläubiger, S. 178. Anderer Meinung ist Struben in den rechtlichen Bedenken im 3ten Thl. Bed. 68. S. 247.

v) Dabelow vom Concurs der Gläubiger, 2ter Thl. 6tes Hptstk. §. 240. S. 253. Gmelin de jure dotis &c. §. 4. not. n. S. 13.

w) Renz jura rei uxoriæ ad normam societatis bonorum conjug. exacta, §. 13. S. 14. Struben rechtl. Bed. 1 Thl. Bed. 53. S. 133 — 135. Puffendorf observ. jur. univ. T. 1. obf. 216. §. 24. Dabelow vom Concurs der Gläubiger, 2t Thl. 6tes Hptstk. §. 241. S. 293. not. 14.

se Meinung wird aber von andern Rechtslehrern, und wie mich dünkt, mit Recht widersprochen. x)

Das Hauptmoment der erstern besteht darinn, weil nach ihrem Erachten dasjenige, was man unter dem Wort Aussteuer begreift, als ein Accessorium des Heurathsguts anzusehen sey. Allein diese Behauptung scheint mir um so mehr unrichtig zu seyn, als in vielen Fällen nur eine Aussteuer und gar kein Heurathsgut gegeben wird. Ich würde also die Aussteuer als solche, — wenn anderst nicht aus andern Umständen eine entgegengesezte Absicht der Ehegatten erhellt, — um so weniger zum Heurathsgut rechnen, als sie z. B. in den Ehepakten, in den Zubringens = Inventarien ꝛc. gewönlich nicht zu dem Heurathsgut geschlagen = sondern neben dem Heurathsgut noch besonders bemerkt = und also durch diese Absonderung angezeigt wird,

---

x) Ch. G. Gmelin Ordnung der Gläubiger, S. 174. Hofacker princ. jur. civ. Lib. 2. §. 417. E. 328. und die daselbst unter dem Buchstaben b. noch weiter angezeigten Schriftsteller.

daß die Aussteuer nicht zu dem Heuraths=
gut gehöre. Hingegen zweifle ich nicht,
daß alle vor und nach der Ehe aus dem
Heurathsgut bezogenen Früchte und Nutzun=
gen mit dem Heurathsgut selbst gleiche Rech=
te geniesen; desgleichen auch der bey Do=
talstüken sich ergebene Zuwachs. y)

§. 167.
Drittens.

Unter die besondern Begünstigungen
der Ehefrauen gehört auch das Recht, nach
welchem ihnen gestattet ist, dasjenige, was
mit dem Heurathsgut gekauft wurde, ver=
möge des Absonderungsrechts sich anzuma=
sen. Zwar enthält die l. 12. Cod. de jure
dotium, daß dasjenige, was mit dem Heu=
rathsgut erkauft werde, in das Eigenthum
der Ehefrau nicht übergehe. Das gewöhn=
liche Absonderungsrecht, das eine Folge
des Eigenthums ist, kann also hier wie es
sich von selbst versteht, keine Anwendung

---

y) Dabelow vom Concurs der Gläubiger,
2ter Thl. 6 es Hptstk. S. 245.

finden. Aber auf eine andere Weise haben die römischen Geseze, welche so viele Spuren einer besondern Vorneigung für das schöne Geschlecht enthalten, auch hier für die Ehefrau gesorgt. Sie geben ihr das Absonderungsrecht als ein besonderes Privilegium, und räumen ihr, weil sie nicht wirkliche Eigenthümerin ist, und also eine wahre Vindikation hier nicht anschlägt, eine utilem vindicationem ein, z) durch welche sie alles dasjenige, was mit dem Heurathsgut von dem Ehemann erkauft wurde, selbst in dem Falle sich als Eigenthum anmasen kann, wenn er gleich dasselbe nicht in ihrem Namen erkauft hat. a) Natürlich hängt es aber von der Ehefrau ab, ob sie dieses Privilegium, welches blos zu ihrem Vortheil gegeben wurde, gebrauchen oder ob sie nicht lieber den Werth desjeni-

---

z) l. 26. 27. und 54. ₶. de jure dotium. l. 22. §. f. ₶. sol. matrim. Hofacker princ. jur. civ. Lib. 2. §. 445. S. 351. not. c. und die daselbst noch weiter angezeigten Schriftsteller.

a) Hofacker princ. jur. civ. Lib. 2. §. 445. S. 351.

gen, was sie als Heurathsgut beygebracht hat, aus der Sanntmasse zurükfordern will.

§. 168.
Viertens.

Dasjenige, was die Ehefrau als Heurathsgut in die Ehe bringt, wird gewöhnlich zu dem Ende angeschlagen, um nachher, wenn etwas davon zu Grunde geht, zu wissen, was man der Ehefrau deßhalb zu vergüten habe. Wenn aber eine zum Heurathsgut gehörige Sache während der Ehe verkauft wird; so kommt es alsdann bey der Vergütung, welche die Ehefrau deßhalb zu fordern hat, auf den gemachten Anschlag nimmer an, sondern es wird der Ehefrau statt des Anschlags dasjenige, was daraus wirklich erlößt wurde, ersezt. b) Dieser Meinung ist auch der Herr Professor Ch. G. Gmelin c) in den Worten:

---

b) S. oben im 1sten Thl. §. 114. S. 201. und 202.

c) In der Ordnung der Gläubiger, 2te Ausg. S. 128.

„Von den nicht vorhandenen (Stü=
cken) fordert sie (die Ehefrau) den Werth
in der zweyten Classe der Gläubiger
zurük; und zwar ist das, was davon
verkauft worden, in dem Werth, wie
es verkauft, nicht, wie es eingebracht
worden, zurük zu fordern."

Hingegen der Herr Professor Dabelow
scheint der entgegengesezten Meinung zu
seyn, in dem Er sich d) auf folgende Art
äussert:

„Die Ehefrau genießt das privilegium
Dotis beym Concurse über das Ver=
mögen ihres Ehemanns, in Ansehung
der ganzen eingebrachten Größe dessel=
ben. Offenbar ergiebt sich dieses aus
der Verordnung des Kaisers Justinian,
und kann ich daher denjenigen Rechts=
lehrern nicht beypflichten, welche an=
nehmen, daß wenn etwas von dem
Heurathsgut verkauft worden, die Ehe=
frau nur den Werth, wie dasselbe ver=

---

d) In der Erläuterung der Lehre vom Concurs
der Gläubiger, 2ter Thl. S. 255.

lauft, nicht wie es eingebracht wor=
den, zurückzufordern berechtiget sey."

Ich glaube aber daß diese Verschieden=
heit in den Meinungen der langezeigten
Rechtslehrer blos von einem Misverständ=
nisse herrühre, und daß der Herr Professor
D a b e l o w im Grunde der nämlichen Mei=
nung seyn werde. Wenigstens könnte ich
mir nicht erklären, wie unter der angege=
benen Voraussetzung nicht der wirklich ge=
machte Erlös, sondern der ursprüngliche
Anschlag zum Grunde gelegt werden sollte,
da dieser Anschlag nur als taxationis causa
geschehen, — welches man im Zweifel oh=
nehin vermuthet, e) — angenommen wird.
Jedoch muß ich hier bemerken, daß in dem
Falle, wenn der gemachte Erlöß durch den
zum Besten der ehelichen Gesellschaft vor=
gegangenen Gebrauch etwa vermindert wur=
de, diese Verminderung von der Ehefrau
noch besonders gefordert werden könne. f)

---

e) S. oben im 1sten Thl. §. 114. S. 222.
f) S. oben §. 125. S. 155.

§. 169.

5.) Rechte in Ansehung der Paraphernal-
Güter.

Unter dem Ausdruk Paraphernal-Güter
verstunden die Römer dasjenige Vermögen
der Ehefrau, welches dieselbe auſſer dem
Heurathsgut ihrem Ehemann noch beson=
ders beygebracht, und zur Benuzung über=
laſſen hat. Heut zu Tage aber iſt bey den
Paraphernalgütern wie bey dem Heuraths=
gut zu unterſcheiden, ob die Ehegatten in
einer Gütergemeinſchaft, oder welches hier
einerlei iſt, in einer Gemeinſchaft des Errungenen mit einander leben, oder ob keine
ſolche Gemeinſchaft unter ihnen ſtatt findet.
Im erſtern Falle gehöret zu den Parapher=
nalgütern alles dasjenige, was der Ehefrau mit Nuzen und Eigenthum wirklich
angefallen iſt, und wovon ſie ſich die ei=
gene Verwaltung und Benuzung nicht aus=
drüklich vorbehalten hat. Im leztern Fall
aber muß das Vermögen der Ehefrau,
wenn es die Rechte der Paraphernalgüter
genieſſen ſoll, dem Ehemann zur Admini=
ſtration und Benuzung beſonders über-

laſſen worden ſeyn. Dieſer Unterſchied iſt vorzüglich bey dem Beweiſe, welcher deßhalb von der Ehefrau gefordert wird, wichtig. Ich werde alſo unten in dem Abſchnitt von den Verbindlichkeiten ausführlicher davon handeln. Hier bemerke ich nur dieſes, daß dasjenige, was zu den Paraphernalgütern gerechnet wird, mit einem ſtillſchweigenden Unterpfand geſichert ſey, g) ſo daß die Ehefrau mit demſelben in die dritte Claſſe kommt, und unter den Privatpfandgläubigern nach der Zeitordnung befriedigt wird. h) In Anſehung der Rangordnung welche dem Paraphernalvermögen in jener Claſſe zukommt, giebt es keine Schwierigkeiten, welche einer beſondern Erörterung bedürfen. Nur dieß einzige muß ich noch berühren: Wenn zwiſchen der Ehefrau und den Gläubigern darüber geſtritten wird, ob die Forderung der erſtern

---

g) l. ult. Cod. de pact. conv.
h) Ch. G. Gmelin Ordnung der Gläubiger im Grundriß nach dem gemeinen Recht, S. 5. Harpprecht de renunc. acqu. conj. §. 128. nr. 1413. und 1414.

in Heurathsgut oder in Paraphernalver=
mögen bestehe, so wird nach der Meinung
der meisten Rechtslehrer im Zweifel das
leztere vermuthet. i) Auch kann die Anzahl
der Paraphernalgüter noch dadurch ver=
mehrt werden, daß die Ehefrau über ihre
vorbehaltenen Güter dem Ehemann erst
während der Ehe die Verwaltung und Be=
nuzung überläßt, und sie auf diese Weise
in Paraphernalgüter verwandelt. Es ver=
steht sich aber von selbst, daß diese Ver=
wandlung als eine Thatsache im Zweifel
nicht vermuthet werde, sondern von der
Ehefrau, wenn sie sich darauf beruft, zu er=
weisen sey.

§. 170.

6.) Rechte in Ansehung der vorbehaltenen
Güter.

Was endlich die vorbehaltenen Güter
betrift, so hat die Ehefrau in Ansehung

---

i) Hofacker princ. jur. civ. &c. §. 417. S.
329. Koch de alienatione bonorum uxoriorum &c.
§. 11. S. 16. Ch. G. Gmelin Ordnung der
Gläubiger, 2te Ausg. S. 190. H. G. Bauer

dieser als Ehefrau keine besondern Rechte, sondern sie wird deshalb gleich einem jeden andern Gläubiger behandelt. Die Rechte in Ansehung der vorbehaltenen Güter gehören also nach der von mir gemachten Eintheilung eigentlich nicht hieher, sondern in den Abschnitt von den Rechten, welche die Ehefrau mit den übrigen Gläubigern gemein hat. Inzwischen bemerke ich nur dieß:

Unter die vorbehaltenen Güter gehört alles dasjenige Vermögen der Ehefrau, welches nicht von dem Ehemann, sondern von ihr selbst verwaltet und benuzt wird. Wir müssen also wenn wir den Umfang der vorbehaltenen Güter genauer bestimmen wollen, bey denselben eben sowohl als bey dem Heurathsgut und Paraphernalvermögen unterscheiden: Ob die Ehegatten in einer Gütergemeinschaft, oder welches hier einerlei ist, in einer Gemeinschaft des Errungenen mit einander leben, oder ob keine

---

diss. bona uxoris paraphernalia esse praesumenda. Carpzov jurisprud. for. p. 1. Const. 28. def. 87. und p. 2. Const. 16. def. 11. Cofs. Tub. Vol. 2, Cons. 15. nr. 2. sqq.

solche Gemeinschaft unter ihnen statt findet. In jenem Falle hat der Ehemann schon als solcher über alles Vermögen der Ehefrau die Verwaltung und Benuzung. In diesem Fall aber bleibt der Ehefrau selbst die Verwaltung und Benuzung überlassen. Die Regel also, nach welcher alle Güter der Ehefrau im Zweifel für vorbehaltene Güter angenommen werden, k) kann nur im leztern Falle statt finden; im erstern Fall aber nicht, weil es hier eines besondern Vertrags bedarf, um der Ehefrau über ihre Güter die Benuzung und Administration zu verschaffen, oder mit andern Worten, um diesen Gütern die Eigenschaft der vorbehaltenen Güter beyzulegen, und weil ein Vertrag als eine Thatsache im Zweifel nicht vermuthet werden kann.

---

k) Schöpff Sel. decif. p. 2. decif. 250. S. 239.
Mevius p. 2. decif. 229.

Zweyter Titel.

Von dem Recht des Eheweibs Alimenten aus der Ganntmasse zu verlangen.

§. 171.
Erläuterung dieses Rechts.

Aus demjenigen, was ich in dem nächstvorhergehenden Capitel ausgeführt habe, ist ersichtlich, daß ein Eheweib, wenn sie anderst in keiner allgemeinen Gütergemeinschaft lebte, der Regel nach befugt sey, nicht nur ihr Heurathsgut, sondern überhaupt alles dasjenige, was zu ihrem Beybringen gehört, in dem Fall wieder zurükzufordern, wenn über das Vermögen ihres Ehemanns ein Concursprozeß entstanden ist.

Um nun diese Befugniß desto mehr zu sichern, haben ihr die Geseze noch das weitere Recht eingeräumt, so lange, bis sie wegen jener Ansprüche befriedigt ist, das Retentionsrecht in Ansehung des sämtlichen ihrem Ehemann zugehörigen Vermögens auszuüben. 1) Gewöhnlich aber kommt dieses Retentionsrecht nicht zur Anwendung, sondern es wird in den meisten Fällen das ganze zur Concursmasse gehörige Vermögen einem von Obrigkeits=wegen aufgestellten Curator übergeben, und dargegen dem Eheweib zur Entschädigung für das ihr gebührende Retentionsrecht, und für die Vortheile, welche damit ver=bunden sind, etwas gewisses zu ihrer Un=terhaltung bestimmt, welches sie alsdann so lange bis der Concursprozeß geendigt ist, aus der Masse zu geniessen hat. Als Entschädigung für die Vortheile, welche aus dem Retentionsrecht entstehen, ist jene zur Unterhaltung des Eheweibs auszusezen=de Summe nach dem Verhältniß dieser Vortheile, und besonders auch nach dem

---

1) Lauterbach de retentione th. 10. 11. und 12. in Collect. diff. T. 3. nr. 123. C. Gmelin de jure dotis in concursu creditorum §. 17. S. 34.

Verhältniß ihres Beybringens m) zu bestimmen; auch versteht es sich von selbst, daß in allen Fällen, wo entweder dem Ehemann gar nichts beygebracht wurde, oder wo wenigstens keine Zurückforderung des Beybringens, und folglich auch kein Retentionsrecht statt findet, auch von keinen Alimenten die Rede seyn könne.

---

m) C. Gmelin de jure dotis in concursu creditorum, § 17. S. 35.
Auch ist hierüber weiter nachzusehen: Schöpf in D. de alimentatione uxorum, th. 24. S. 18. ibi: „Neque tamen silentio praetereundum, quod in concursu creditorum uxor, quae dotem aliaque bona intulit, propter jus retentionis actionem hypothecariam & rei vindicationem pro prudentis judicis arbitrio alimenta ex massa interim petere queat."

Dritter Titel.

Rechte, welche in der Avth: si qua mulier Cod. enthalten sind.

§. 172.
Einleitung.

Schon oben in der zweyten Abtheilung des ersten Abschnitts §. 34. sqq. habe ich eines Rechts erwähnt, welches einem Frauenzimmer in dem Falle, wenn sie sich für jemand verbürgt hat, gestattet ist. Gegenwärtig aber kommt ein Rechtsmittel zur Sprache, welches zwar auch die Bürgschaften der Frauenzimmer, aber nur diejenige Bürgschaften angeht, die sie für ihre Ehemänner geleistet haben.

§. 173.
Gesezstelle, welche hieher gehört.

Der Siz dieses Rechtsmittels ist das 8te Kapitel der 134sten Novelle; welches so wie die berühmte Avth: Si qua mulier Cod. ad S&tm. Vellej. folgenden Inhalts ist:

„Si qua mulier crediti inftrumento confentiat proprio viro, aut fcribat, & propriam fubftantiam, aut fe ipfam obligatam faciat: jubemus, hoc nullatenus valere: five femel five multoties hujusmodi aliquid pro eadem re fiat, five privatum five publicum fit debitum: fed ita effe ac fi neque factum quicquam neque fcriptum effet: nifi manifefie probetur, quod pecuniæ in propriam ipfius mulieris utilitatem expenfæ fint."

§. 174.
Ihre Wirkungen.

Nach dieser Gesezstelle wird also eine jede Verbindlichkeit, welche die Ehefrau wegen einer zum Besten des Ehemanns kontrahirten Schuld auf sich genommen hat, ohne weiteres für null und nichtig erklärt, und die Sache so angesehen, als ob von der Ehefrau gar keine Verbindlichkeit übernommen worden wäre; ohne Unterschied, ob die Bürgschaft wiederholt oder nicht

233

wiederholt = und ohne Unterschied, ob sie für eine öffentliche oder für eine Privat= Schuld übernommen wurde. Auch ändert es in der Wirkung jenes Gesezes nach der einstimmigen Meinung der Rechtslehrer nichts; die Ehefrau mag die Verbindlich= keit durch Fidejussion, Expromission oder Novation; sie mag sie vor Gericht oder ausser Gericht; sie mag sie durch blose Bürgschaft, oder durch Verpfändung ihres Vermögens schriftlich oder mündlich über= nommen haben. Ueberhaupt kann hier die allgemeine Regel aufgestellt werden:

Das in dem angezeigten Gesez enthal= tene Rechtsmittel ist in allen denjenigen Fällen anwendbar, wo die Ehefrau ihre Person oder ihr Vermögen zu dem Ende um ihrem Ehemann Credit zu verschaffen, verbindlich gemacht hat. n)

§. 175.
Fortsezung.

Im allgemeinen ist diese Regel keinem Zweifel ausgesezt. In einzelnen Fällen

---

n) Röslin von besondern weiblichen Rechten,

aber wird es öfters schwierig, ob solche in Anwendung gebracht werden könne oder nicht. Es dürfte sich also der Mühe lohnen, die Sache etwas näher zu zergliedern. In dieser Absicht gehe ich zuvörderst von dem Grundsaz aus, daß jedesmal, so oft das Rechtsmittel, wovon hier die Rede ist, in Anwendung kommen solle, eine von der Ehefrau übernommene Verbindlichkeit vorhanden seyn müsse; denn ohne dieses kann von einer Ansprache an dieselbe, und von einem deshalb gestatteten Rechtsmittel gar keine Rede seyn. Es muß also, wenn über die Existenz einer solchen Verbindlichkeit gestritten wird, solche vor allen Dingen von demjenigen, der eine Ansprache an die Ehefrau macht, bewiesen werden, weil ohne dieses gar kein Klagegrund vorhanden ist.

§. 176.
Fortsezung.

Wenn nun diese Verbindlichkeit unter solchen Umständen für die Ehefrau übernom-

---

2ter Band, S. 63. §. 12. Struben rechtl. Beb. 1ster Thl. Beb. 76. S. 183.

men wurde, daß auf irgend eine Art eine für den Ehemann geleistete Bürgschaft daraus erhellt, so haben wir gewöhnlich reinen Weg. Es wird nämlich die übernommene Verbindlichkeit der Regel nach als nicht existirend angesehen, und also die Ehefrau von aller Ansprache befreit. Wenn also z. B. die Ehefrau zwar ohne Mitwirkung ihres Ehemanns Geld aufgenommen hat, dem Gläubiger aber entweder vor oder bey dem Entlehnen und mithin zu einer Zeit, wo es noch in seiner Wahl stund, das Anlehen zu geben oder nicht, bekannt geworden ist, daß das Entlehnte nicht zum eigenen Nuzen des Frauenzimmers, sondern zum Vortheil eines Dritten verwendet werden würde; so wird ihre Verbindlichkeit als nicht existirend angesehen. o). Ebendieselbe Beschaffenheit hat

---

o) Struben rechtliche Bedenken 4ter Thl. Bed. 206. S. 526. „Einer Frau, welche Geld geliehen, um damit ihres Ehemanns Schulden zu bezahlen, kommt das SCtm. Vellej. (oder wie es eigentlich heissen sollte, die Avth. Si qua Mulier Cod. ad SCtm. Vellej.) zu statten, wenn der

es auch in dem Falle, wenn eine Ehefrau zu Gunsten eines solchen, der eine Anspra=

Glaubiger gewußt, worzu sein Geld gebraucht werden sollen."
Treutler Vol. 1. diff. 25. th. 2. S. 242. „Et succurritur mulieri, modo creditor sciverit eam pro alio intercedere &c."
Bachov ad hanc thesin.
Arg. l. 12. ﬀ. ad Sctm. Vellej. „imo tunc locus est Senatusconsulto, eum scit creditor eam intercedere."
Die L. 13. Cod. ad Sctm. Vellej. verordnet zwar: „Si foenebris pecunia juxta fidem veri a creditore tibi data est: sive tota quantitas foenoris, sive pars ejus in usum mariti processisse proponatur: decreto patrum non adjuvaris, licet creditor causam contra- ctus non ignoraverit."

Nach dem Inhalt dieses Gesezes kann also die Ehefrau der zum Besten der weiblichen Bürg= schaften vorhandenen Rechtswohlthaten sich nicht bedienen, wenn sie gleich mit Vorwissen des Glaubigers das aufgenommene Geld zum Be= sten ihres Ehemanns verwendet hat; und scheint es mithin als ob der in dem vorstehenden §. 176. angezeigte Grundsaz dadurch wieder entkräftet würde. Allein bey näherer Betrachtung verschwen= det dieser Zweifel. Die in jener Geseßstelle ent= haltene Verordnung muß nämlich nach andern Gesezen, und nach der Erklärung der Rechtsleh= rer nur auf den Fall eingeschränkt werden, wenn der Glaubiger erst nach aufgenommenem Geld, und mithin zu einer Zeit, wo es nim= mer in seiner Wahl stund, das Anlehen zu ge= ben oder nicht, erfahren hat, daß dasselbe nicht

che an ihren Ehemann hat, dem ihr wegen des Heurathsguts und anderer eingebrachten Güter zukommenden Vorzugsrecht entsagt; denn auch bey dieser Entsagung ist kein Zweifel, daß sie im Grunde eine eigentliche Bürgschaft für den Ehemann, und daß sie also der Regel nach als nicht existirend anzunehmen sey p)

§. 177.
Fortsezung.

Oefters aber wird es zweifelhaft, ob man eine Bürgschaft für den Ehemann, oder eine zum eigenen Besten der Ehefrau übernommene Verbindlichkeit annehmen solle; und da fragt es sich also, was man in einem solchen Falle zu thun habe?

---

für die Ehefrau, sondern für ihren Ehemann entlehnt worden sey.
L. 27. pr. ff. ad SCtm. Vellej. „bona fide personam mulieris in contrahendo secutus, ob ea, quæ inter virum & uxorem, accepta pecunia gestæ sunt, exceptione SCti. non submovetur."
Voet ad ff. Lib. 16. tit. 1. §. 3.
p) Gmelin von Aufsäzen über Verträge, §. 98. S. 209.

Nach den Präjudicien, welche wir in den Schriften der praktischen Rechtslehrer finden, wird diese Frage gewönlich zum Vortheil der Ehefrau entschieden, und die von derselben übernommene Verbindlichkeiten werden, wenn das Gegentheil nicht klar vor Augen liegt, als eine für den Ehemann geleistete Bürgschaft angesehen. Z. B. Wenn die Ehefrau in Gemeinschaft ihres Ehemanns einen Schuldschein unterschrieb, in welchem sich jene als Hauptschuldnerin, und dieser als Bürg bekennt hat, so wird in diesem Fall eine versteckte Bürgschaft für den Ehemann vermuthet, und dem Glaubiger, wenn er die Ehefrau deshalb belangt, der Beweis auferlegt, daß das Entlehnte nicht zum Besten des Ehemanns, sondern zu ihrem eigenen Besten verwendet worden sey. q)

---

q) **Berlich** in concl. p. 2. Concl. 19. nr. 65, ibi: „Quinto ampliatur, si mulier sit principalis debitor & maritus pro ea fidejussit, tunc etiam mulier non teneretur. Videtur enim solummodo color quæsitus, sub cujus prætextu uxor obligetur."
Brockes de exigua instrumenti principalem uxo-

Eben diese Vermuthung findet auch in dem
Falle statt, wenn die Ehefrau in einem

---

ris, minus principalem mariti caufam continentis fide.
§. 17. fqq.

Heefer de bonorum & inprimis acquæft. conj.
commun. p. 2. Loco 23. S. 1074. nr. 445. und 446.
ibi: „Sciendum tamen, quamdiu de mulieris dolo
non apparet, præfumi mulieris interceſſionem, juramento licet vallatam, contra S&m. Vellej. interpofitam
eſſe. Ant. Faber in eod. lib. 4. tit. 2. defin. 7.
nr. 7. Ex quo fundamento magis communiter
Doctores tradunt, fi mulier fe principalem debitricem
'conftituat, proque ipfa vir fidejubeat, præfumi colo-
rem quæfitum, adeoque obligationem in perfona mulieris non admitti."

Wibel de contract. mulier. C. 5. nr. 44.

Das Gegentheil aber behaupten:

Gail in obf. lib. 2. obf. 90. nr. 8. und 9. Hering de fidejuſſor. C. 7. nr. 430. fqq. J. H. Böhmer de efficaci mulierum interceſſione C. 3. §. 3.
not. k. S. 76.

Diese Rechtslehrer stüzen ihre Meinung auf
die l. 28. π. ad S&m. Vellej. wo der Jurist Scä-
vola sagt: „Seja mancipia emit, & mutuam pecuniam accepit fub fidejuſſore marito, eamque folvit
venditori, poftea maritus, decedens non folvendo, in
fraudem creditoris cavit teftamento, fe eam pecuniam
univerfam debere: quæritur, an interceſſiſſe mulier
videretur? Refpondi fecundum ea, quæ proponeren-
tur, non interceſſiſſe."

Allein in dieser Gesezstelle wird die Präjudicial=
Frage: Ob das Entlehnte zum Nuzen der Ehe=

mit dem Ehemann ausgestellten Schuldschein sich als Mitschuldnerin bekennt
hat. Auch hier muß um eine Ansprache an
die Ehefrau zu begründen, erwiesen seyn,
daß das Entlehnte zum Nuzen der Ehefrau
verwendet worden sey. r)

§. 178.
Fortsezung.

Ferner wenn in einem Lande, wo keine Gütergemeinschaft unter den Eheleuten
statt findet, und wo also die eheliche Aus-

---

frau verwendet worden sey, schon als erwiesen vorausgesezt, in den Worten: Seja mancipia
emit, & mutuam pecuniam accepit, eamque sol-
vit venditori." Und da konnte freilich ihre
Verbindlichkeit zur Bezahlung, der nachherigen
Erklärung des Ehemanns ungeachtet, keinen Anstand mehr finden.
r) Struben rechtliche Bedenken 1ster Thl.
Bed. 76. S. 183. Reinharth potissima capita
invalidæ mulierum intercessionis, §. 16. S. 13. Lauterbach in Coll. π Lib. 16. tit. 1. §. 6. Stryck
in annot. ad comp. jur. Lauterbach tit. ad Sctm.
Vellej. verb. „manifeste probetur." S. 449. Anderer Meinung ist J. H. Böhmer de efficaci mulierum intercessione C. 3. §. 3. S. 74. und 75.

gaben dem Ehemann allein obliegen, beide Eheleute eine Schuld zu ihrem gemeinschaftlichen Nuzen aufgenommen zu haben bezeugen; so wird die Ehefrau auch in diesem Falle nicht verbindlich, sondern es wird in Ansehung der ganzen Summe angenommen, daß solche zum alleinigen Besten des Ehemanns verwendet worden sey. s) Und noch vielmehr findet die nämliche Wirkung auch in dem Falle statt, wenn von der Ehefrau in einem in **Gemeinschaft mit ihrem Ehemann** ausgestellten Schuldschein bezeugt wird, daß das Entlehnte zu ihrem alleinigen Besten aufgenommen worden sey. t) Ja! wenn die Ehefrau unter solchen Umständen, wo der Ehemann nur **gegenwärtig** war, eine Verbindlichkeit übernommen hat, so wird selbst in diesem Fall eine für ihren Ehemann geleistete Bürgschaft vermuthet. u) Noch vielmehr muß

---

s) **Beck** Resp. crim. & civ. Tom. 2. resp. 1. nr. 21. sqq.

t) **Gmelin** von Aufsäzen über Verträge, §. 88. S. 189.

u) **Carpzov** in jurispr. for. p. 2. Const. 16. defin. 4. nr. 8. und 9. ibi: „Id namque ad eum perti-

man also eine für den Ehemann geleistete
Bürgschaft auch alsdann vermuthen, wenn
der Ehemann bey einer von der Ehefrau
übernommenen Verbindlichkeit als ihr ehe=
licher Curator mitgewirkt hat.

§. 179.
Resultat.

Wenn wir nun alle diese Fälle zusam
men rechnen, so glaube ich, daß man des=
halb die allgemeine Regel aufstellen könne:
In allen Fällen, in welchen
die Ehefrau in Gemeinschaft
ihres Ehemanns, oder unter
Umständen, wo derselbe nur ge=
genwärtig war, und noch viel=
mehr, wo er als ehelicher Cu=
rator mitgewirkt hat, eine
Verbindlichkeit übernahm, wird

---

net, qui cum sola muliere contraxit, non ad eum,
qui cum muliere & viro simul, aut cum illa sola sed
viro præsente contrahit; fraudis enim suspicio subest,
quoties mulier una cum alio vult obligari. Hartm.
Pistoris Obs. 113. nr. 5. quare hoc casu diligen-
tior debet esse creditor, quam si ab initio cum sola
muliere contraheret."

diese Verbindlichkeit als eine
für den Ehemann geleistete
Bürgschaft behandelt, und also
so dem Gläubiger nur insofern
eine Ansprache gestattet, insofern er eine zum Besten der
Ehefrau vorgegangene Verwendung beweisen kann. *)

---

*) Nur in dem Falle trit, wie ich unten in dem
Abschnitt von den Verbindlichkeiten bemerken werde, eine Ausname von dieser Regel ein, wenn die
Eheleute in einer Gemeinschaft des Errungenen leben, und die Ehefrau in einem mit dem Ehemann
ausgestellten Schuldschein bezeugt hat, daß das Entlehnte zum gemeinschaftlichen Nuzen aufgenommen worden sey, denn unter diesen Umständen wird die Ehefrau für ihren Antheil schon
durch die Aufname verbindlich.

Vierter Titel.

Rechte in Ansehung des sogenannten Voraus.

§. 180.
Erläuterung dieser Rechte.

In einigen Ländern, wie z. B. in Wirtemberg, in Frankfurth am Mayn ꝛc. ist die Ehefrau befugt, ihre Kleider, Kleinodien und was sonst zu ihrem Leibe gehört, v) oder mit einem Wort, dasjenige, was bey den Erbtheilungen unter dem Namen Voraus bekannt ist, sich vermöge des Absonderungsrechts ausserhalb des Concurses zuzueignen, w) ohne Unter-

---

v) Wirtemb. Lbrcht. p. 1. tit. 76. §. Nicht weweniger ꝛc. Franff. Reformation, p. 1. tit. 50. §. 12.

w) Gmelin Ordnung der Gläubiger, 2te Ausg. S. 26.

schied ob diese Sachen von der Ehefrau selbst in die Ehe gebracht = oder ob sie erst von dem Ehemann ihr angeschaft wurden. x) Jedoch muß sie den Werth der von ihr in die Ehe gebrachten Kleider und Kleinodien, insoferne sie den Anschlag von demjenigen, was sie unter dem Titel voraus erhält, nicht übersteigen, sich dafür an ihrem Beybringen wieder abziehen lassen, weil beides zu fordern gegen die offenbare Billigkeit seyn würde. y) Uebrigens aber da diese Befugniß der Ehefrau, aus allgemeinen Grundsäzen nicht erwiesen werden kann, so darf sie nur in denjenigen Ländern gestattet werden, wo solche entweder durch ausdrükliche Geseze, oder durch eine rechtsgültige Gewohnheit bestätigt ist.

---

x) Harpprecht de renunc. acq conj. §. 126. 127. und 128. nr. 1368. 1390. 1401. und 1417.

y) Gmelin Ordnung der Gläubiger, 2te Ausg. S. 26.

Zweytes Capitel.

Rechte, welche von den weiblichen Freiheiten abhängen.

§. 181.
Einleitung.

Auſſer den bisher erwähnten Rechten, bringt das Stattfinden oder Nichtstattfinden der weiblichen Freiheiten für die Ehefrau noch weitere Rechte hervor, welche aber niemals in beiden Fällen zugleich eintreten, ſondern wovon immer eine beſtimmte Claſſe derſelben dieſem oder jenem Falle ausſchlieslich eigen ſind. Die Rechte dieſer Art zerfallen alſo von ſelbſt in zwey Abtheilungen.

Erste Abtheilung.

———

Rechte, welche alsdann eintreten, wenn die weiblichen Freiheiten statt finden.

———

Hieher gehört

α.) Das Recht sich von der Verbindlichkeit zur Theilnahme an der ehelichen Einbuß wieder zu befreien.

§. 182.
Erläuterung desselben.

Dieses Recht ist eine Folge von den Wirkungen der weiblichen Freiheiten. z) Wenn nämlich einer Ehefrau welche in einer ehelichen Gesellschaft mit ihrem Manne stund, die weiblichen Freiheiten gestattet

---

z) S. oben §. 123. — 126. S. 153. — 158.

sind, so soll der Nachtheil, welcher aus der dem Ehemann zukommenden Administration für die Ehefrau entstanden ist, soviel als möglich wieder vermindert werden. a) Da nun die Vermögensabnahme welche sich während der Ehe ergiebt, oder mit einem Wort die eheliche Einbuß gewöhnlich eine Folge von der schlechten Administration des Ehemanns ist; so sind die Eheweiber, wenn man ihnen die weiblichen Freiheiten gestattet hat, von der Verbindlichkeit zur Theilnahme an der ehelichen Einbuß der Regel nach wieder befreit. Diese Befreiung findet in Ansehung alles desjenigen statt, was zur ehelichen Einbuß gerechnet wird. b) Nur sind diejenige eheliche Verbindlichkeiten davon ausgenommen, welche die Ehefrau entweder selbst auf eine gültige Weise kontrahirt, oder deren Erfüllung sie besonders zugesichert hat, und wovon ich unten in dem Abschnitt von den Verbindlichkeiten handeln werde.

---

a) S. oben §. 72. S. 96. und 97.
b) S. oben im 1sten Thl. §. 113. S. 198. und in dem gegenwärtigen 2ten Thl. §. 128. S. 157.

β.) Das Recht den ihr zuerkannten Antheil an den ehelichen Schulden aus der Ganntmasse des Mannes wieder zurükzufordern.

§. 183.
Erläuterung deſſelben.

Wenn die Ehefrau entweder ſelbſt auf eine gültige Weiſe eheliche Verbindlichkeiten kontrahirt: oder wenn ſie die Erfüllung derſelben beſonders zugeſichert hat, ſo iſt ſie wie es bereits bemerkt wurde, und wie es unten noch weiter gezeigt werden wird, gehalten, dieſe Verbindlichkeiten zu ihrem Antheil zu übernehmen. Dasjenige hingegen was ſie auf dieſe Art von dem ihrigen aufopfert, iſt ſie aus der Ganntmaſſe des Ehemanns wieder zurükzufordern befugt. Jedoch genießt ſie deßhalb kein beſonderes Vorzugsrecht, ſondern ſie kommt damit in die lezte Claſſe. c)

---

c) Gmelin de obligatione uxoris &c. §. 27. S. 40.

Zweyte Abtheilung.

Rechte, welche alsdann eintreten, wenn die weiblichen Freiheiten nicht statt finden.

Hieher gehört

Das Recht, die Helfte an der Errungenschaft zu verlangen.

§. 184.
Erläuterung dieses Rechts.

Wenn bey einer Ehefrau, welche in einer ehelichen Gesellschaft lebt, die weiblichen Freiheiten nicht statt finden, so hat solches die Wirkung, daß beide Ehegatten in Ansehung des Gewinn und Verlusts nach den gewönlichen Gesezen, welche auf Gesellschaften überhaupt anwendbar sind, beurtheilt werden. Die Ehefrau kann also eben so, wie sie an der ehelichen Einbuß die Helfte, oder überhaupt denjenigen Antheil, welcher ihr nach den Gesezen zukommt, übernehmen muß, auch verlangen, daß der ihr zukommende Antheil an der Errungenschaft ihr gleichfalls zugetheilt werde. d)

---

d) Cnz de juribus & obligationibus uxoris &c. §. 17. S. 31.

„Ad jura uxoris, quæ ad beneficia muliebria non est admissa, etiam hoc pertinet, ut suam dimidiam vel in genere suam ratam quæstuum petere possit a massa mariti. Cum enim denegatio beneficiorum muliebrium nihil aliud operetur, quam, ut societas retro non dissolvatur, sed salva maneat, qualis ab initio fuit, in societate autem hac quæstuum, de qua nobis heic sermo est, quæstus communicandi sint pro dimidia, vel illa rata, quæ vi legum ad unumquemque conjugem pertinet; idem etiam fiet tum, cum uxori beneficia sunt denegata, vel renunciatio quæstuum non est acceptata, poterit igitur uxor sine dubio etiam ex massa concursus quæstus pro sua rata repetere, & in hoc igitur conspicitur magna disparitas inter illum casum, quando uxor ad beneficia muliebria est admissa, vel quando non est admissa; nam illo casu, cum societate & quæstibus retro renunciet, nihil, quod ad quæstus pertinet, poterit repetere, hoc vero casu cum socia maneat, cum etiam æque ac maritus obligata maneat ad onera societatis & æs alienum conjugale, ex eadem etiam ratione salva eidem manent sua jura in acquæstum."

Zweytes Hauptstük.

Rechte, bey einer eigentlichen Partikulargütergemeinschaft.

§. 185.
Erläuterung dieser Rechte.

Eine eigentliche Partikulargütergemeinschaft ist — wie schon oben in dem 1sten Theil S. 168. §. 107. bemerkt wurde, — von der allgemeinen Gütergemeinschaft nur in Ansehung des Gegenstandes, nämlich nur insoferne verschieden, insoferne sie nicht über alle Güter der Ehegatten, sondern nur über einen bestimmten Theil derselben sich erstrekt. In Ansehung dieses bestimmten Theils aber ist sie der allgemeinen Gütergemeinschaft gleich. Es folgt also, daß die Ehefrau bey demjenigen, was zur eigentlichen Partikulargütergemeinschaft gehört, keine andere, als nur diejenige Rechte anzusprechen habe, welche ihr bey einer allgemeinen Gütergemeinschaft zukommen, und welche blos darinn bestehen, daß sie sich durch die Abtretung alles dessen, was zu der Gemeinschaft gehört, von den künftigen Ansprüchen der Gläubiger befreien kann. e) Dasjenige hingegen, was nicht zur Gemeinschaft gehört, muß der Ehefrau eben so, wie wenn sie in einer uneigentlichen Gütergemeinschaft, oder in einer Errungenschaftsgesellschaft gelebt hätte, ausgehändigt werden. Auch hat sie sich wegen ihres Heurathsguts und Paraphernalvermögens der gewönlichen Vorzugsrechte zu erfreuen.

---

e) S. oben §. 150. S. 194. und 195.

Vierte Abtheilung.

Rechte eines Eheweibs, welche in keiner Gütergemeinschaft lebt.

§. 186.
Erläuterung.

Wenn eine Ehefrau in gar keiner Gütergemeinschaft mit ihrem Ehemann steht, so ist sie bey einem Concurs über das Vermögen des leztern der Regel nach die nämlichen Rechte anzusprechen befugt, welche einer in einer ehelichen Gesellschaft lebenden Ehefrau zukommen. Sie ist nämlich befugt, ihr Heurathsgut, ihr Paraphernalvermögen und überhaupt alles dasjenige, was sie entweder in die Ehe gebracht, oder während der Ehe durch Erbschaften, Schenkungen oder auch als Nuznießung aus ihren vorbehaltenen Gütern erworben hat, wieder zurükzufordern. Sie kann zuvörderst dasjenige, was noch in Natur vorhanden ist, vermöge des Absonderungsrechts sich zueignen. f) Sie kann sich in Ansehung des erstern, nämlich des Heurathsguts und Paraphernalvermögens des gewönlichen Vorzugsrechts bedienen. g) Sie kann sich gegen eine für den Ehemann übernommene Bürgschaft mit der bekannten Avth: Si qua mulier &c. schüzen. h) Sie kann Alimente aus der Ganntmasse verlangen. ꝛc. i) Nur versteht es sich von selbst, daß sie von der Theilnahme an demjenigen, was man zu der ehelichen Errungenschaft zählt, da dieses Recht blos eine Wirkung der ehelichen Gütergemeinschaft ist, ausgeschlossen werde. Dargegen aber darf sie auch an der ehelichen Einbuß keinen Antheil nehmen, und daher kann von denjenigen Rechten, welche aus den weiblichen Freiheiten entstehen, und wovon oben §. 182. und 183. gehandelt wurde, bey einer Ehefrau, welche in keiner Güter-

---

f) S. oben §. 153. und 154. S. 199. und S. 200.

g) S. oben §. 159. — 164. S. 205. — 215. und §. 169. S. 223. — 225.

h) S. oben §. 172. — 179. S. 231. — 242.

i) S. oben §. 171. S. 228. — 230.

gemeinschaft lebt, gar keine Rede seyn, weil diese Rechte nur die Befreiung von der ehelichen Einbuß, und also nur dasjenige betreffen, wovon eine Ehefrau unter den angezeigten Umständen schon an und für sich befreit ist.

Dritter Abschnitt.

Von den Rechten eines Eheweibs als Gläubigerin.

§. 187.
Einleitung.

Die Rechte, von welchen wir bisher gehandelt haben, enthalten solche Vorzüge, welche dem Eheweib als Eheweib zukommen, und worauf mithin andere Gläubiger keine Ansprache machen können. Nun sind aber diejenige Rechte noch zu erörtern, welche das Eheweib mit andern Gläubigern gemein hat, und wobey ihre Eigenschaft als Eheweib gar nicht in Betrachtung kommt. Diese Rechte aber kann ich, — da es meinen Plan zu weit ausdehnen würde, — nicht umständlicher berühren. Es ist auch, wie ich glaube, um so entbehrlicher, als solche schon in andern Schriften, besonders von dem Herrn Professor Ch. G.

Gmelin, k) und von dem Herrn Professor Dabelow l) hinlänglich erörtert wurden. Es sey mir also vergönnt, hier unter Berufung auf diese Schriften nur einige Bemerkungen, besonders in Ansehung derjenigen Fälle beyzufügen, in welchen es zweifelhaft wird, ob die Ehefrau nach den Rechten eines gewönlichen Gläubigers oder aber nach besondern Rechten zu beurtheilen sey.

§. 188.
Erste Bemerkung.

Wenn die Ehefrau in keiner ehelichen Gütergemeinschaft gelebt hat, so sind die Bestimmungen des römischen Rechts nach ihrem ganzen Umfang auf sie anwendbar. m)

---

k) Ordnung der Gläubiger bey dem über ihres Schuldners Vermögen entstandenen Ganntprozesse.
l) Unter dem Titel: Versuch einer ausführlichen systematischen Erläuterung der Lehre vom Concurs der Gläubiger, vorzüglich im zweyten Theil im 1sten Hauptstük von S. 75. — 158.
m) C. G. Gmelin de obligatione uxoris &c. §. I. S. 7. C. Gmelin de jure dotis &c. §. I. S. 5. — 7.

Sie behält also das Eigenthum von demjenigen, was sie in die Ehe gebracht= oder während der Ehe erworben hat, und ist befugt, alles was von ihrem Vermögen zu dem Vermögen ihres Ehemanns gekommen ist, gleich einem jeden andern Gläubiger wieder zurükzufordern. Wenn sie aber in einer ehelichen Gütergemeinschaft war, so ist von dieser Befugniß dasjenige ausgenommen, was mit dem Ehemann gemeinschaftlich wurde. In Ansehung des übrigen aber, was mit dem Ehemann nicht gemeinschaftlich wurde, wird durch die eheliche Gütergemeinschaft keine Veränderung erzeugt, sondern es stehen der Ehefrau deshalb die nämlichen Rechte, wie in dem erstern Falle zu.

§. 189.
Fortsezung.

Wenn nun diese Rechte bey einem Concurs über das Vermögen des Ehemanns zur Sprache gebracht werden, so kommt es zuerst darauf an, ob dasjenige, was von dem Vermögen der Ehefrau zu dem Vermögen des Ehemanns gekommen ist, noch in der Concursmasse vorhanden sey oder nicht. In dem erstern Falle ist die Ehefrau befugt, alles was noch in Natur vorhanden ist, gleich einem jeden Eigenthümer, vermöge des Absonderungsrechts, ausserhalb des Concurses sich anzumasen, n) ohne Unterschied, ob es in Heurathsgut oder in Paraphernalvermögen, o) und ohne Unterschied, ob es in dem sogenannten Voraus p) oder in vorbehaltenem Vermögen q) besteht. Nur wird vorausgesezt, daß der Frau zur Zeit des entstandenen Ganntprozesses noch das Eigenthumsrecht zukomme; und insbesondere daß sie solches nicht an ihren Ehemann, wenigstens nicht unwiderruflich übertragen habe.

§. 190.
Fortsezung.

Dieses leztere nämlich, die Uebertra-

---

n) Dabelow Erläuterung der Lehre vom Concurs der Gläubiger, 1ster Th. §. 22. S. 63.
o) Gmelin Ordnung der Gläubiger, 2te Ausg. S. 18. und S. 23.
p) S. oben §. 180. S. 244. und 245.
q) S. oben §. 170. S. 225. — 227.

gung an den Ehemann, kann der Regel nach auf eben dieselbe Art, wie an einen jeden dritten geschehen, und die Rechte der Ehefrau müssen alsdann, wenn anderst die Thatsache der Uebertragung keinem Zweifel unterworfen ist, nach den gewönlichen Grundsäzen, welche auf Kontrakte überhaupt anzuwenden sind, beurtheilt werden. Wenn aber die Uebertragung zweifelhaft ist, so entsteht die Frage: Was wird im Zweifel vermuthet? Z. B. Wenn der Werth desjenigen, was die Frau dem Manne zugebracht hat, in der Ehestiftung ausgedrükt wurde, ohne aber des Endzweks, warum solcher ausgedrükt worden, dabey zu erwähnen; so fragt es sich: Kann man in diesem Fall annehmen, daß das eingebrachte Vermögen der Ehefrau, an ihren Ehemann um den beygesezten Preis käuflich überlassen worden sey oder nicht?

§. 191.
Fortsezung.

Die Sache ist von Wichtigkeit; denn im leztern Falle hat die Frau das Absonderungsrecht in Ansehung desjenigen, was noch in Natur vorhanden ist. Im erstern Falle hingegen muß sie sich mit ihrer Forderung in den Concurs einlassen, und also dieselbe auf das Ungewisse ausfezen. Ferner im erstern Falle muß sie als Eigenthümmerin denjenigen Schaden übernehmen, der sich an jenen Sachen durch Zufall ergeben hat; im leztern Falle wird der bestimmte Kaufspreis gefordert, die Sachen mögen sich in ihrem Werthe vermehrt oder vermindert haben. In dieser Rüksicht also verdient jene Frage eine genauere Prüfung. Diese Prüfung ist bereits von mehreren Rechtslehrern geschehen, und das Resultat gieng, wie bey den meisten Untersuchungen dieser Art dahin: daß einige die aufgeworfene Frage bejahten, r) andere verneinten. s) Jedoch sind die meisten und beson-

---

r) Hofacker princ. jur. civ. Lib. 2. §. 426. S. 336.

s) Struben rechtl. Bedenken, 2ter Thl. Bed. 83. S. 316. Lauterbach de periculo rerum in societatem conjugalem illatarum, §. 61. nr. 1. Mevius ad jus Lubec. Lib. 1. tit. 5. art. 9. nr. 34. Grafs de arbitriis familiae ercisc. §. 13. S. 21. Voet in comment. ad ff. Lib. 23. tit. 4. §. 49.

ders die praktischen Rechtslehrer der verneinenden Meinung und zwar aus folgenden Gründen beygetreten: Die Veräuserung an den Ehemann, — sagen dieselbe, — beruht auf einer Thatsache, welche im Zweifel nicht vermuthet werden kann, sondern von demjenigen, der sich darauf beruft, zu erweisen ist. Wenn nun gleich die Güter der Ehefrau bey der Eheberedung angeschlagen wurden, so kann die Absicht, solche an den Ehemann zu verkaufen, daraus noch nicht gefolgert werden, weil sich auch andere Gründe angeben lassen, welche einen solchen Anschlag veranlaßt haben können. Der Umstand also, daß bey den Gütern der Ehefrau ein Anschlag gemacht wurde, läßt an und für sich auf einen an den Ehemann vorgegangenen Verkauf noch nicht schliesen, sondern wenn die Absicht hierzu nicht aus andern Umständen erhellt, so wird angenommen, daß der Anschlag taxationis, aber nicht venditionis causa, geschehen sey.

§. 192.
Zweyte Bemerkung.

Wenn eine Ehefrau, welche in einer

Gesellschaft des Errungenen gestanden
ist, bey einem Concurs über das Vermö=
gen ihres Ehemanns die weiblichen Frei=
heiten entweder gar nicht anruft, oder
wenn sie zu denselben nicht zugelassen wird,
so muß sie zwar alle eheliche Verbindlich=
keiten zu ihrem Antheil übernehmen, sie
ist aber auch berechtigt, den gewönlichen
Antheil an der Errungenschaft sich zuzueig=
nen; und zwar wenn die Errungenschaft
schon in ihr Eigenthum übergegangen ist, ver=
möge des Absonderungsrechts; hingegen
wenn sie noch nicht Eigenthümmerin ist, so
genießt sie deshalb kein Vorzugsrecht. t)

§. 193.
Dritte Bemerkung.

Auch darinn hat die Ehefrau mit an=
dern Gläubigern gleiche Rechte, daß wenn
der Ehemann an demjenigen, was zu ih=
rem ausschließlichen Eigenthum gehört,
durch grose Nachlässigkeit und noch viel=
mehr durch Vorsatz einen Schaden verur=

---

t) Canz de juribus & obligationibus uxoris &c.
§. 17. und 18. S. 31. ꝛc.

facht; die Ehefrau deshalb einen Ersaz zu fordern befugt ist. u) Sie hat aber wegen dieser Forderung kein Vorzugsrecht, sondern sie kommt damit in die lezte Klasse. v)

§. 194.
Vierte Bemerkung.

Gleiche Beschaffenheit hat es auch mit demjenigen, was die Ehefrau aus einem Kauf- Tausch- oder Darlehens-Contract zu fordern hat, w) desgleichen mit demjenigen, was derselben als Morgengabe versprochen wurde; x) und endlich mit demjenigen, was sie aus einer gültig übernommenen Bürgschaft für ihren Ehemann bezahlt hat. y) Sie kann nämlich alles dieses, wenn sie anderst in keiner allgemeinen Gütergemeinschaft lebte, aus der Sannt-

---

u) Canz am angez. Ort, §. 18. not. d, [S. 34. S. auch oben im 1sten Thl. S. 226. und Hofacker princ. jur. civ. Lib. 2. §. 444. S. 350.
v) Canz am angez. Ort, S. 33.
w) S. oben §. 63. S. 85.
x) Gmelin Ordnung der Gläubiger, zwente Ausg. Cap. 4. §. 20. S. 321.
y) Gmelin de obligatione uxoris &c. §. 6. S. 12.

maſſe ihres Ehemanns wieder zurükfordern; jedoch hat ſie deshalb kein Vorzugsrecht, ſondern ſie wird in die lezte Klaſſe geſezt, wenn ſie nicht durch die Verſchreibung eines beſondern Unterpfands geſichert wurde.

§. 195.
Fünfte Bemerkung.

Was endlich die vorbehaltenen Güter betrift, ſo iſt deshalb bereits bemerkt worden, daß die Ehefrau alles dasjenige, was davon zu dem Vermögen des Ehemanns gekommen iſt, inſoferne ſolches noch in der Concursmaſſe exiſtirt, ſich vermöge des Abſonderungsrechts zueignen könne. Dasjenige aber was von dem Ehemann aufgezöhrt wurde, iſt als eine Schuld des leztern anzuſehen, und kann alſo eben ſo, wie eine jede andere Forderung aus der Concursmaſſe wieder verlangt werden. Auch iſt bey den vorbehaltenen Gütern das beſondere, daß die Ehefrau nicht nur die Sache ſelbſt, ſondern auch Früchte oder Zinnſe daraus zu fordern befugt iſt. z) Darge-

---

z) Gmelin Ordnung der Gläubiger 2te Ausg. Cap. 4. §. 20. S. 317.

gen aber steht ihr wegen dieser Güter kein besonderes Vorzugsrecht zu; es wäre denn, daß sie ihrem Ehemann die Administration derselben auf eine solche Art überlassen hätte, daß die Nuzungen davon nimmer zu ihrem privativen Besten, sondern zum Besten der ehelichen Ausgaben bestimmt worden sind, in welchem Falle dieselbe mit dem Augenblik, wo sie dem Ehemann auf jene Art überlassen wurden, in die Classe der Paraphernalgüter übergehen, und die Ehefrau wegen derselben in die besondern Rechte eintrit, welche sonst den Paraphernalgütern gebühren. a)

a) S. oben S. 169. S. 223. — 225.

Zweytes Buch.

Von

den Verbindlichkeiten eines Eheweibs bey einem Ganntprozeß über das Vermögen ihres Ehemanns.

§. 196.

Einleitung.

Die vielerlei verschiedenen Rüksichten, nach welchen die Rechte der Weiber abgetheilt wurden, finden sich bey den Verbindlichkeiten derselben nicht. Bey diesen kommt es hauptsächlich nur darauf an, ob das Eheweib in einer Gütergemeinschaft lebte, oder nicht; und im erstern Fall ob es eine allgemeine oder eine Partikulargütergemeinschaft war.

Erstes Hauptstük.

Von
den Verbindlichkeiten eines Eheweibs welche in einer allgemeinen Gütergemeinschaft lebt.

§. 197.
Erläuterung.

Die Verbindlichkeiten einer Ehefrau welche mit ihrem Ehemann in einer allgemeinen Gütergemeinschaft steht, ergeben sich aus demjenigen, was bisher von der allgemeinen Gütergemeinschaft ausgeführt wurde, von selbst. Die Natur einer solchen Gütergemeinschaft bringt es mit sich, daß keiner der Ehegatten ein abgesondertes Eigenthum hat, sondern daß alles unter ihnen so sehr gemeinschaftlich wird, daß beyde Ehegatten in Rüksicht auf ihr sämtliches Vermögen nur als eine Person angesehen

werden. Wenn also der Ehemann auf eine
gültige Weise so viele Schulden kontrahirt,
daß ein Concursprozeß verfügt wird; so
kann die Ehefrau von dem mit dem Ehe=
mann gemeinschaftlichen Vermögen nichts
zurükfordern. Ohne Unterschied: Sie mag
es in die Ehe gebracht = oder erst während
der Ehe erworben haben, sondern sie ist
verbindlich, die Schulden ihres Mannes
eben so wie ihre eigene Schulden aus dem
vorhandenen Vermögen befriedigen zu las=
sen. b)

---

b) S. oben im 1sten Theil §. 53. S. 82.

Zweytes Hauptstük.

Von den Verbindlichkeiten bey einer Partikulargütergemeinschaft.

Erster Abschnitt.

Verbindlichkeiten bey der uneigentlichen Partikulargütergemeinschaft oder bey der ehelichen Gesellschaft.

Erste Abtheilung.

Verbindlichkeiten, welche von den weiblichen Freiheiten unabhängig sind.

Erste Verbindlichkeit.

Der Ehefrau liegt in Ansehung desjenigen, was sie als ihr Eingebrachtes fordert, die Beweisführung ob.

§. 198.
Einleitung.

Aus demjenigen was oben §. 159. S. 203. und §. 169. S. 223. ausgeführt wurde, ist ersichtlich, worinn die besondern Rechte der Weiber, welche ihnen in Ansehung ihres Heurathsguts, und ihres Paraphernalvermögens zukommen, bestehen.

Aber jedesmal ehe diese Rechte in Anwendung kommen, wird vorausgesezt, daß dasjenige auf was diese Rechte angewendet werden sollen, zu dem Vermögen des Ehemanns, und zwar in der Eigenschaft als Heurathsgut oder als Paraphernalvermögen gekommen sey. Und wenn hierüber ein Zweifel entsteht, so liegt der Ehefrau die Verbindlichkeit ob, solches zu beweisen. c) Diese Verbindlichkeit hat sowohl in Ansehung des Heurathsguts als auch in Ansehung des Paraphernalvermögens ihre eigenthümlichen Schwierigkeiten, und deswegen finde ich eine ausführliche Erörterung für nöthig.

---

c) Dabelow vom Concurs der Gläubiger 2ter Theil §. 242. S. 256.

§. 199.
Beweisführung in Ansehung des Heurathsguts.

Wenn wir dasjenige, was in dem höchstvorhergehenden §. enthalten ist, insbesondere auf das Heurathsgut anwenden, so ergiebt es sich, daß der Ehefrau in dieser Hinsicht ein zweyfacher Beweis obliege.

Erstens: Daß der Ehemann das, was sie als Heurathsgut fordert, wirklich erhalten habe;

und

Zweytens: Daß er es als Heurathsgut erhalten habe, oder um es bestimmter auszudrüken, daß demjenigen, was er erhalten hat, entweder von der Ehefrau oder von einem Dritten, der es in ihrem Namen gab, die Eigenschaft als Heurathsgut beygelegt worden sey. *)

---

*) Dieß kann nicht nur bey dem Anfang der Ehe, sondern auch in der Folge geschehen. S. Koch de alienat. bonor. uxor. §. 7. S. 20. und 21. Nur muß im leztern Falle der Schuldner nicht die betrügerische Absicht gehabt haben, die übrigen Gläubiger zu hintergehen, welche Ab-

Diese zweyerlei Beweise gehen gewöhnlich Hand in Hand, so daß in den meisten Fällen durch den Beweis des einen Erfordernisses, auch der Beweis des andern geführt wird. Da es aber gleichwohl Fälle giebt, in welchen das eine bewiesen = und das andere noch zweifelhaft ist, so halte ich für dienlich, dasjenige, was bey einem jeden dieser Beweissäze zu beobachten ist, hier besonders anzuführen.

§. 200.

Fortsezung.

Der erste Beweissaz, nach welchem der

---

sicht aber von dem, der sie behauptet, bewiesen werden muß. Dabelow vom Concurs der Gläubiger, 1ster Thl. §. 106. S. 311.

Wenn aber keine solche Handlung erweislich ist, woraus die Absicht, das Vermögen der Ehefrau in Heurathsgut zu verwandeln, geschlossen werden kann, so wird solches im Zweifel nicht als Heurathsgut angesehen, und genießt also auch die Rechte desselben nicht. Gmelin Ordnung der Gläubiger, 2te Ausg. Cap. 3. §. 5. S. 190. Dabelow vom Concurs der Gläubiger, 2ter Thl. 6tes Hptst. §. 242. S. 256.

Ehemann dasjenige, was die Ehefrau fordert, wirklich erhalten haben muß, beruht auf einer Thatsache, und wird der Regel nach auf eben dieselbe Weise, wie eine jede andere Thatsache, nämlich durch Zeugen, durch Dokumente und Urkunden, oder durch Eideszuschiebung und Vermuthungen bewiesen.

§. 201.
Fortsezung.

Zeugen, wenn durch sie der Beweis geführt werden soll, müssen die wirklich geschehene Ueberlieferung oder Bezahlung dessen, wovon die Rede ist, bezeugen, *) und müssen, wie es sich von selbst versteht, von der Art seyn, daß gegen ihre Glaubwürdigkeit keine gegründete Einwendung

---

*) Zwar können auch solche Zeugen gebraucht werden, welche nicht gerad die wirklich geschehene Bezahlung, aber doch solche Handlungen bezeugen, aus denen diese vermuthet werden kann. Eigentlich wird aber der Beweis hier nicht durch Zeugen, sondern zunächst durch Vermuthungen geführt, und die Zeugen dienen nur darzu, um diese Vermuthungen zu unterstüzen.

gemacht werden kann. Geschwister gehören nach dem Gerichtsgebrauch nicht in diese Classe, sondern ihr Zeugniß zu Gunsten eines Geschwisters kann — wenn es gleich eidlich bestätigt ist, — wegen der engen Verbindung in welcher dieselbe mit einander stehen, und weil Glük oder Unglük des einen gewöhnlich einigen Einfluß auch auf die Mitgeschwister hat, niemals denjenigen Grad von Glaubwürdigkeit erreichen, welche einem andern gültigen Zeugen zukommt. d) B. Carpzov e) scheint zwar der Meinung zu seyn, daß Geschwister wenn durch sie das Einbringen des Heurathsguts erwiesen werden solle, als Zeugen gleich andern Personen gebraucht werden können, weil — welches er als Grund angiebt, — das Heurathsgut nach den Rechten besonders begünstigt sey. Ich sehe aber nicht ein, wie diese Begünstigung schon in einem solchen Fall wirken kann,

---

d) Ludovici de probatione illationis dotis &c. §. 25. S. 34.
e) Jurispr. for. p. I. Const. 28. def. 81.

wo noch über das Daseyn dessen, was begünstigt ist, gestritten wird, und wo also wenn man die Carpzovsche Meinung annehmen wollte, gewissermasen die Wirkung der Ursache vorangehen müßte. Vielmehr glaube ich, daß das Zeugnis eines Geschwisters in dem vorliegenden Fall noch mehr als in andern Fällen angefochten werden könnte, weil hier über eine Sache worinn gewöhnlich das ganze aus dem Ganntprozeß zu rettende Vermögen besteht, gezeugt wird, und weil den Geschwistern die Verbindlichkeit obliegt, in gewissen Fällen zur Erhaltung ihrer Geschwister beyzutragen. Alle Glaubwürdigkeit möchte ich aber dessen ungeachtet dem Zeugnisse eines Geschwisters nicht absprechen, noch weniger aber die Geschwister als ganz unzulässige Zeugen erklären, wenn solches, — wie dieß z. B. im Wirtembergischen unter gewissen Einschränkungen der Fall ist, f) nicht durch Partikulargeseze namentlich bestimmt

---

f) Wirt. Landrecht p. 1. tit. 36. §. Item Brüder ꝛc.

ist. Im allgemeinen aber läßt sich der Grad
der Glaubwürdigkeit nicht bestimmen, son=
dern er muß jedesmal nach den besondern
Eigenschaften der Personen, und nach den
übrigen Umständen abgemessen werden.

§. 202.
Fortsezung.

Bey dem Beweise durch Urkunden tritt
hier das eigenthümliche ein, daß wenn
gleich der Empfang des Heurathsguts in
den Ehepakten oder in andern Verträgen,
welche in Ansehung des Heurathsguts ge=
schlossen wurden, von dem Ehemann be=
zeugt ist, die Gläubiger dessen ungeachtet
das Recht haben, sich der Einrede des
nicht gezahlt erhaltenen Heurathsguts mit
der Wirkung zu bedienen, daß die Ehefrau
das Einbringen des Heurathsguts auf eine
andere Art zu beweisen verbunden ist. g)
Diese Einrede steht nach dem ausdrüklichen
Inhalt der Geseze h) nicht nur den Gläu=

---

g) Hofaeker princ. juris civ. Lib. 2. §. 448.
S. 353. not. d. und die daselbst noch weiter an=
gezeigten Schriftsteller.

h) l. 3. Cod. de dote causa non numerata.

bigern, sondern auch dem Ehemann zu; nur ist sie bey lezterem auf einen gewissen Zeitraum der nach der Dauer der Ehe gerechnet wird, eingeschränkt; von den Gläubigern hingegen kann sie auch nach Verfluß dieses Zeitraums noch vorgeschüzt werden. i) Jedoch in dem Fall, wenn die vorgegangene Bezahlung des Heuraths guts durch einen besondern Empfangschein von dem Ehemann anerkannt = oder wenn ein Zubringensinventarium worinn das Heurathsgut als bezahlt eingebracht wurde, von ihm unterschrieben ist, oder endlich wenn er die erhaltene Bezahlung in einem Vertrag welcher in Ansehung des Heurathsguts während der Ehe errichtet wurde, bezeugt hat, wird das Einbringen des Heurathsguts, wenn anderst in den übrigen Umständen keine Hinderniß liegt, entweder für erwiesen angenommen, k) oder es wird die Ehe-

---

i) Ludovici de probatione illat. dotis, §. 14. S. 20. Mevius Dec. 7. n. 355. und Dec. 9. n. 195. Carpzov jurispr. for. p. 1. Const. 28. def. 74.

Anderer Meinung ist Zanger de except. p. 3. C. 14. n. 22.

k) Struben rechtliche Bedenken, 2ter Thl. Bed. 23. S. 108.

frau wenigſtens zum Ergänzungseide zuge=
laſſen. l) Nur muß — welches hier jedes=
mal vorausgeſezt wird, — das Dokument,
worinn die Bezahlung des Heurathsguts
von dem Ehemann bezeugt iſt, zu einer
ſolchen Zeit errichtet worden ſeyn, wo zu
einer Kolluſion zwiſchen ihm und ſeiner
Ehefrau noch kein gegründeter Verdacht
vorhanden war. m) *)

---

l) Hofacker princ. jur. civ. Lib. 2. §. 449.
S. 354.

m) Hofacker princ. jur. civ. Lib 2. §. 449.
S. 354. Ludovici de probatione illat. dotis. §.
16. S. 24. Dabelow vom Concurs der Gläu=
biger, ıſter Thl. §. 24 S. 68. nr. 10.

*) Hingegen der Umſtand, daß die nämlichen
Gläubiger, welche ſich der Einrede des nicht gezahlt erhaltenen Heurathsguts bedienen, die Rich=
tigkeit ihrer eigenen Forderung gleichfalls mit dem
Bekenntniſſe des Ehemanns beweiſen, hindert
meinem Erachten nach den Gebrauch jener Ein=
rede nicht, weil diejenige Gründe, welche das
zu Gunſten der Ehefrau abgelegte Zeugniß ver=
dächtig machen, bey dem Zeugniß zu Gunſten ei=
nes Dritten nicht eintreten.

Ludovici de probatione illat. dotis, §. 22. S.
30. und 31.

Anderer Meinung iſt Gail in obſ. Lib. 2. obſ.
81. nr. 4. Zanger de except. p. 3. C. 14. nr. 22.
Carpzov in jurispr. for. p. 1. Conſt. 28. def. 76.

§. 203.
Fortsezung.

Was endlich die Eideszuschiebung betrift, so kann solche der Natur der Sache nach hier nur selten vorkommen, weil dasjenige, was die Ehefrau zu beweisen hat, auf Handlungen, die zwischen ihr und ihrem Ehemann vorgekommen sind, sich bezieht, und weil diese Handlungen den Gläubigern ihres Ehemanns, mit welchen sie der angenommenen Voraussezung gemäs im Streit ist, gewöhnlich unbekannt geblieben sind; hingegen über fremde Handlungen kein Eid zugeschoben werden kann. n)

§. 204.
Fortsezung.

Aber nicht nur diejenige Beweismittel, wovon wir bisher gehandelt haben, kommen bey dem Beweise über das Einbringen des Heurathsguts in Betrachtung,

---

n) Danz Grundsäze des ordentlichen bürgerlichen Prozesses, §. 370. S. 487.

sondern es kann dieser Beweis eben sowohl auch durch Vermuthungen geführt werden. o) Vermuthungen sind Schlüsse, die sich in Eigenschaften in Verhältnissen, Wirkungen und Folgen, welche die Sachen gemeiniglich haben, und in Umständen, die solche gemeiniglich begleiten, auch daher wahrscheinlich sind, gründen. p) Hieraus ergiebt es sich, daß das Gewicht dieser Vermuthungen im allgemeinen nicht bestimmt werden könne, weil solches in einem jeden Falle von den besondern Umständen und von der Verbindung in welcher dieselbe gegen einander stehen, abhängig ist. Die Bestimmung desselben muß also der richterlichen Beurtheilung, welche sich nach den gewöhnlichen Regeln der Wahrscheinlichkeit zu richten hat, überlassen werden. Nur dieses kann ich hier bemerken,

---

o) Gmelin Ordnung der Gläubiger, 2te Ausg. C. 3. §. 5. S. 190. und die daselbst unter dem Buchstaben n. noch weiter angezeigten Schriftsteller.

p) von Tevenar Theorie der Beweise, 1ster Abschn. 2tes Kap. S. 27. §. 21.

daß die meisten und stärksten Vermuthungen gewöhnlich aus dem Umstand abgeleitet werden, wenn der Ehemann zu der Zeit, in welcher die Ausbezahlung des Heuraths= guts geschehen seyn solle, solche Ausgaben bestritten hat, welche er von seinen gewön= lichen Einnahmen nicht hätte bestreiten kön= nen. Wenn also z. B. erwiesen wird, daß er damals seine Schulden entweder ganz oder wenigstens zum Theil bezahlt hat, q) ohne daß man eine besondere Quelle, wor= aus diese Bezahlung hätte geschöpft werden können, angeben kann. Eine weitere Ver= muthung würde auch daraus entstehen, wenn die nämliche Summe, welche die Ehefrau fordert, ihren übrigen Geschwi= stern gleichfalls ausbezahlt wurde. Jedoch darf man auf diese Vermuthung kein zu grosses Gewicht legen, weil sie leicht durch andere Umstände, und z. B. dardurch wie= der entkräftet werden könnte, wenn zu je= ner Zeit in welcher das in Frage stehende

---

q) Ludovici de probatione illationis dotis §. 21. S. 37.

Heurathsgut bezahlt worden seyn solle, die Eltern der Ehefrau in einen Vermögens=zerfall gekommen sind.

Ferner bey einer in der zweyten Ehe lebenden Frau wird vermuthet, daß sie das in die erste Ehe eingebrachte Heurahtsgut in die zweyte Ehe wieder eingebracht habe. r)

§. 205.

Fortsezung.

Bey dem zweyten Beweissaze, nach welchem demjenigen, was die Ehefrau for=dert, die Eigenschaft als Heurathsgut bey=gelegt worden seyn muß, ist, — wie ich schon oben §. 158. S. 203. und 204. be=merkt habe, — zu unterscheiden, ob der Ehemann, von welchem das Heurathsgut gefordert wird, schon als solcher die Ad=ministration und Benuzung von dem Ver=

---

r) Gmelin Ordnung der Gläubiger, 2te Ausg. C. 3. §. 5. S. 173. und die daselbst unter dem Buchstaben f. angezeigten Geseze und Schrift=steller.

mögen der Ehefrau hatte, oder ob hierzu noch eine besondere Uebertragung erforderlich war. Im erstern Falle hat die Ehefrau dasjenige, was ihr zu beweisen oblag, bewiesen, wenn sie zeigt, daß dasjenige was sie von ihrem Eingebrachten als Heurathsgut anspricht, von ihr und ihrem Ehemann unter Umständen wo sie noch gültig handeln konnten, oder auch von einem dritten, wenn nämlich dieser dritte im Namen der Ehefrau etwas gab, darzu bestimmt worden sey. Im zweyten Falle aber muß neben deme auch noch die an den Ehemann geschehene Ueberlassung bewiesen seyn. Jedoch kann in jedem Falle der Beweis nicht nur durch Zeugen und Urkunden, sondern auch durch Vermuthungen geführt werden; s) und im erstern Falle genügt es, wenn dasjenige, was die Ehefrau als Heurathsgut fordert, in dieser Eigenschaft in das Zubringensinventarium eingesezt wurde, be-

---

s) Koch de alienatione bonorum uxor. woselbst von §. 4. bis §. 9. die hieher gehörigen Vermuthungen gesammelt sind.

sonders wenn dieses unter öffentlicher Authorität zu Stande kam.

§. 206.
Beweisführung bey dem Paraphernalvermögen.

Die nämlichen Grundsäze, welche bey dem Beweise über das Einbringen des Heurathsguts in Betrachtung kommen, finden der Regel nach auch bey dem Beweise über das Einbringen des Paraphernalvermögens statt. t) Jedoch halte ich für nöthig, über den Beweis bey dem Paraphernalvermögen hier noch einige Bemerkungen beyzufügen:

Unter Paraphernalvermögen verstehen die Rechtslehrer dasjenige, was die Ehefrau auser dem Heurathsgut ihrem Manne noch weiter zur Benuzung überlassen hat. u) Die Ueberlassung sollte also von dem, der sich darauf beruft, und mithin in dem vorliegenden Falle von dem ihr Paraphernal-

---

t) Ludovici de probatione illationis dotis §. 32. S. 41. — 43.

u) Lauterbach in Coll. π. Lib. 23. tit. 3. §. 48.

vermögen zurükfordernden Eheweib bewie=
sen werden.

Dieß scheint der Natur der Sache, und besonders der Natur der Beweisfüh=rung gemäß zu seyn, da sich jene Ueber=lassung auf eine Thatsache gründet, und eine jede Thatsache, wenn sie rechtlichen Glauben verdienen soll, bewiesen seyn muß. Und doch kamen mir einige Fälle vor, wo ich diese Grundsäze für unanwendbar hielt. Es geschah nämlich, daß eine Ehe=frau, welche in einer ehelichen Gesellschaft lebte, nebst anderem auch eine beträchtliche Summe als Paraphernalvermögen aus der Ganntmasse ihres Ehemanns forderte. Die=se Forderung wurde von den Gläubigern widersprochen. Die Frau wurde dardurch zu einem Rechtsstreit veranlaßt, in welchem sie zwar dieses, daß die angesprochene Summe mit Wissen des Ehemanns in ihr Eigenthum gekommen sey, erwiesen hat, wo aber der Umstand, daß dieselbe dem Ehemann zur Benuzung überlassen wurde, noch unerwiesen war. Da nun dieser Um=stand nach obigem Begriff zu dem Wesen des Paraphernalvermögens zu gehören scheint, und da mehrere Rechtslehrer behaupten, daß im Zweifel keine Paraphernal = sondern vorbehaltene Güter vermuthet werden; v) so fand ich Anfangs grose Bedenklichkeiten, um dem in Frage stehenden Vermögen die Rechte des Paraphernalvermögens zukommen zu lassen. Hingegen bey genauerer Betrachtung sind diese Bedenklichkeiten wieder verschwunden. Die eheliche Gesellschaft, in welcher die Ehefrau lebte, gab ihrem Ehemann das Recht, alles, was seiner Frau anfiel, zu administriren und zu benuzen. w) Es bedurfte hierzu nicht erst einer besondern Ueberlassung, sondern das Recht selbst gab ihm diese Befugniß. Worzu hätte man also eine Ueberlassung noch besonders fordern sollen, da der Ehemann schon als solcher zu allem demjenigen berechtigt war, was er durch die Ueberlassung erlangt hätte?

Bey diesen Umständen fand ich also kein Bedenken, der Forderung der Ehefrau

---

v) Schöpff decis. 250. S. 239. Mevius p. 2. decis. 229.

w) S. oben im 1sten Theil §. 116. S. 232. —234.

die Rechte der Paraphernalgüter zuzuerkennen, ungeachtet eine besondere Ueberlassung an den Ehemann nicht bewiesen werden konnte.

§. 207.
Fortsezung.

Ganz anders verhält es sich aber in dem Fall, wenn die Eheleute in einem solchen Verhältniß stehen, daß ein jedes derselben von seinem Vermögen nicht nur das Eigenthum, sondern auch das Benuzungsrecht behält. Dieß ist der Fall in denjenigen Ländern, wo gar keine Gütergemeinschaft unter ihnen vorhanden ist, sondern wo die Verhältnisse der Ehegatten nach römischem Recht bestimmt werden. Hier bleiben die Güter der Ehefrau ihrer eigenen Benuzung überlassen, und es bedarf, um dem Ehemann eine Ansprache daran zu geben, erst einer besondern Handlung, durch welche die Benuzung ihm übertragen wird. Aus eben diesem Grunde ist wohl zu unterscheiden, ob die Ehefrau, welche ihr Paraphernalvermögen zurükfordert, in solchen Verhältnissen war, daß ihr Ehemann schon als solcher die Befugniß hatte, ihr Vermögen zu benuzen, oder ob es hierzu noch einer besondern Ueberlassung bedurfte. Im erstern Fall finde ich kein Bedenken, demjenigen, was die Ehefrau fordert, die Rechte des Paraphernalvermögens zukommen zu lassen, wenn dieselbe nur dieses, daß das wovon die Rede ist, ihr mit Wissen des Ehemanns als Eigenthum angefallen sey, bewiesen hat. *) Im zweyten Fall hingegen genügt es an diesem Beweise nicht; sondern das was der Ehefrau angefallen ist, wird erst alsdann in die Classe des Paraphernalvermögens erhoben, wenn es erwiesen ist, daß solches dem Ehemann besonders überlassen wurde. Nicht nur das Anfallen, sondern auch die That=

---

*) Dieß aber versteht sich von selbst, daß dasjenige, was von diesen der Ehefrau zugehörigen Sachen nachher zu Grunde geht, an der Forderung derselben wieder abgezogen werden muß. Wenn also z. B. erwiesen wird, daß ein von der Ehefrau beygebrachtes Kapital in der Folge der Zeit verlohren gegangen, so wird dasselbe an dem Beybringen der Ehefrau wieder abgerechnet.

sache der Ueberlassung muß also hier bewiesen seyn, und so lang es noch an diesem Beweise fehlt, so lang muß das Vermögen der Ehefrau als vorbehaltenes Gut behandelt werden.

§. 208.
Resultat.

Aus dem bisherigen ergiebt sich also folgende Regel:

Bey dem Beweise in Ansehung des Paraphernalvermögens ist zu unterscheiden, ob der Ehemann schon als solcher die Benuzung von dem der Ehefrau zugehörigen Vermögen hatte, oder ob es hierzu erst einer besondern Ueberlassung bedurfte.

Im erstern Falle trit das Vermögen der Ehefrau von dem Zeitpunkt an, in welchem es mit Wissen des Ehemanns in das Eigenthum der Ehefrau übergegangen ist, in die Rechte des Paraphernalvermögens ein, und behält diese Rechte so lange bey, so lange die Benuzung nicht auf die Ehefrau übertragen wird. Im zweyten Fall aber ist es gerade umgekehrt: Alles Vermögen der Ehefrau wird so lang als vorbehaltenes

Gut betrachtet, so lang nicht erwiesen ist, daß solches dem Ehemann zur Benuzung besonders überlassen wurde. Hier liegt ihr also, wenn sie sich die mit dem Paraphernalvermögen verbundenen Rechte zueignen will, neben dem Beweise, daß sie über das, was sie fordert, das Eigenthum erlangt habe, auch noch der Beweis von der an ihren Ehemann geschehenen Ueberlassung ob.

Zweyte Verbindlichkeit.

Die Ehefrau muß an denjenigen ehelichen Schulden, für welche sie selbst besonders sich verbindlich gemacht hat, den sie betreffenden Antheil übernehmen.

§. 209.
Erläuterung dieser Verbindlichkeit.

Eine jede Gesellschaft hat der Regel nach dieß zur Folge, daß diejenige welche daran Antheil haben, Gewinn und Verlust verhältnißmäsig übernehmen müssen. Dieser Grundsaz trit auch bey der ehelichen Gesellschaft ein. Auch hier muß ein jeder der Ehegatten so wie er Antheil an dem Nuzen, den die eheliche Gesellschaft hervorbringt, gehabt hätte, auch Antheil an dem Schaden nehmen, welcher sich aus eben dieser Gesellschaft ergiebt. Nur die Ehefrau ist vermöge der Rechtswohlthat der weiblichen Freiheiten befugt, von dem aus der ehelichen Gesellschaft entstandenen Schaben, und insbesondere auch von den im Namen derselben kontrahirten ehelichen Schulden sich wieder zu befreien. Jedoch sind von dieser Befreiung diejenige eheliche Schulden ausgenommen, für welche sich die Ehefrau besonders verbindlich gemacht hat. Die Rechtslehrer glaubten nämlich, daß es ungerecht seyn würde, denjenigen Gläubigern welche von der Ehefrau selbst eine besondere Zusicherung vor sich haben, das aus dieser Zusicherung erlangte Recht wieder zu entziehen. Sie haben also den Grundsaz aufgestellt, daß die Ehefrau an jenen Schulden den sie betreffenden Antheil auf jeden Fall übernehmen müsse, sie möge zu den weiblichen Freiheiten zugelassen werden, oder nicht. x)

---

x) Harpprecht de renunc. acqu. conj. §. 96. n. 1084. ibi: „cum ex sua propria conventione atque promissione obstricta sit, verissimum arbitramur, quod eidem haud liceat contra proprium factum firmum & validum, cum pernicie istiusmodi creditorum venire, & a nexu per ipsammet, licet una cum marito efficaciter contractae obligationis se exuere." Ferner §. 97. n. 1121. „Hoc amplius DD. in talibus casibus uxorem adeo efficaciter obligari scribunt, ut contra hujusmodi obligationem a se ipsa, ob eusam societa-

§. 210.
Fortsezung.

So wenig nun dieser Grundsaz im allgemeinen einigem Zweifel ausgesezt ist, so

---

tis cum marito contractam, nec in integrum restitutionem feu propter fexus imbecillitatem, feu propter metum reverentialem implorandi facultas eidem competat, tametfi communioni renunciet, ne fcilicet multi, qui fidem amborum conjugum fecuti, decipiantur, & jure fuo defraudentur."

Ebenderselbe in Cofs. T. 2. Conf. 60. S. 1158. nr. 236. „præterquam ad quod ipfa fuam perfonam legitime obligavit."

Canz de juribus & obligationibus uxoris &c- §. 7. S 14. ibi: „ut uxor liberetur etiam retro ab omni ære alieno etiam fociali, quod tamen a folo marito, non fimul etiam ab ipfa uxore contractum eft, quia alias veniret contra propria facta, & hoc ipfo fidem creditoribus expreffe datam, folvere poffet in horum detrimentum."

Aus diesem erhellt, daß eine Ehefrau, welche in einer Gemeinschaft des Errungenen lebt, von allen denjenigen ehelichen Schulden nicht befreit werden könne, für welche sie sich besonders verbindlich gemacht hat; und obgleich sonst bey einer in Gemeinschaft des Ehemanns übernommenen Verbindlichkeit eine für den leztern geleistete Bürgschaft vermuthet wird; (S. oben §. 179. S. 242. und 243.) so findet doch diese Vermuthung unter jenen Umständen, wenn nämlich eine in einer Gemeinschaft des Errungenen lebende Ehefrau für eine eheliche Schuld sich mit ihrem Eher

schwierig wird er öfters, wenn er auf einzelne Fälle angewendet werden soll. Es erhellt nämlich aus obiger Regel, daß um die Ehefrau verbindlich zu machen, zweyerlei Voraussezungen eintreten müssen. Erstens: Die Schulden, wegen welcher dieselbe in Ansprache genommen wird, müssen eheliche Schulden seyn; und Zweotens: Die Ehefrau selbst muß sich für dieselbe besonders verbindlich gemacht haben. Auch müssen diese zweyerlei Erfordernisse, da sie auf Thatsachen beruhen, im Zweifelsfalle von den Gläubigern erwiesen werden.

§. 211.

Fortsezung.

Was nun das erste Erforderniß betrift, so habe ich die Grundsäze, welche dabey zu beobachten sind, schon oben in dem ersten Theil dieser Abhandlung, in

---

mann verbindlich gemacht hat, der bisherigen Ausführung gemäs, keine Anwendung.

der Note zum §. 122. S. 243. ausführlich angegeben. Ich will mich also um Wiederholungen zu vermeiden, hier lediglich darauf berufen.

§. 212.

Fortsezung.

Bey dem zweyten Erforderniſſe, welches auf die gewönliche Art, nämlich durch Zeugen, Urkunden und Eidesuschiebung ꝛc. bewiesen werden kann, ist es nicht genug, wenn gleich die Ehefrau die Entstehung der Schuld gewußt - oder wenn sie vielleicht gar ihre Einwilligung darzu gegeben hat, sondern sie muß sich für dieselbe besonders verbindlich gemacht - und die Bezahlung zugesichert haben. y) Nur fragt es sich: wie es in dem Fall gehe, wenn die Ehefrau den ausgestellten Schuldschein zwar mit unterschrieben - wenn aber in demselben nur des Ehemanns als Schuldners Erwähnung geschehen ist, ob nämlich

---

y) Gmelin de obligatione uxoris &c. §. 28. S. 42.

unter diesem Umständen die Mitunterschrift allein die Ehefrau verbindlich mache, oder nicht?

Mehrere Rechtslehrer behaupten das leztere, und wollen also die Ehefrau, wenn sie zu den weiblichen Freiheiten zugelassen ist, auch in diesem Falle befreit wissen. z) Ich glaube aber nicht, daß man zu dieser Befreiung befugt ist. Denn was konnte dabey, daß auch die Frau den Schuldschein mitunterschrieb, für ein anderer vernünftiger Zwek seyn, als daß sie sich für die aufgenommene Schuld mitverbindlich machen wolle? In keiner andern Rüksicht war ja sonst ihre Mitunterschrift nöthig oder nur nüzlich. Und bekannt ist es ja daß im gemeinen Leben mitunterschreiben und sich mit verbindlich machen, für einerlei angenommen wird. Ich würde also die Mitunterschrift der Frau, wenn nicht aus andern Umständen das Gegentheil erhellt, für eine stillschweigende Erklärung anneh=

---

z) Gmelin ebendaselbst, §. 27. S. 41. Schöpf in Dec. nov. Dec. 16. nr. 32.

men, daß sie für das was sie mit unter=
schrieb, auch mit verbindlich seyn wolle. a)

---

a) Einen ähnlichen Fall hat Puffendorf T. 3. Obs. 144. Auch ist hierüber nachzusehen Grie= singer Commentar über das Wirtembergische Landrecht, 4ter Band, S. 1143. und 1144. in der Note z.

Dritte Verbindlichkeit.

Die Ehefrau muß ihren Antheil an denjenigen ehelichen Schulden, welche sie allein kontrahirt hat, übernehmen.

§. 213.
Erläuterung dieser Verbindlichkeit.

Nach den gewöhnlichen Grundsäzen, welche in Beziehung auf die Gesellschaft des Errungenen aufgestellt sind, ist die Ehefrau wenn sie in einer solchen Gesellschaft lebt, verbunden, an allen ehelichen Schulden den sie betreffenden Antheil zu übernehmen. Und selbst in dem Fall findet keine Ausnahme statt, wenn gleich der Ehemann allein diese Schulden kontrahirt hat. b) Noch vielmehr also muß die Ehefrau diejenige Schulden die sie selbst entweder mit ihrem Ehemann oder allein kontrahirte, zu ihrem Antheil übernehmen.

―――――

b) Gmelin de obligatione uxoris &c. §. 24. S. 34. — 35.

Diese Verbindlichkeit ist im allgemeinen keinem Zweifel unterworfen. Hingegen ist bekannt, daß ein Eheweib durch die Rechtswohlthat der weiblichen Freiheiten sich von den meisten aus der ehelichen Gesellschaft entstandenen Verbindlichkeiten wieder befreien kann; und da fragt es sich also: Ob diese Befreiung auch auf diejenige eheliche Schulden gehe, welche die Ehefrau selbst und zwar allein kontrahirt hat?

Viele Rechtslehrer sind der Meinung, daß Schulden dieser Art, wenn die Ehefrau die Bezahlung derselben nicht ausdrüklich von dem Ihrigen versprochen habe, den Ehemann allein angehen. Wenn wir aber den Grund, aus welchem die weiblichen Freiheiten gestattet wurden, betrachten, so glaube ich nicht, daß diese Behauptung hinlänglich gerechtfertigt werden kann. Die weiblichen Freiheiten finden nämlich deswegen statt, weil man es hart fand, daß die Weiber die nachtheiligen Folgen einer Administration, woran sie den Gesezen nach so wenig Antheil haben, eben so, wie ihre Männer übernehmen sollen. c)

---

a) S. oben §. 71. S. 98.

Dieser Grund paßt aber auf Schulden, welche die Weiber selbst kontrahirt haben, nicht, und deswegen trete ich der Meinung derjenigen Rechtslehrer bey, welche die Ehefrau auch nach angerufenen weiblichen Freiheiten für verbindlich erklären, die von ihr allein kontrahirten Schulden zu ihrem Antheil zu übernehmen. Nur müssen es solche Schulden seyn, welche sie allein auf eine gültige Weise kontrahiren konnte; wohin aber der Regel nach nur diejenige Schulden gerechnet werden, welche zur Bestreitung der weniger beträchtlichen Haushaltungsbedürfnisse gemacht wurden. d)

---

d) S. oben im 1sten Theil, §. 66. S. 100. und 101.

Vierte Verbindlichkeit.

Die Ehefrau muß diejenige privati-
den Schulden, welche sie auf
eine gültige Art contrahirt
hat, übernehmen.

§. 214.
Erläuterung dieser Verbindlichkeit.

Die privativen Schulden einer Ehefrau, welche, wie hier vorausgesezt wird,
in einer ehelichen Gesellschaft lebt, ergeben
sich vorzüglich aus demjenigen was im
1sten Theil §. 114. besonders S. 222. bis
228. ausgeführt wurde. Zu den privati-
den Schulden der Ehefrau gehört also nicht
nur dasjenige, was sie schon vor der Ehe
auf eine rechtsgültige Weise zu bezahlen
verbindlich wurde, sondern auch diejenige
Verbindlichkeiten welche sie während der
Ehe entweder durch einen gültigen Vertrag
übernahm, oder welche ihr wegen began-
nen Verbrechens, oder wegen einer solchen
Nachläßigkeit, welche sie nach den Gesezen

tenent macht, obliegen. Insbesondere gehört hieher auch dasjenige, was die Frau ihrem Manne zu bezahlen hat. Wir haben nämlich oben §. 62. S. 83. und 84. gesehen, daß auch zwischen Eheleuten Rechte und Verbindlichkeiten durch Verträge und auf andere Weise entstehen können, und daß nur in gewissen Fällen von dieser Regel eine Ausnahme eintrete. Wenn also Handlungen, welche nicht zu dieser Ausnahme gehören, vorkommen, so muß die Frau auf die nämliche Weise, wie sie die daraus entstehende Rechte ansprechen kann, auch die Verbindlichkeiten, welche jene Handlungen zur Folge haben, erfüllen, und der Güterpfleger hat, wenn über das Vermögen des Ehemanns ein Gannt entsteht, dafür zu sorgen, daß dasjenige, was die Ganntmasse aus diesem Grunde zu fordern hat, von der Ehefrau berichtigt werde. Auch muß ich noch bemerken, daß Schulden dieser Art mit demjenigen nicht kompensirt werden können, was die Frau wegen des ihr an den ehelichen Schulden zuerkannten Antheils von dem Manne wieder zurükforbern kann, e) weil biese leztere Forberung erst nach erkanntem Concurse entstanden ist. f)

---

e) S. oben §. 183. S. 249.
f) Dabelow vom Concurs der Gläubiger, 2ter Thl. §. 132. S. 19.

Fünfte Verbindlichkeit.

Die Ehefrau muß dasjenige, was von ihrem Eingebrachten noch vorhanden ist, in Natur zurüknehmen.

§. 215.
Erläuterung dieser Verbindlichkeit.

Wenn diejenige Sachen, welche die Ehefrau eingebracht hat, bey dem über ihres Ehemanns Vermögen entstandenen Concurse entweder ganz, oder doch zum Theil noch in Natur vorhanden sind, so ist die Ehefrau nicht nur berechtigt, solche vermittelst des Absonderungsrechts sich wieder zuzueignen, g) sondern sie ist hierzu auch verbindlich, und kann, wenn sie dieses unterlassen sollte, von den übrigen Gläubi-

---

g) S. oben §. 189. — 191. S. 259. — 263.

gern hierzu gezwungen werden. h) Die Sache kann oft von Wichtigkeit seyn; z. B. wenn die Ehefrau eine Activforderung einbringt, und solche zur Zeit des Concurses inexigibel wird; ferner wenn ein Haus oder ein anderes liegendes Gut während der Ehe durch Unglük oder Zufall in seinem Werth sehr vermindert wird. ꝛc. Die Gläubiger oder ihre Sachwalter müssen also auch auf diesen Umstand ihr Augenmerk richten.

---

h) C. Gmelin de jure dotis &c. §. 2. S. 16.

Sechste Verbindlichkeit.

Die Ehefrau muß für dasjenige, was zu ihrem Nuzen verwendet wurde, einen Ersaz geben.

§. 216.

Erläuterung dieser Verbindlichkeit.

Ein jeder, zu dessen Nuzen eine fremde Sache verwendet wurde, ist der Regel nach verbindlich, demjenigen, dem die verwendete Sache gehört hat, einen Ersaz zu geben, weil man es für unbillig hält, daß jemand mit dem Schaden eines Dritten reicher werden solle. i) Dieser Grundsaz trit auch bey einer Ehefrau ein. k) Auch sie ist verbunden, dasjenige, was zu ihrem

---

i) Lauterbach in Coll. π. Lib. 3. tit. 5. §. 2. — 4. Voet ad π. Lib. 15. tit. 3. §. 1. Tot. tit. Cod. de negotiis gestis.

k) Röglin von besondern weiblichen Rechten, 2ter Band, S. 94. §. 5.

Nuzen verwendet wurde, *) wieder zu ersezen, die weiblichen Freiheiten mögen statt

---

*) Was in diese Klasse gehöre, erklärt der Herr Professor Eh. G. Gmelin in der oftangezeigten D. de obligatione uxoris &c. §. 5. S. 11. Nicht nur dasjenige, was zum wirklichen positiven Nuzen derselben, z. B. zur Bezahlung einer Schuld, welche ihr allein oblag; ferner was zur Verbesserung ihrer in Natur zurükerhaltenden Güter. (S. Canz de juribus & obligationibus uxoris &c. §. 18. not. d. S. 33. Dabelow vom Concurs der Gläubiger, 1ster Thl. §. 25. S. 68. und 69.) verwendet wurde, gehört in diese Klasse; sondern es wird von einigen Rechtslehrern auch dasjenige hieher gerechnet, was die Ehefrau durch Uebermaas in Kleidern, im Essen und Trinken ꝛc. verschwendet hat. (S. Heefer de bonorum &c. communione p. 2. L. 23. n. 414. S. 1069. Reinharth potissima capita invalidæ mulier. intercess. §. 15. S. 12. und 13.) Ich sehe aber nicht ein, wie man dieses leztere als eine zum Nuzen der Ehefrau verwendete Sache ansehen = und wie man also in einem solchen Falle berechtigt seyn könnte, die Ehefrau aus der Art der Verwendung für verbindlich zu erklären. (S. Röslin von besondern weiblichen Rechten, 2ter Band S. 94. §. 5.) Hingegen kann, wie schon oben §. 137. seqq. bemerkt wurde, die Verschwendung der Ehefrau ein Mittel werden, um sie der weiblichen Freiheiten für verlustig zu erklären, und dadurch also wird die Ehefrau, weil sie alsdann ihren Theil an der ehelichen Einbuß übernehmen muß, für dasjenige, was sie verschwendet hat, auch für ihre Person

finden, oder nicht. 1) Nur versteht es sich
von selbst, daß derjenige, der 'eine zum
Nuzen der Ehefrau vorgegangene Verwendung behauptet, solche erweisen müsse, und
daß die Ehefrau nur insoferne verbindlich
werde, insoferne die Verwendung erwiesen
ist. Dieser Grundsaz findet im allgemeinen keinen Anstand. Schwierig aber wird
es gewönlich, wenn in einem einzelnen Fall
die Frage bestimmt werden soll, ob eine
Verwendung zum Nuzen der Ehefrau für
erwiesen anzunehmen sey oder nicht? Zwar
geht die Sache ihren gewönlichen Gang,
wenn der Beweis durch Zeugen, durch Dokumente, oder durch eigenes Bekenntniß
geführt werden kann; Es werden nämlich
in diesem Falle die vorhandenen Beweis-
Gründe nach den gewönlichen Regeln ge-

---

verbindlich. Aber diese Verbindlichkeit ist von
derjenigen, welche aus der Verwendung entsteht,
wohl zu unterscheiden, denn im erstern Falle wird
die Ehefrau nur nach dem Antheil, den sie an
der Einbuß übernehmen muß: im lezteren Fall
aber wird sie für alles, was zu ihrem Nuzen verwendet wurde, verbindlich.
1) Harpprecht de renunc. acqu. conj. §. 96,
nr. 1077. sqq.

prüft und beurtheilt. Wenn aber der Beweisführende, wie es öfters zu geschehen pflegt, zu Vermuthungen seine Zuflucht nehmen muß, so treten hierinn einige eigenthümliche Grundsäze ein. Es entsteht nämlich in dem Fall, wenn das Frauenzimmer in einem ausgestellten Schein angezeigt hat, zu welchem Endzwek das Geld aufgenommen worden, der Regel nach die Vermuthung, daß solches zu diesem Endzwek auch wirklich verwendet worden sey. m) Hingegen trit alsdann eine Ausnahme von dieser Regel ein, wenn die Frauensperson unter der Mitverbindung ihres Ehemanns den Schein unterschrieben hat; es wird nämlich unter diesen Umständen nicht dasjenige, zu was der Inhalt des Schuldscheins Anlaß giebt, sondern vielmehr dieses vermuthet, daß das in Gemeinschaft des Ehemanns aufgenommene Geld, zum Besten des leztern, als desjenigen, dem nach den Gesezen die Administration des den Eheleuten zugehörigen Ver-

---

m) Gmelin von Aufsäzen über Verträge, §. 98. S. 199. und S. 200.

mögens überlassen ist, verwendet worden sey; und eben deswegen wird die Ehefrau von der Verbindlichkeit diese Schuld zu bezahlen, so lange freygesprochen, so lange nicht aus andern Umständen bewiesen ist, daß die Verwendung zu ihrem Nuzen geschehen sey. n)

---

n) S. oben §. 177. S. 240. und Gmelin von Aufsäzen über Verträge am angez. Ort.

Siebente Verbindlichkeit.

Die Ehefrau muß in vielen Fällen dasjenige, was sie vermög einer geleisteten Bürgschaft versprochen hat, erfüllen.

§. 217.
Einleitung.

Der Regel nach ist jede Bürgschaft, welche ein Frauenzimmer für ihren Ehemann oder für einen Dritten übernimmt, entweder nichtig, oder sie kann durch Hülfe einer Einrede wieder entkräftet werden. o) Es giebt aber mehrere Fälle, auf welche zwar die Worte der Geseze, aber nicht der Zwek derselben anwendbar ist, und welche also unter die Ausnamen von der Regel zu rechnen sind. Sie finden theils nach

---

o) S. oben §. 34. ꝛc. S. 50. ꝛc. und §. 172. ꝛc. S. 231. ꝛc.

dem ausdrüklichen Inhalt der Geseze selbst, und theils nach der herrschenden Gerichts-Praxis unter folgenden Vorausfezungen statt.

§. 218.
1.) Wegen Betrugs.

Wenn ein Frauenzimmer bey der Uebernahme einer Bürgschaft betrüglich gehandelt hat, so können ihr die zu Gunsten der weiblichen Bürgschaften vorhandenen Verordnungen nicht zu statten kommen, weil diejenige, die betrüglich handeln, auf keine Rechtswolthat Anspruche zu machen haben. p) Eben deswegen ist auch ein sol-

---

p) l. 5. Cod. ad SCtm. Vellej. „Quodsi patientiam præstitisti ut quasi suas res maritus obligaret, decipere voluisti mutuam pecuniam dantem, & ideo tibi non succurretur senatusconsulto, quo infirmitati non calliditati mulierum consultum est." l. 18. Cod. ad SCtm. Vellej. „foeminis alienas vel veteres vel novas obligationes aliqua ratione suscipientibus subvenirur, nisi creditor aliqua ratione per mulierem deceptus sit. Nam tunc replicatione doli SCti. exceptionem removeri constitutum est." Lauterbach in coll. π. lib 16. tit. 1. §. 21. J. H. Böhmer de efficaci mulierum intercessione, C. 2. §. 3. §. 25. und 26.

ches Frauenzimmer, welches gewußt, daß
sie aus ihrer Bürgschaft, weil sie ein Frauenzimmer ist, nicht gehalten sey, und sich
dessen ungeachtet verbürgt hat, verbindlich,
die übernommene Bürgschaft zu erfüllen. q)
Hingegen muß, — wie es sich von selbst
versteht, — der Glaubiger beweisen, daß
das Frauenzimmer jenen Umstand gewußt
habe. Es kann aber dieser Beweis nicht
nur durch Dokumente und Zeugen, sondern

Ch. G. Gmelin von Aufsäzen über Verträge,
§. 89. S. 191. Röslin von besondern weiblichen Rechten, 2ter Band, S. 121. — 131. §.
24. — 31.

q) l. 30. π. ad SCtm. Vellej. „Si decipiendi ani-
mo, vel cum sciret se non teneri, mulier pro aliquo
intercesserit exceptio ei SCti. non datur. Actionem
enim, quæ in dolum mulieris competit, amplissimus
ordo non excludit." Puffendorf in obf. jur. univ.
T. 3. obf. 74. §. 3. Ch. G. Gmelin von Aufsäzen über Verträge, §. 89. S. 190.

Anderer Meinung ist T. J. Reinharth, welcher in der oft angezeigten Streitschrift potissima
capita invalidæ mulierum intercessionis §. 16. S. 14.
jene Verordnung auf eine zum Besten des Ehemanns übernommene Bürgschaft nicht für anwendbar hält. Auch ist vorzüglich hierüber nach-
zulesen: Röslin von besondern weiblichen Rechten, 2ter Band, S. 131. — 135. §. 33. — 37.

auch durch Eideszuschiebung r) und Vermuthungen geführt werden. Nur möchte ich den Beweis nicht dadurch allein für geführt ansehen, wenn der Ehefrau schon bey andern ihren Ehemann angehenden Schulden ihre Rechtswolthaten erklärt wurden. s) Jedoch zweifle ich nicht, daß dieser Umstand eine gegen die Ehefrau streitende Vermuthung, — deren Gewicht in einem jeden einzelnen Fall aus den besondern Umständen bestimmt werden muß, — begründe.

§. 219.

2.) Wegen der Begünstigung des Gegenstands der Bürgschaft.

Unter die mannichfaltigen Versuche

---

r) J. H. Böhmer de efficaci mulier. interceff. C. 2. §. 3. n. f. S. 26. „Cum vero dolus non semper mathematice demonstrari queat, qui sæpe sese intra animum abscondit; ideo deceptis jura contra muliebrem calliditatem remedium suppeditant, ut nempe fidejubenti mulieri deferre liceat juramentum: an non sciverit, se ex fidejussione non obligari & ita spe futuræ liberationis intercesserit?"

s) Gmelin von Aufsätzen über Verträge, §. 89. S. 190.

den Hang zur Ehelosigkeit zu verminden, gehören auch die Begünstigungen, welche die römischen Geseze zum Besten der Heurathsgüter enthalten. Sie sind unter anderem auch darinn sichtbar, daß selbst die Bürgschaften der Frauenzimmer, welche sonst der Regel nach ungültig sind, in dem Fall für gültig erklärt werden, wenn ein Frauenzimmer wegen eines zu entrichtenden Heurathsguts sich verbürgte. t)

§. 226.

Fortsezung.

Eben diese Verordnung, welche wie es in die Augen fällt, blos allein von den

---

t) l. 12. Cod. ad Sctm. Vellej. „Si dotare filiam volens, genero res tuas obligasti pertinere ad te beneficium S. C. falso putas. Hanc enim causam ab eo beneficio esse removendam prudentes viri putaverunt." l. 25. Cod. eod. in verbis· „Omni auctoritate Vellej. Sctí in hac causa cessante." J. H. Böhmer de efficaci mulierum intercess. C. 2. §. 8. not. o. S. 3}. Es glaubt aber T. J. Reinharth in D. potissima capita invalidæ mulierum intercess. §. 4. und 5. S. 3. und 4. daß diese Verordnung in dem Fall nicht anwendbar sey, wenn sich das Eheweib für ein von ihrem Ehemann versprochenes Heurathsgut verbürgt hat.

Heurathsgütern redet, wollen einige Rechtslehrer auch auf fromme Stiftungen, weil
sie sonst in den Gesezen gleichfalls begünstigt seyen, ausgedehnt wissen. u) Ich
glaube aber nicht, daß man diese Ausdehnung aus theoretischen Gründen vertheidigen kann. v)

§. 221.

3.) Bey einem Frauenzimmer, welche
Landeshoheit und Gerichtsbarkeit hat.

Eine weitere Ausnahme von der Regel findet auch in dem Fall statt, wenn das
sich verbürgende Frauenzimmer, entweder
Landeshoheit, oder wenigstens die hohe
Gerichtsbarkeit hat. Es soll nämlich der
Vellej. Rathsschluß und die berühmte Avth.
auch unter diesen Umständen keine Anwen-

---

u) Leyfer in med. ad r. spec. 169. med. 4.
Heefer de bonorum &c. communione p. 2. loc. 23.
n. 510. und der daselbst angezeigte Mevius p. 3.
decif. 85.

v) Röslin von besondern weiblichen Rechten,
2ter Band, S. 120. §. 23.

dung finden. w) Jedoch ist diese Meinung nicht allgemein, sondern es giebt Rechtslehrer, welche glauben, daß die zum Besten der weiblichen Bürgschaften vorhandene Rechtswolthaten auch auf solche Frauenzimmer anwendbar seyen. x) Was nun meine Meinung betrift, so finde ich keinen Anstand, der Meinung der erstern besonders deswegen beyzutreten, weil der Grund jener Rechtswolthaten — er bestehe in der Unterstüzung der weiblichen Schwäche, y) oder in der Unschiklichkeit, daß Frauenzimmer sich männlicher Geschäfte unterziehen, z) — auf ein Frauenzimmer, welcher sogar Regierungs Geschäfte anvertraut sind, nicht

---

w) Heefer de bonorum &c. communione, p. s. Locó 23. n. 509. De Ludolf de jure fœminarum illustrium, p. 2 c. 1. §. 3. insbesondere in der Note a. Lauterbach in Coll. ж Lib. 16. tit. I. §. 4. Bardili curator. ad litem, §. 36. S. 25.

x) Stryck in not. ad Laut. Coll. ж. tit. ad S.Am. Vellej.

y) Voet ad ж. Lib. 16. tit. I. pr. Griesinger Commentar über das Wirt. Landrecht, 4ter Band, S. 1137.

z) l. 2. §. 1. ж. ad SAm. Vellej. Vinnius in quæst. sel. Lib. I. C. 48. pr.

anwendbar ift. Aus eben dieſer Urſache kann ich auch die Meinung derjenigen nicht für gegründet halten, welche die Nichtanwendung jener Rechtswolthaten nur auf den Fall einſchränken, wenn das Frauenzimmer in Beziehung auf die ihr zukommende Landeshoheit oder Gerichtsbarkeit ſich verbürge. a) Denn die Allgemeinheit des angezeigten Grundes ſcheint mir keine ſolche Einſchränkung zuzulaſſen. Hingegen giebt es Rechtslehrer, welche die Nichtanwendung der in Frage ſtehenden Rechtswolthaten blos als eine Folge der höhern Geburt anzuſehen = und deswegen bey allen Fürſtlichen und Gräflichen Frauenzimmern ſchon als ſolchen die Anwendung des Vellejaniſchen Rathsſchluſſes ꝛc. zu verwerfen ſcheinen. b) Allein zu dieſer Behauptung finde ich weder in dem römiſchen Recht, noch in dem Verhältniß jener Frauenzimmer einigen Grund, und würde ſie

---

a) Voet ad π. Lib. 16. tit. 1. §. 11.
b) Lauterbach in Coll. π. Lib. 16. tit. I. §. 4. Hering de fidejuſſor. c. 7. n. 517.

also nur in solchen Ländern gelten lassen, wo sie entweder durch Partikulargeseze, oder durch eine besondere Gewohnheit bestätigt ist. c)

§. 222.
4.) Bey einer Kaufmännin.

Wenn die sich verbürgende Frauensperson für sich und auf ihre Rechnung Kaufmannschaft treibt, *) so ist sie nach der Praxis auch unter diesen Umständen nicht befugt, auf die zum Besten der weiblichen Bürgschaften vorhandene Rechtswolthaten sich zu berufen. d) Jedoch ist meinem Er-

---

c) Rößlin von besondern weiblichen Rechten, 2ter Band, S. 349. §. 44.
*) Was unter dem Ausdruf: „Kaufmannschaft treiben", verstanden werde; ist schon oben in der Note zum §. 21. S. 33. ausführlich angegeben. Auch kann ferner hierüber nachgesehen werden: J. H. Böhmer de efficaci mulier. intercell. c. 9. §. 7. not. gg. S. 86. und 87.
Wenn es zweifelhaft ist, ob die Ehefrau Kaufmannschaft getrieben habe, oder nicht; so muß solches der, der es behauptet, bewersen. Gmelin de obligat. uxoris &c. §. 13. S. 78.
d) Gail in obs. Lib. 2. obs. 90. nr. 5. Schöpff in Sel. dec. p, I. decis. 66. a. 3. Von Cramer

achten nach die Einschränkung beyzufügen: Wenn sich die Ehefrau in Beziehung auf solche Gegenstände, welche zu ihrer Kaufmannschaft gehören, *) verbürgt hat; e) und wenn jenem Grundsaz nicht eine besondere Gewohnheit entgegen steht, wie dieß z. B. in dem Herzogthum Wirtemberg der Fall ist, wo eine Kaufmännin in Hinsicht auf die zum Besten der weiblichen Bürgschaften eingeführte Rechtswolthaten gleich einer andern Ehefrau behandelt wird. f)

§. 223.

5.) Wegen manglenden Schadens.

Die zum Besten der weiblichen Bürg=

Wezl. Nebenstunden, Thl. 93. nr. 19. S. 145.
J. H. Böhmer de effic. mulier. intercess. C. 2. §. 11. n. t. S. 37. und C. 3. §. 7. not. gg. S. 86.
*) Wiewohl dieß im Zweifel vermuthet wird. S. J. H. Böhmer de effic. mulier. intercess. C. 2. §. 12. n. v. S. 39. und der daselbst angez. Hartm. Pistoris Lib. I. qu. 14. n. 16. Ferner Carpzov Jurispr. for. p. 1. Const. 15. def. 16.
e) Voet ad π. Lib. 16. tit. 1. §. 11.
f) Gmelin de obligatione uxoris &c. §. 13. S. 19. und 20. Griesinger Commentar über das Witt. Landrecht, 4ter Band, S. 1142. not. y.

schaften eingeführte Rechtswolthaten haben den Zwek, um die Frauenzimmer vor Schaden zu sichern. Wenn also aus einer übernommenen Bürgschaft für das Frauenzimmer kein Schaden entsteht, so können auch die zu jenem Endzwek eingeführten Rechtswolthaten ihr nicht zu statten kommen. g) Dieser Fall ist vorhanden, wenn das aufgenommene Geld zum Nuzen des sich verbürgenden Frauenzimmers verwendet wurde. Alsdann wird das Frauenzimmer verbindlich, es mögen die zu einer Bürgschaft erforderlichen Formalitäten beobachtet worden seyn oder nicht. Im Grunde ist dieß aber keine Ausnahme von der Regel, weil das Frauenzimmer in einem solchen Fall eigentlich nicht wegen der übernommenen Bürgschaft, sondern nur wegen der zu ihrem Nuzen vorgegangenen Verwendung belangt= und deßhalb nur insoferne verbind=

---

g) l. 3. l. 24. pr. und l. 27. §. 9. ff. ad SCtm. Vellej. Lauterbach in Coll. ff. Lib. 16. tit. 1. §. 23. Struben rechtl. Beb. 2ter Thl. Beb. 76. S. 288.

lich wird, insoferne diese Verwendung er=
wiesen werden kann. h)

§. 224.
Fortsezung.

In die nämliche Klasse rechnen einige
Rechtslehrer auch den Fall, wenn die Ehe=
frau entweder um ihren Ehemann aus dem
Gefängniß zu befreien, i) oder unter sol=
chen Umständen sich verbürgt, wo der Ehe=
mann, wenn sie dieses nicht gethan hätte,
seinen guten Ruf und Kredit verlohren ha=
ben würde. k) Nach allgemeinen Grund=
säzen möchte ich aber diese Ausnahme nicht
vertheidigen, sondern nach meinem Erachten muß sie, — wenn sie in irgend einem
Territorium Anwendung finden solle, —
entweder durch die besondern Landesgeseze,

---

h) Gmelin de obligatione uxoris &c. §. 5. S.
11. S. auch oben §. 216.

i) Harpprecht consultat. volum. nov. p. 2.
Conf. 70. nr. 224. sqq.

k) J. H. Böhmer de effic. mulier. intercess. C. 3.
§. 7. not. e. e. S. 86. Lyncker decis. 1598.

oder durch eine rechtsgültige Gewohnheit bestätigt seyn. l)

§. 225.
6.) Wegen Wiederholung der Bürgschaft.

Wenn ein volljähriges Frauenzimmer nach Verfluß von zwey Jahren die übernommene Bürgschaft wiederhohlt, so kann sie sich nach dem ausdrüklichen Inhalt der l. 22. Cod. ad S&tm. Vellej. der aus dem Vellejanischen Rathsschlusse entstehenden Rechtswolthat nimmer bedienen. m) Diese

---

l) Reinharth potissima capita invalidæ mulier. in-. tercess. §. 16. S. 14.

m) „Si mulier — dieß sind die Worte der angezeigten l. 22. — perfectæ ætatis constitutæ, post intercessionem vel cautionem conscripserit, vel pignus aut intercessorem præstiterit, sancimus, antiqua legum varietate cessante, siquidem intra biennale juge tempus post priorem cautionem numerandum, pro eadem causa fecerit cautionem, vel pignus aut. intercessorem dederit, nihil sibi prejudicare quod adhuc ex consequentia suæ fragilitatis in secundam jacturam inciderit, Sin autem post biennium hæc fecerit: sibi imputet, si quod sæpius cogitare poterat & evitare, non fecit, sed ultro firmavit. Videtur etenim ex hujusmodi temporis prolixitate non pro aliena obligatione, se illigare sed pro 'sua causa aliquid agere? & tam ex fecunda

Verordnung geht aber nicht auf den Fall, wenn ein Frauenzimmer für ihren Ehemann sich verbürgt hat, denn eine solche Bürgschaft bleibt immer nichtig, und wenn sie auch noch so oft wiederhohlt worden wäre. n) Und eben so wenig wird solche auf die in der l. 23. Cod. ad SCtm. Vellej. angezeigte = entweder in einer Privatschrift, oder bloß mündlich übernommenen Bürgschaften auszudehnen seyn, weil diese leztere gleich den für den Ehemann übernommenen Bürgschaften als gar nicht existirend angenommen werden, *) und weil sowohl

---

cautione sese obnoxiam facere, in quantum hoc fecit, quam pignus aut intercessorem utiliter dare." S. auch Röslin von besondern weiblichen Rechten, welcher im 2ten Band von S. 145. bis S. 162. diejenige Fälle, in welchen ein Frauenzimmer wegen Wiederhohlung der Bürgschaft verbindlich wird, ausführlich angezeigt hat.

n) S. oben §. 173. und 174. S. 231. — 233.

*) Das Gesez sagt nämlich:
„Sin autem extra eandem observationem mulieres, acceperint intercedentes: pro nihilo habeatur hujusmodi scriptura vel sine scriptis obligatio tanquam nec confecta nec penitus scriptura: ut ne senatusconsulti auxilium imploretur, sed sit libera & absoluta, quasi penitus nullo in eadem causa subsecuto."

nach natürlichen als auch nach rechtlichen
Grundsäzen aus nichts nicht etwas gemacht
werden kann.

§. 226.
Fortsezung.

F. C. Harpprecht Vol. novo Conf. 71.
nr. 50. — 58. ist zwar der entgegengesezten Meinung, und glaubt, daß auch eine
solche Bürgschaft, welche in die Klasse der
in lege 23. bemerkten Bürgschaften gehört,
durch Wiederholung gültig gemacht werden
könne. Er beruft sich deshalb auf die Nov.
61. C. 1. §. 1. wo der Kaiser Justinian
unter anderem verordnet:

„Confenfus etenim in talibus, aut
in hypothecam aut in venditionem aut
in aliam alienationem confcriptus, per-
cipienti omnino non proderit, fi femel
confenfus fiat, fed ficut in interceffio-
nibus fcripfimus, ut oporteat, biennii
tempore exiftente & rurfus aliam pro-
feffionem fcribi confirmantem confen-
fum & tunc ratum effe, quod factum
eft: Sic & in hoc fiat."

Allein diese Gesezstelle beweißt meinem

Erachten nach für die Harpprechtische Meinung nichts. Denn Erstens ist in derselben von den Folgen einer wiederhohlten Bürgschaft nur zufällg die Rede, ohne daß man auf Seiten des Gesezgebers die Absicht annehmen könnte, für diesen Fall hier eine Vorschrift zu geben. Und zweytens sieht man offenbar, daß hier nur eine gewisse Art von Bürgschaften nämlich diejenige, welche durch Hülfe einer Einrede wieder entkräftet werden, verstanden sey, weil sonst eine Bürgschaft für den Ehemann, welche doch nach einstimmiger Meinung der Rechtslehrer durch keine Wiederhohlung gültig gemacht werden kann, vermöge dieser Gesezstelle durch eine Wiederhohlung auch gültig werden müßte.

§. 227.
Fortsezung.

In Ansehung derjenigen Bürgschaften aber, welche durch Wiederhohlung Gültigkeit erlangen, ist zu bemerken, daß ihre Gültigkeit nicht auf die Zeit der zuerst übernommenen Bürgschaft zurükgesezt, sondern erst von der Zeit als existirend angenommen werde, inner welcher die Wiederhohlung der Bürgschaft geschah. o) Dieser Umstand ist besonders deswegen merkwürdig, weil solcher in Absicht auf die Berechnung der Zinnse von Interesse seyn kann.

§. 228.

7.) Wegen Bestätigung mit einem Eide.

Eine weitere Ausnahme von der Regel trit nach dem Inhalt des kanonischen Rechts p) und nach einem allgemeinen Gerichtsgebrauch, q) auch in dem Fall ein, wenn das Frauenzimmer die übernommene

---

o) J. H. Böhmer de effic. mulier. intercess. C. 2. §. 9. lit. r. S. 36.

p) Cap. 9. und 25. x. de jurejur.

q) Lauterbach in coll. w. Lib. 16. tit. 1. §. 25. Böhmer de efficaci mulier. intercess. C. 1. §. 9. S. 21. Weber von der natürlichen Verbindlichkeit, 3te Abthlg. §. 122. besonders in der Note 566. S. 198. Heefer de bonorum &c. communione p. 2. loco 23. nr. 585. und 386. Harpprecht consultat. vol. nov. p. 2. Cons. 70. nr. 172. und 174. S. 1458.

Bürgschaft eidlich bestätigte; ohne Unterschied, ob ihr die zum Besten der weiblichen Bürgschaften vorhandenen Rechtswohlthaten zuvor erklärt wurden, oder nicht, r) und ohne Unterschied, ob die eidliche Bestätigung mittelst förmlichen Eides, oder mittelst einer Versicherung an Eides statt; s) ferner ob sie in einer öffentlichen oder in einer Privatschrift, t) und ob sie gerichtlich, oder aussergerichtlich u) geschah, auch ob der Verzicht auf die zum Besten der weiblichen Bürgschaften vorhandene Rechtswohlthaten zugleich beygefügt wurde, oder nicht. v)

---

r) J. H. Böhmer de effic. mulier. intercess. C. 2. §. 14. not. ll. S. 45. Reinharth potissima capita invalidæ mulier. intercess. §. 8. S. 8. Anderer Meinung aber scheint zu seyn: Ch. G. Gmelin von Aufsäzen über Verträge, §. 69. S. 142. und 143.

s) J. H. Böhmer de effic. mulier. intercess. C. 2. §. 14. not. gg. S. 44.

t) Struben rechtl. Bedenken 1ster Thl. Bed. 24. S. 65. und 66. und 2ter Thl. Bed. 76. S. 287.

u) J. H. Böhmer de effic. mulier. intercess. C. 2. §. 14. not. ii. S. 44.

v) Ebenderselbe am angez. Ort not. kk. und ll. S. 45.

§. 229.

8.) Wegen geleisteten Verzichts.

Diese Ausnahme von der Regel, veranlaßte von je her die meisten Schwierigkeiten. Viele Rechtslehrer sind der Meinung, daß nach dem Sinne der Geseze eigentlich gar keine Verzichtsleistung und zwar weder in Ansehung des Vellejanischen Rathsschlusses, noch viel weniger aber in Ansehung der oftberührten Avth. statt finde. w) Allein die Praxis ist von diesen Grundsäzen gänzlich abgegangen, und erklärt die Verzichtsleistungen zwar nicht im allgemeinen, jedoch unter der Voraussezung für gültig, wenn gewisse Erfordernisse dabey beobachtet wurden. x) *) Alles hängt

---

w) Reinharth potissima capita invalidæ mul. interc. §. 6. S. 5. Vinnius in quæst. jur. sel. Lib. 1. C. 48. Averanius in interpretationibus juris, Lib. 2. C. 5. nr. 6. S. 176. Donellus in comment. jur. civ. Lib. 12. C. 32. Bachov ad Treutl. V. 1. diss. 25. th. 4. Dabelow System der heutigen Civilrechtsgelahrtheit, §. 2722.

x) Voet in comment. ad π. Lib. 16. tit. 1. §. 9. J. H. Böhmer de effic. mulier. intercess. C. 2. §.

also! von der Erörterung der Frage ab Worinn diese Erfordernisse bestehen?

§. 230.

Fortsezung.

Wenn wir die Bücher der Rechtsgelehrten hierüber um Rath fragen, — und

---

15. not. mm. S. 46. und not. pp. S. 47. Ferner §. 17. und 18. S. 51. — 61. Puffendorf T. 2. obs. 159. S. 526. Gail Lib. 2. obs. 77. nr. 1. Ch. G. Gmelin von Aufsäzen über Verträge, §. 69. S. 141. und §. 90. S. 194.

*) In dem Herzogthum Wirtemberg scheint zwar nach dem Landrecht p. 2. tit. 29. §. Wir sezen 2c. die Meinung derjenigen, welche gar keine Verzichtsleistung zulassen wollen, mehr gegründet zu seyn, indem die angezeigte Geseßstelle ausdrüklich verordnet, daß sich eine Ehefrau nur für eine solche Schuld gültig verbinden könne, welche zum Besten der gemeinschaftlichen Haushaltung aufgenommen worden sey, daß aber alle übrigen Verbindungen für den Ehemann keine Kraft und Wirkung haben sollen. Dessen ungeachtet ist die Wirtembergische Praxis der Meinung der leztern unter dem Buchstaben x. bemerkten Rechtslehrer beygetreten, indem sie auch solche Handlungen für verbindlich erklärt, durch welche die Ehefrau für die zum alleinigen Besten des Ehemanns kontrabirte Schulden sich verbürgt hat, wenn nur den zum Besten der weiblichen Bürgschaften vorhandenen Rechtswolthaten auf die vorgeschriebene Weise entsagt wurde. S. Ch. G. Gmelin von Aufsäzen über Verträge, §. 98. S. 208.

diese sind bey der gegenwärtigen Frage, welche durch ausdrükliche Geseze nicht bestimmt ist, eine vorzügliche Entscheidungs-Quelle, — so finden wir die Meinungen derselben sehr voneinander verschieden. Einige fordern, daß nicht nur den weiblichen Freiheiten überhaupt, sondern namentlich dem Vellejanischen Rathsschlusse, und der angezeigten Avth. y) und zwar freywillig, eidlich, z) gerichtlich, a) und in einem öffentlichen Instrument b) entsagt werde; ferner daß dieser Entsagung eine hinlängliche Erklärung jener zum Besten der weiblichen Bürgschaften vorhandenen Geseze vorangegangen, c) und endlich daß das-

---

y) Harpprecht vol. nov. Conf. 71. nr. 32. und 33. Leyfer in medit. ad π. spec. 170. medit. 4.

z) S. die von J. H. Böhmer in D. de effic. mulier. interc. S. 64. not. qqq. angezeigten Schriftsteller.

a) Bachov ad Treutl. V. 1. diss. 25. th. 4. Litt. E. und F.

b) Huber ad π. ad tit. de SCto. Vellej. nr. 15.

c) J. H. Böhmer de effic. mulier. interc. C. 2. §. 19. not. rrr. S. 63. und 64.

jenige, wofür sich die Frau verbürgt hat, zu ihrem Nuzen verwendet worden sey. d)

§. 231.

Fortsezung.

Andere haben diese Erfordernisse noch durch besondere Zusäze erhöht. So verlangen z. B. Heefer e) und Zanger, f) daß die eidliche Verzichtsleistung mittelst förmlichen Eides geschehen müsse. Ferner in Ansehung der gerichtlichen Entsagung verlangen einige, daß solche vor dem ordentlichen Richter und zwar nach vorangegangener Prüfung geschehe.

§. 232.

Fortsezung.

Noch andere gehen zwar von den meisten der bisher angezeigten Erfordernisse, aber nur in dem Falle wieder ab, wenn

---

d) S. C. G. Gmelin de obligatione uxoris &c. §. 3. S. 9.
e) de bonorum &c. communione p. 2. loco 23. nr. 396. S. 1067.
f) de except. p. 3. C. 11. nr. 184. sqq.

eine eidliche Verzichtsleiftung vorangegangen ift. In diese Claſſe gehören vorzüglich Lauterbach, g) Heefer, h) und Harpprecht, i) welche glauben, daß bey einem eidlich geleiſteten Verzicht keine beſondere Entſagung auf die zum Beſten der weiblichen Bürgſchaften vorhandene Rechtswohlthaten erforderlich ſey; und daß es in einem ſolchen Fall auch keiner Belehrung über dasjenige bedürffe, auf was das Frauenzimmer Verzicht geleiſtet hat. k)

§. 233.
Fortſezung.

Allein die meiſten der bisher genannten Erforderniſſe haben weder den Inhalt der Geſeze, noch die Analogie des Rechts noch eine einſtimmige Praxis vor ſich.

---

g) in Coll. *. Lib. 16. tit. 1. §. 24. S. 873.
h) de bonorum &c. communione p. 2. loco 23. nr. 387. und 328.
i) Vol. nov. p. 2. Conf. 70. nr. 175. ſqq. S. 1459.
k) Ferner iſt hierüber nachzuſehen Beck reſp. civ. & crim. T. 2. dec. 16. ſqq.

Ihre Unterlassung kann also weder für die Gültigkeit noch für die Ungültigkeit einer Verzichtsleistung etwas beweisen, wenn sie nicht durch Partikulargeseze oder durch eine rechtsgültige Gewohnheit bestätigt sind. Wir wollen also zuvörderst die nothwendigen Erfordernisse und diejenige, welche nicht nothwendig sind, von einander absondern.

§. 234.
Fortsezung.

Zu den erstern gehört blos dieses, daß das Frauenzimmer den zum Besten der weiblichen Bürgschaften vorhandenen Rechtswohlthaten freywillig und nach vorangegangener Erklärung ihres Inhalts entsage. *) Auch muß der Gläubiger nicht nur die wirklich übernommene Bürgschaft, son-

---

*) Nur in denjenigen Ländern, in welchen die Geschlechtsvormundschaft eingeführt ist, kommt zu den angezeigten Erfordernissen noch dieß hinzu, daß die Entsagung unter Beyziehung eines Curators geschehen muß. S. oben S. 10. und 11. S. 15. — 19.

dern auch die vorangegangene Erklärung jener Rechtswohlthaten beweisen. 1) *)

Dieß ist alles was von dieser Seite zur Gültigkeit einer weiblichen Bürgschaft nach allgemeinen Grundsäzen erfordert wird.

§. 235.
Fortsezung.

Ich trete also der Meinung derjenigen Rechtslehrer bey, welche es für unnöthig

---

1) Gmelin de obligatione uxoris &c. §. 3. S. 10.
*) Jedoch wenn in dem Schuldbekenntniß die Beobachtung dieser Erfordernisse bezeugt ist, so liegt alsdann der Ehefrau, wenn sie nachher Einwendungen dargegen macht, der Beweis ihrer Einwendungen ob. Auch fällt die Einrede der unterlassenen Erklärung der weiblichen Rechtswolthaten in dem Falle hinweg, wenn die Frau diese Rechtswolthaten schon aus andern Intercessionen kennen gelernt hat. S. Puffendorf Lib. 1. obl. 43. §. 3. — 6.
Und daß die Entsagung freywillig geschehen sey, wird ohnehin schon aus allgemeinen Rechtsgrundsäzen vermuthet, und dem Frauenzimmer der Beweis auferlegt, wenn sie sich mit der Einrede des Zwangs und der Furcht schüzen will. S. Gmelin von Aufsäzen über Verträge, §. 9. S. 194. und §. 98. S. 208.

halten, daß die Entsagung vor Gericht, m) und daß sie eidlich geschehen müsse, n) da diese beiden Erfordernisse weder aus den Gesezen, noch aus der Analogie des Rechts erwiesen werden können. *) Und eben

---

m) Stryck de certioratione jurium renunciandorum C. 2. nr. 5. sqq. Ch. G. Gmelin von Aufsäzen über Verträge, §. 69. S. 143.

n) Lauterbach in coll. π. Lib. 16. tit. 1. §. 24. Voet in comment. ad π. Lib. 16. tit. I. §. 10. J. H. Böhmer de effic. mul. interc. C. 2. §. 19. n. qqq. S. 61. und 62. ferner C. 3. §. 8. n. ll. S. 87. — 89.

*) In Churfachsen trit nach den besondern Landesgesezen eine Ausnahme von dieser Regel insofern ein, daß daselbst eine unbeschworne Entsagung auf die zum Besten der weiblichen Bürgschaften vorhandene Rechtswolthaten, vor Gericht geschehen muß. S. J. H. Böhmer de effic. mul. interc. C. 2. §. 20. n. zzz. S. 67. Lünigs Codex augusteus, 1ster Band, 1ster Thl. art. 16. S. 89. und 90.

Auch in dem Herzogthum Wirtemberg finden wir gleichfalls eine Abweichung von jener Regel: Es wird nämlich in dem Falle, wenn ein Frauenzimmer für eine ihren Ehemann allein angebende Schuld, sich auf eine gültige Weise verbürgen will, erfordert, daß sie dem Vellejanischen Rathsschlusse und der oftberührten Avth. nicht nur namentlich und nach vorangegangener Belehrung, sondern auch vor Gericht, oder wenigstens

deswegen fallen auch die von einigen Rechtslehrern aufgeworfene Fragen: z. B. Ob die Entsagung vor dem versammelten Gericht geschehen müsse, und ob daselbst eine richterliche Untersuchung erfordert werde? Ferner; ob das Angeloben an Eides statt oder eine andere eidliche Zusicherung hinlänglich= oder ob die Ablegung eines körperlichen Eides nothwendig sey? ꝛc. von selbst hinweg. Dessen ungeachtet aber würde ich einem jeden Gläubiger rathen, die Entsagung auf die zum Besten der weiblichen Bürgschaften vorhandene Rechts= wohlthaten eidlich bestätigen zu lassen, weil

---

vor einer gerichtlichen Deputation und eidlich entsage. (S. Gmelin von Aufsäzen über Ver= träge, §. 98. S. 207. und 208.) Jedoch wird zu einer eidlichen Entsagung nicht gerade ein förm= licher Eid erfordert, sondern es ist eine eidliche Zusicherung (S. Gmelin de obligatione uxoris &c §. 21. S. 30.) z. B. der Beisaz: So wahr mir Gott helfe: (Hecfer de bonorum &c. communione p. 2. loco 23. not. 398. Carpzov urispr. for. p. 2 Conft. 16. def. 6. not. 7. und 18.) und noch viel= mehr das Angeloben am Gerichtsstab (Harp- precht Confult. vol. nov. p. 2. Conf. 70. nr. 35. und 42. S. 1443.) hinlänglich.

so viele und zum Theil angesehene Rechtslehrer die eidliche Bestätigung für nothwendig erklären.

§. 236.

Fortsezung.

Eben so ungegründet finde ich nach theoretischen Gründen auch diejenige Forderung, nach welcher die Entsagung wenn sie gültig seyn solle, in keiner Privatschrift, sondern in einem öffentlichen Instrument geschehen müsse. Offenbar liegt bey dieser Behauptung eine Verwechslung mit demjenigen, was in der l. 23. Cod. ad Sctm. Vellej. angeordnet wurde, zum Grund. In dieser Gesezstelle ist aber blos von den von einem Frauenzimmer geleisteten Bürgschaften und nicht von der Entsagung der deßhalb angeordneten Rechtswolthaten die Rede. Sie kann also, da sie im eigentlichen Sinn ein Privilegium enthält, auf die leztere nicht ausgedehnt werden. o) Def-

---

o) J. H. Böhmer de effic. mulicr. intercess. C. 1. §. 7. not. cc, S. 18. Puffendorf T. 2. obs. 159.

lers kann aber die Entsagung vor Gericht, oder in einem öffentlichen Instrument zu dem Ende nüzlich seyn, um den dem Gläubiger obliegenden Beweis, daß die Entsagung wirklich, und nach vorangegangener Belehrung geschehen sey, p) dardurch zu erleichtern.

§. 237.
Fortsezung.

In die nämliche Klasse rechne 'ich auch die weitere Forderung, daß dasjenige, wofür sich das Frauenzimmer verbürgte, zu ihrem Nuzen verwendet worden seyn müsse. Diese Forderung ist meinem Erachten nach eben so ungegründet, als diejenige, welche in dem nächstvorhergehenden §. zur Sprache kam; denn wenn das, wofür sich ein Frauenzimmer verbürgte, zu ihrem Nuzen verwendet wurde, so ist sie schon wegen dieser Verwendung verbindlich, auch wenn gar keine Entsagung auf die zum Besten

---

p) S. oben §. 234. auch ist noch weiter nachzusehen Ch. G. Gmelin von Aufsäzen über Verträge ıc. §. 72. S. 198.

der weiblichen Bürgschaften vorhandene Rechtswolthaten vorangegangen ist. q) Es könnte also die Entsagung auf die angezeigte Rechtswolthaten, wenn zu ihrer Gültigkeit die Verwendung zum Nuzen noch besonders erforderlich wäre, niemals von Wirkung seyn.

§. 238.
Fortsezung.

Diejenige Forderung endlich, nach welcher von den Rechtslehrern eine bestimmte, d. i. eine auf die zum Besten der weiblichen Bürgschaften vorhandene Rechtswolthaten namentlich gerichtete Entsagung für nothwendig geachtet wird, halte ich zwar den Rechtsgrundsäzen für gemäs, und glaube also, daß durch eine allgemeine Entsagung das sich verbürgende Frauenzimmer nicht verbindlich werde. Aber auch in diesem Stük würde es nach meinem Erachten zu weit getrieben seyn, wenn man verlan=

---

q) S. oben §. 216. S. 308. — 312.

gen wollte, daß namentlich den in dem Vellejanischen Rathsschlusse und in der oft berührten Avth. enthaltenen Rechtswolthaten entsagt werden müsse, sondern ich halte es für hinreichend, wenn nur die Absicht, den weiblichen Rechtswolthaten zu entsagen, keinem Zweifel mehr unterworfen ist; wenn es also z. B. heißt: Man wolle den in Beziehung auf das vorliegende Geschäft, oder den zum Besten der weiblichen Bürgschaften vorhandenen Rechtswohlthaten entsagt haben. r)

§. 239.
Fortsezung.

Eben so wenig kann ich aber auf der andern Seite der Meinung derjenigen Rechtslehrer beytreten, welche der eidlichen Bestätigung eine so grosse Wirkung beylegen, daß sie selbige auch in dem Falle für gültig halten, wenn gleich keine Erklärung der zum Besten der weiblichen Bürgschaften

---

r) Puffendorf T. 2. obf. 45. §. 3. und T. 3. obf. 75.

vorhandenen Rechtswohlthaten vorangegangen ist.

§. 240.

Fortsezung.

Das kanonische Recht in Cap. 10. X. de jure jur. will zwar einen jeden Eid gehalten wissen, welcher nicht zum Nachtheil eines dritten gereicht, und welcher ohne Verlezung des Gewissens gehalten werden kann. Unmöglich kann aber diese Verordnung so weit gehen, daß auch ein solches Versprechen erfüllt werden solle, wovon der Versprechende nicht einmal wußte, was er versprach. s) Und dieses müßte man bey einem Frauenzimmer, das jenen Rechtswohlthaten ohne vorangegangene Belehrung entsagt hat, annehmen, weil von dem schönen Geschlecht, bey welchem

---

s) Reinharth potissima capita inval. mulier. interc. &c. §. 26. S. 24. J. H. Böhmer de effic. mulier. interc. C. 2. §. 19. not. rrr. sss. und ttr. S. 63. — 65. Leyser med. ad ɯ. spec. 170. med. 3.

Unwissenheit der Geseze vermuthet wird, t)
nicht erwartet werden kann, daß es ohne
vorangegangene Belehrung von den zum
Besten der weiblichen Bürgschaften vorhan=
denen Rechtswohlthaten einige Kenntniß
habe. Es ist also unter einer eidlich be=
stätigten Bürgschaft, und unter einer eid=
lichen Verzichtsleistung auf die zum Besten
der weiblichen Bürgschaften vorhandene
Rechtswohlthaten in dieser Rüksicht zu un=
terscheiden. Jene ist gültig, auch wenn
das Frauenzimmer keine besondere Beleh=
rung erhielt. Bey dieser ist Belehrung
nothwendig. u)

---

t) Röslin von besondern weiblichen Rechten,
2ter Band, S. 25. ic. §. 13. ic. Puffendorf
T. 2. obs. 43. §. 3.

u) J. H. Böhmer de effic. mulier. interc. C. 2.
§. 19. not. rtt. S. 65. Reinharth potissima capita invalidæ mulier. interc. §. 26. S. 25. ibi:
„Verum aliud est intercessio, aliud renunciatio.
Uxor, si intercedit, non ignorat, quod intercedat.
Si itaque intercessionem juramento firmat, omnino
ex juramento præstito tenebitur. Quodsi vero uxor
beneficiis ignoratis renunciat, id de quo jurat, ne-
scit, adeoque juramentum ejusmodi obligatorium
dici nequit."

§. 241.

Fortsezung.

Wenn aber eine Belehrung vorangegangen ist, so halte ich wegen der Allgemeinheit der im kanonischen Recht enthaltenen Vorschrift die Bestätigung mit einem Eide in einem jeden andern Fall; und auch alsdann für hinreichend, wenn gleich keine auf die weiblichen Bürgschaften nahmentlich gerichtete = sondern nur eine allgemeine Entsagung vorangegangen ist. Jedoch versteht es sich von selbst, daß die Entsagung so allgemein seyn müsse, daß man man die zum Besten der weiblichen Bürgschaften vorhandene Rechtswohlthaten als darunter begriffen annehmen kann.

§. 242.

9.) Wegen der Minderjährigkeit des Glaubigers.

Wenn ein Frauenzimmer für die Forderung eines Minderjährigen sich verbürgt hat, und dieser bey dem Hauptschuldner zu seiner Forderung nicht gelangen kann; so werden in einem solchen Collisionsfalle, wo Begünstigung des Geschlechts und Begünstigung des Alters einander gegenüber stehen, die zum Besten der weiblichen Bürgschaften vorhandene Rechtswohlthaten für unwirksam erklärt, um der noch stärkern Begünstigung der Minderjährigen ihre Wirkung nicht zu entziehen. v)

§. 243.
10.) Wegen empfangenen Geschenks.

Wenn ein Frauenzimmer dafür, daß sie sich für einen andern verbürgte, ein Ge-

---

v) l. 12. *. de minoribus: „Si apud minorem mulier pro alio intercesserit, non est ei actio in mulierem danda, sed perinde, atque caeteri per exceptionem submoveri debet. Scilicet quia communi jure in priorem debitorem ei actio restituitur. Haec si solvendo sit prior debitor: Alioquin mulier non utetur Senatusconsulti auxilio."
Man sehe auch Puffendorf in obs. T. 3. obs. 73. J. H. Böhmer de efficaci mulier. interc. C. 2. §. 8. not. p. S. 35. Vinnius quaest. sel. Lib. I. C. 43. Hingegen T. J. Reinharth in D. potissima capita invalidae mulier. intercess. §. 16. S. 13. unterscheidet, ob sich das Frauenzimmer für den Ehemann oder für einen Dritten verbürgt hat. Nur im leztern Falle giebt er der Wirkung des angezeigten Gesezes statt; hingegen im erstern Fall erklärt er die Bürgschaft auch alsdann für

schenk erhielt, so fallen die wegen der weiblichen Bürgschaften angeordnete Rechtswohlthaten hinweg.

Nach meinem Erachten aber muß es wenigstens wahrscheinlich seyn, daß das Geschenk die Ursache der übernommenen Bürgschaft gewesen sey, und deswegen glaube ich daß nur ein vor der Bürgschaft entweder gegebenes oder wenigstens versprochenes Geschenk jene Wirkung hervorbringe, daß aber ein Geschenk, welches erst nach übernommener Bürgschaft dem Frauenzimmer gemacht wird, den Verlust der angezeigten Rechtswohlthaten nicht nach sich ziehe. w) Und selbst im erstern Falle

---

nichtig, wenn gleich der Minderjährige bey dem Hauptschuldner keine Bezahlung erhalten kann.

w) l. 23. Cod. ad SCtm. Vellej. „Antiquæ jurisdictionis retia & difficillimos nodos resolventes & supervacuas distinctiones exulare cupientes, sancimus, mulierem, si intercesserit, sive ab initio sive postea aliquid accipiens ut sese interponat omnimodo teneri & non posse SCti. Vellej. uti auxilio sive sine scriptis, sive per scripturam sese interposuerit. Sed si quidem in ipso instrumento intercessionis dixerit se aliquid accepisse, & sic ad intercessionem venisse, & hoc instrumentum publice confectum inveniatur &

hat nach der Meinung der meisten Rechts=
lehrer nicht ein jedes Geschenk jene Wir=

---

a tribus testibus consignatum: omnimodo esse creden-
dum, eam pecunias vel res accepisse, & non esse ei
ad Scti. Vellej. auxilium regressum. Sin autem sine
scriptis intercesserit vel instrumento non sic confecto,
tunc si possit stipulator ostendere eam accepisse pecunias vel res, & sic subiisse obligationem repelli eam
a Scti. juvamine."

Nach dem Inhalt dieser Gesezstelle scheint es
zwar die nämliche Wirkung zu haben, ob dem
Frauenzimmer vor oder nach geleisteter Bürg=
schaft etwas gegeben worden sey, denn es heißt
ausdrüklich: „sive ab initio sive postea aliquid
accipiens ut sese interponat." Nach meinem Erach=
ten aber müssen die Worte: „sive ab initio sive
postea" entweder auf das vorhergehende Wort intercesserit bezogen= und also angenommen werden,
daß Justinian damit nur soviel habe sagen wol=
len: Es sey gleichgültig, ob sich das Frauenzim=
mer für eine Schuld gleich Anfangs bey der Ent=
stehung derselben, oder erst nachher und also mit
einem Wort: Ob sie für eine alte oder für eine
neue Schuld sich verbürge. (S. Rößlin von
besondern weiblichen Rechten, 2ter Band, S.
140. §. 43.) Oder aber, wenn man die Worte
ab initio und postea nicht auf intercesserit, sondern
so wie es die angebrachte Interpunction mit sich
bringt, auf das Wort accipiens beziehen will, so
kann nach dem ganzen Zusammenhang kein ande=
rer als nur dieser Sinn angenommen werden:
Es mache keinen Unterschied, ob das Frauenzim=
mer gleich bey den ersten Unterhandlungen, oder

kung, sondern es wird ein solches Geschenk erfordert, das mit der Summe, wofür sich

---

erst in der Folge etwas erhalten habe. Aber auch im leztern Falle muß der Gesezgeber vorausgesezt haben, daß das Geschenk noch vor geleisteter Bürgschaft gegeben worden sey: denn Erstlich wird in der angezeigten Gesezstelle das Geschenk als Ursache der Bürgschaft angenommen, in den Worten: „accipiens ut sese interponat." Ferner in den Worten: „dixerit se aliquid accepisse, & sic ad intercessionem venisse." und erhellt also schon aus diesem, daß der Fall, wenn das Frauenzimmer erst nach übernommener Bürgschaft ein Geschenk erhalten hat, in dem Umfang jener Gesezstelle nicht begriffen sey, weil alsdann das Geschenk die Ursache der Bürgschaft nimmer seyn kann. Zweytens wird dieser Saz auch noch dardurch bestärkt, weil sonst ein von Anfang an ungültiges Geschäft, nämlich die von dem Frauenzimmer übernommene Bürgschaft durch eine nachgefolgte Handlung wieder gültig gemacht werden würde, welches man, da es den allgemeinsten Grundsäzen zuwider ist, ohne eine ausdrükliche und bestimmte Verordnung nicht wohl annehmen könnte. Endlich Drittens ist es ein grosser Unterschied, ob sich ein Frauenzimmer durch ein Geschenk zur Uebernahme einer Bürgschaft bestimmen ließ, oder ob sie erst nach übernommener Bürgschaft ein Geschenk erhielt. Es kann in diesem leztern Falle nicht die nämliche Zurechnung statt finden, wie in dem erstern; auch würde fast ein jedes Frauenzimmer um die zum Besten der weiblichen Bürgschaften vorhandene Rechtswol-

das Frauenzimmer verbürgt, im Verhältniß steht. x) Die Beurtheilung aber was in dieser Rüksicht verhältnißmäſig sey, oder nicht, hängt von richterlichem Ermessen ab. y)

§. 244.

Noch einige Bemerkungen.

Erstens.

Wir haben oben §. 179. S. 242. und 243. gesehen, daß man in dem Falle wenn

---

thaten gebracht werden können, wenn man das Geschenknehmen nach der Bürgschaft, dem Geschenknehmen vor der Bürgschaft in obiger Rüksicht gleichstellen wollte.

x) J. H. Böhmer de effic. mulier. interc. C. 2. §. 5. not. k. S. 30. und der daselbst angezeigte Bachov ad Treutl. Vol. 1. diff. 25. th. 4. lit. A. Menochius de arbitr. judic. quæſt. C. 234. Duarenus ad SCtm. Vellej. C. 2. Hottomann ad legem 23. Cod. ad SCtm. Vellej. Vorzüglich aber: Rößlin von besondern weiblichen Rechten, 2ter Band, S. 138. und 139. §. 41.
Anderer Meinung ist Hilliger ad Donellum, C. 32. nr. 12.
y) Lauterbach in Coll. π. Lib. 16. tit. 1. §. 22. S. 872. Treutler V. 1. diff. 25. th. 4. lit. A. und Bachov ad hanc thesin. Heeser de bonorum &c. communione, p. 2. loco 23. nr. 493.

die Ehefrau unter Concurrenz des Ehemanns eine Schuld aufgenommen hat, eine für den Ehemann geleistete Bürgschaft vermuthe, und daß die Ehefrau aus dieser Handlung anderst nicht, als wenn eine zu ihrem Besten vorgegangene Verwendung erwiesen ist, verbindlich werde. Wenn hingegen die Ehefrau ohne die Concurrenz des Ehemanns eine Schuld aufgenommen hat; *) so wird dieselbe schon aus der Aufnahme verbindlich, wenn gleich das Geld nachher ihrem Ehemann oder einem andern gegeben wurde. z) **)

---

*) Welches aber in solchen Ländern, wo die Geschlechtsvormundschaft eingeführt ist, unter Beyziehung eines besondern Curators geschehen muß.

z) l. 4. pr. π. ad SCtm. Vellej. Heefer de bonorum &c. communione p. 2. loco 23. §. 443. und 444. Rößlin von besondern weiblichen Rechten, 2ter Band, S. 122. und 123. §. 26. und 27.

**) Nur in dem Falle, wenn dem Gläubiger noch vor oder bey dem Entlehnen, und also zu einer Zeit, wo es noch von seiner Wahl abhieng, das Darlehen zu geben oder nicht, bekannt geworden ist, daß sein Geld zum Besten eines dritten verwendet werden solle, finden, — wie schon oben in dem Abschn. von den Rechten §. 40. S. 59. bemerkt wurde,

§. 245.

Zweytens.

Eben so verhält es sich auch in dem Falle, wenn eine Ehefrau, welche in einer Gesellschaft des Errungenen lebt, für eine zum gemeinschaftlichen Nuzen aufgenommene Schuld sich verbindlich machte; sie wird nämlich auch in diesem Falle für den sie betreffenden Antheil schon durch die Aufnahme verbindlich. Wenn sie aber die Bezahlung der ganzen Summe zugesichert hat, so wird in Ansehung desjenigen Antheils, welcher nach den Regeln der Gesellschaft den Ehemann angeht, eine Bürgschaft angenommen, so daß wegen dieses Antheils die von der Ehefrau übernommene Verbindlichkeit der Regel nach für ungültig erklärt werden muß, wenn sie nicht den zum Besten der weiblichen Bürgschaften vorhandenen Rechtswohlthaten auf die gewöhnliche Art entsagt hat. a) *)

---

die zum Besten der weiblichen Bürgschaften angeordnete Rechtswohlthaten statt.

a) C. G. Gmelin de obligatione uxoris &c. §. 25. S. 16.

§. 246.

Drittens.

Die Rechtsmittel, welche zu Gunsten der weiblichen Bürgschaften gestattet wurden, haben den Zwek, um die Frauenzim-

---

*) Diese Regel ist jedoch nicht allgemein: denn z. B. in dem Herzogthum Wirtemberg bedarf es in einem solchen Falle keiner besondern Entsagung, sondern es ist nach dem Inhalt Landrechts p. 2. tit. 29. §. Wir sezen ꝛc. genug, wenn nur die Verbindlichkeit freywillig übernommen wurde, und wenn von dem Glaubiger hinlänglich erwiesen werden kann, daß die Schuld, wofür sich die Ehefrau verbindlich machte, zum Besten der gemeinschaftlichen Haushaltung aufgenommen wurde. (Man sehe Griesinger Commentar über das Wirt. Landrecht, 4ter Band, S. 1149. 1150. 1151. und 1152.) Jedoch scheint es als ob die Wirtembergische Praxis bey einer solchen zum Besten der gemeinschaftlichen Haushaltung aufgenommenen Schuld, — was nämlich die dem Ehemann daran zukommende Helfte betrift, — die Ehefrau eben so als bey einer andern zum alleinigen Besten des Ehemanns kontrahirten Schuld behandelt wissen wolle, und daß also für jene Helfte die Ehefrau anderst nicht, als nach vorangegangener gewöhnlicher Entsagung verbindlich werden könne. (S. Gmelin de obligatione uxoris &c. §. 25. S. 36. Wibel de contract. mulier. §. 5. nr. 47. seqq.

mer von denjenigen Verbindlichkeiten, welche sie — um einem dritten Kredit zu verschaffen, — übernommen haben, wieder zu befreien.

Man glaubte nämlich, daß sie bey der besondern Weichheit ihres Charakters zu Handlungen, wo ein Verlust nicht sogleich in die Augen fällt, sondern wo derselbe erst von einem gewissen Erfolg abhängt, mit Leichtigkeit zu bewegen seyen; und wollte sie deßhalb vor dem aus dieser Eigenschaft befürchteten Schaden sichern. b) Es erhellt also hieraus, daß jene Rechtswohlthaten nur auf eine gewisse Klasse von Rechtsgeschäften eingeschränkt, und daß sie nur in denjenigen Fällen zu gestatten seyen, in welchen das Frauenzimmer **durch die Weichheit ihres Charakters veranlaßt, fremde Verbindlichkeiten unter solchen Umständen übernahm, wo sie keine Absicht hatte, von dem Ihrigen etwas zu verlieren.**

---

b) A. D. Weber Beyträge zu der Lehre von gerichtlichen Klagen und Einreden, dritte Betrachtung, S. 37. Vinnius Lib. 2. qu 48.

Aus diesem ergiebt sich, daß wenn z. B. ein Frauenzimmer um einem dritten etwas zu schenken, Geld entlehnt, oder wenn sie ohne eine zuvor übernommene Verbindlichkeit für einen dritten etwas bezahlt, jene Rechtswohlthaten keine Anwendung finden. c) Und eben dieselbe Beschaffenheit hat es auch in dem Falle, wenn ein Frauenzimmer bey der Uebernahme einer fremden Verbindlichkeit erklärt, daß sie von dem Hauptschuldner keine Entschädi-

---

c) l. 4. §. 1. π. ad SCtm. Vellej. „Proinde si, dum vult Titio donatum, accepit a me mutuam pecuniam, & eam Titio donavit, cessat Senatusconsultum. Sed etsi tibi donatura, creditori tuo nummos numeraverit: non intercedit. Senatus enim obligatae mulieri succurrere voluit, non donanti. Hoc ideo, quia facilius se mulier obligat, quam alicui donat." Man sehe auch J. H. Böhmer de effic. mulier. interc. C. 2. §. 7. S. 33. Voet Comment. ad π. Lib. 16. tit. 1. §. 9. Heefer de bonorum &c. communione p. 2. loco 23. nr. 441. S. 1073. Ferner l. 1. Cod. ad SCtm. Vellej. „Sed si pro aliis cum obligatae essent pecuniam exsolverint, intercessione cessante, repetitio ulla est." l. 4. Cod. eod. „Sed si praedia tua annis major viginti quinque vendidisti & pro marito pecuniam solvisti: deficit auxilium SCti."

gung verlange. d) Oder wenn ein Frauenzimmer jemand eine Schadloshaltung verspricht, ohne sich aber für einen dritten dabey zu verbinden. e) Oder endlich wenn eine Bürgschaft zwar der äussern Form, aber nicht der Sache nach vorhanden ist, weil bey einem jeden Rechtsgeschäft, nur das was wirklich geschieht, nicht das was zu geschehen scheint, in Betracht gezogen werden solle. f)

§. 247.

Viertens.

Die weiblichen Bürgschaften für den Ehemann sind von denjenigen weiblichen Bürgschaften, welche für einen dritten

---

d) Weber Beyträge zu der Lehre von gerichtlichen Klagen und Einreden. Dritte Betrachtung, S. 40. und 41.

e) l. 19. ff. ad SCtm. Vellej. 1. 6. Cod. eod. Mevius p. 4. decis. 284. und vorzüglich Röslin von besondern weiblichen Rechten, 2r Band, S. 102. — 109. §. 10. — 16.

f) J. H. Böhmer de effic. mul. interc. C. 2. §. 7. not. m. S. 32. Röslin am angez. Ort. S. 93. §. 3. in fine.

übernommen werden, nach dem Inhalt der Geseze nur darinn verschieden, daß jene durch keine Wiederholung gültig gemacht werden können, statt daß ein Theil der leztern Bürgschaften durch eine nach Verfluß von zwey Jahren geschehene Wiederholung gültig wird. In allen übrigen Fällen läßt sich der allgemeine Grundsaz aufstellen: Alle für den Ehemann übernommene Bürgschaften machen die Ehefrau verbindlich, welche wenn sie für einen andern übernommen worden wären, durch Hülfe des Vellejanischen Rathsschlusses nicht hätten entkräftet werden können. Oder mit andern Worten: Bey denjenigen weiblichen Bürgschaften bey welchen die Einrede des Vellejanischen Rathsschlusses nicht statt gefunden hätte, da findet auch die Einrede der Nichtigkeit nicht statt. Hingegen nach dem Gerichtsgebrauch trit noch eine weitere Verschiedenheit zwischen jenen zweyerlei Arten von Bürgschaften ein. Es wird nämlich in allen Fällen wo die Ehefrau unter der Concurrenz ihres Ehemanns sich verbindlich gemacht hat, eine für den leztern übernommene Bürgschaft vermuthet, und den Gläubigern liegt um eine Ansprache an die Ehefrau zu begründen, der Beweis ob, daß dasjenige, wofür sich die leztere verbindlich machte, zu ihrem Nuzen verwendet worden sey. g) Dargegen findet jene Vermuthung in dem Falle nicht statt, wenn ein Frauenzimmer für ein= unter Concurrenz eines dritten aufgenommenes Capital sich verbindlich gemacht hat; sondern wenn sich dieselbe unter solchen Umständen als Hauptschuldnerin oder als Mitschuldnerin bekennt, so ist sie der Regel nach schon aus diesem Bekenntniß für verbindlich zu erklären, ohne daß ein Beweis in Rüksicht auf die Verwendung erfordert wird.

§. 248.

u n f e n s.

Bey den Bürgschaftn für den Ehemann treten also wie aus dem bisherigen erhellt, einige eigenthümliche Bestimmungen ein; welche aber auf Bürgschaften für

---

g) S. oben §. 179. S. 242. und 243.

andere Personen, auch wenn diese die nächsten Verwandte des Ehemanns z. B. sein Vater oder Bruder wären, nicht ausgedehnt werden können, sondern wenn die Ehefrau für einen solchen sich verbürgt, so finden die gewöhnlichen Grundsäze, welche wegen der Bürgschaften der Frauenzimmer überhaupt aufgestellt sind, ihre Anwendung. h) Auch ist eine nach dem Tode des Ehemanns für denselben übernommene Verbindlichkeit der Wirkung der Avth. nimmer unterworffen, i) sondern es treten hier nur diejenigen Grundsäze ein, welche auf die übrigen Bürgschaften eines Frauenzimmers anwendbar sind.

---

h) J. H. Böhmer de effic. mulier. intercess. C. 3. §. 4. S. 77. Anderer Meinung ist Berlich in Concl. pract. p. 2. Conclus. 19. nr. 67.

i) Reinharth potissima capita invalidae mulier. intercess. §. 11. S. 10. Lauterbach in Coll. π. Lib. 16. tit. 1. §. 6.

Anderer Meinung ist Carpzov in jurispr. p. 4. Const. 16. def. 3. nr. 4. sqq.

Achte Verbindlichkeit.

Wenn die Ehefrau die Erbschaft ihres Ehemanns angetreten hat, so muß sie der Regel nach dasjenige, worzu der Ehemann verbindlich war, erfüllen.

§. 249.
Erläuterung.

Eine ganz neue Verbindlichkeit entsteht für die Ehefrau in dem Falle, wenn sie nach dem Absterben ihres Ehemanns seine Erbschaft angetreten hat, und erst nachher ein Concursprozeß über sein Vermögen entsteht. Sie ist nämlich unter diesen Umständen alles dasjenige zu erfüllen verbunden, was einem Erben überhaupt obliegt, und deswegen sind hier die Rechtswolthaten, welche die Geseze zum Besten des weiblichen Geschlechts eingeführt haben, gewöhnlich von sehr geringer Wirkung. *) Dessen

---

*) Nur versteht es sich, daß die Antretung der

ungeachtet aber möchte ich nicht, wie einige Rechtslehrer gethan haben, k) behaupten, daß in diesem Falle die zum Besten der weiblichen Bürgschaften vorhandene Verordnungen keine Anwendung finden. Denn wenn gleich die Ehefrau zur Erfüllung derjenigen Verbindlichkeiten, von welchen sie durch jene zu Gunsten der weiblichen Bürgschaften gegebene Verordnungen befreit wird, als Erbin wieder verbindlich werden kann; so ist es jedoch ein grosser Unterschied, ob diese Verbindlichkeiten als Folge der übernommenen Bürgschaft, oder als Folge der Erbschaftsantretung angesehen werden, weil in jenem Falle die Verbindlichkeiten nach ganz andern Grundsäzen beurtheilt werden, als in diesem. l)

Erbschaft jedesmal erwiesen seyn müsse, welcher Beweis aber in den meisten Fällen mit grosen Schwierigkeiten verbunden ist. S. Gmelin de obligat. uxoris &c. §. 35. S. 51. und 52.

k) Röslin von besondern weiblichen Rechten, 2ter Band, S. 90. und 91. §. 2.

l) S. oben §. 149. S. 192. und 193.

Zweyte Abtheilung.

Verbindlichkeiten, welche von den weiblichen Freiheiten abhängen.

§. 250.
Einleitung.

Zu den bisher bemerkten Verbindlichkeiten, kommen aus Veranlassung der weiblichen Freiheiten noch neue Verbindlichkeiten hinzu, welche von einer Ehefrau bey einem über ihres Ehemanns Vermögen entstandenen Concursprozeß zu erfüllen sind. Diese Verbindlichkeiten theilen sich in zwey Classen ab, wovon die eine durch die Gestattung der weiblichen Freiheiten veranlaßt wird; die andere aber nur alsdann zur Sprache kommt, wenn die weiblichen Freiheiten nicht statt finden.

Erste Klasse.

Verbindlichkeiten, wenn die weiblichen Freiheiten statt finden.

§. 251.
Erläuterung.

Durch die weiblichen Freiheiten erlangt die Ehefrau wie wir schon oben §. 121. S. 153. gesehen haben, das Recht, sich von den meisten aus der ehelichen Gesellschaft entstandenen Nachtheilen wieder zu befreien. Dargegen aber wird sie, wie es die einstimmige Praxis und die Natur der Sache mit sich bringt, auch verbindlich, den Vortheilen, welche sich aus eben dieser Gesellschaft ergeben haben, wieder zu entsagen. Diesem gemäs sind also die Wirkungen der weiblichen Freiheiten von einer gedoppelten Art. So wie sie nämlich auf der einen Seite von Nachtheilen befreien, so schliessen sie dargegen auf der andern

Seite von Vortheilen wieder aus; und beides ist mit einander so sehr verbunden, daß immer das eine die Bedingung aus= macht, ohne welche das andere gar nicht eintreten kann. Nothwendig muß also eine Ehefrau, wenn sie von den Nachtheilen, welche aus der ehelichen Gesellschaft ent= stunden, befreit seyn will, sich auch eine Ausschließung von den Vortheilen gefallen lassen, welche die nämliche Gesellschaft zur Folge hat.

Dieser Vortheile geschieht gewöhnlich unter dem Namen eheliche Errungenschaft Erwähnung. m) Wir können also die hier vorkommende Verbindlichkeit am kürzesten durch folgende Formel ausdrüken:

> Eine Frau, welche zu den weiblichen Freiheiten zuge= lassen ist, muß auf die ehe= liche Errungenschaft Verzicht thun. n) *)

---

m) S. oben im 1sten Thl. §. 111. und 112. S. 176. sqq.

n) Gmelin de obligatione uxoris &c. § 127. S. 40. Auch sehe man oben §. 127. — 129. S. 158. und 159.

*) In dem Herzogthum Wirtemberg ist das besondere, daß eine Ehefrau, wenn sie zu den weiblichen Freiheiten zugelassen ist, neben deme, daß sie ihrer Ansprache an die eheliche Errungenschaft für verlustig erklärt wird, auch noch ihr Recht an die Erbschaft ihres Ehemanns verliert. (S. oben S. 129. S. 159. und 160.) Diesen Verlust darf sich aber die Ehefrau, wie ich bereits oben am angez. Ort bemerkt habe, nur in denjenigen Ländern gefallen lassen, wo derselbe entweder auf Partikulargeseze, oder auf eine rechtsgültige Gewohnheit gegründet ist.

Zweyte Klasse.

Verbindlichkeiten, welche nur alsdann eintreten, wenn die weiblichen Freiheiten nicht statt finden.

§. 252.

Erläuterung.

Wenn sich der seltene Fall ereignet, daß eine Ehefrau zu den weiblichen Freiheiten nicht zugelassen wird, so finden die Grundsäze, welche in Beziehung auf die eheliche Gesellschaft aufgestellt sind, ihre volle Anwendung. o) Die Ehefrau muß also nach dem nämlichen Verhältniß, nach welchem sie Antheil an der ehelichen Errungenschaft nimmt, auch dasjenige, was zu der ehelichen Einbuß gehört, sich aufrechnen lassen. p)

---

o) S. oben im 1sten Thl. §. 115. S. 230. und 231.

p) Gmelin de obligatione uxoris &c. §. 31. S. 49.

Dieſer Saz iſt im allgemeinen keinem Zweifel unterworfen. Die Frage aber, wie man in einem einzelnen Falle die Berechnung zu machen habe: giebt oft Anlaß zu Schwierigkeiten. Es iſt nämlich aus dem 1ſten Thl. §. 113. S. 189. ſqq. erſichtlich, daß zu der ehelichen Einbuß eine Menge von Rubriken gehöre, welche immer nach beſondern Rükſichten wieder zu betrachten ſind. Wenn nun die Berechnung des die Ehefrau an der ehelichen Einbuß betreffenden Antheils durch alle dieſe Rubriken hindurch gemacht werden wollte, ſo wäre die Sache mit groſer Beſchwerlichkeit verknüpft, und am Ende würde man doch noch Gefahr laufen, in einer oder in der andern Rükſicht entweder zu viel oder zu wenig gethan zu haben. Ich bemerke daher, daß man leichter und ſicherer ſeinen Zwek dardurch erreichen könne, wenn man zuvörderſt eine Reviſion über das beiderſeitige Beybringen der Eheleute vornimmt, und der Ehefrau an demjenigen, was davon zum Beſten der ehelichen Geſellſchaft erweislicher maſen verwendet wurde, ihren Antheil berechnet. Alsdann wird zu diesem Antheil noch dasjenige hinzugefügt, was es die Ehefrau an den ehelichen Schulden, und namentlich auch an denjenigen ehelichen Schulden, welche der Ehemann allein kontrahirt hat, betrift. Beides aber wird sodann von demjenigen, was die Ehefrau an der Errungenschaft zu fordern hat und von ihrem Eingebrachten wieder in Abzug gebracht. q)

---

q) Canz de juribus & obligationibus uxoris &c. §. 19. und 20. S. 35. 36. und 37.

Zweyter Abschnitt.

Verbindlichkeiten bey einer eigentlichen Partikulargütergemeinschaft.

§. 253.

Erläuterung.

Die Verbindlichkeiten, welche einer in einer eigentlichen Partikulargütergemeinschaft lebenden Ehefrau obliegen, ergeben sich aus der Natur dieser Gütergemeinschaft von selbst. Sie kommt, wie schon mehrmals bemerkt wurde, in Ansehung desjenigen, was in ihren Umfang gehört, mit der allgemeinen Gütergemeinschaft vollkommen überein, und deswegen ist die in einer eigentlichen Partikulargütergemeinschaft lebende Ehefrau verbindlich, alles, was mit ihrem Ehemann gemeinschaftlich war, bey einem über sein Vermögen entstandenen Concursprozeß seinen Gläubigern zu überlassen. Ihre übrigen Verbindlichkeiten hingegen können leicht aus allgemeinen Grundsäzen bestimmt werden; es dürfte also eine genauere Erörterung derselben hier um so mehr entbehrlich seyn, als eine eigentliche Partikulargütergemeinschaft ohnehin äuserst selten ist.

§. 254.
Noch eine Bemerkung.

Wenn die Eheleute in einer allgemeinen Gütergemeinschaft leben, so ist, wie schon öfters bemerkt wurde, Glük und Unglük, Reichthum und Armuth, mit einem Wort: Alles, was einer Veräuserung fähig ist, unter ihnen gemein. Wenn also ein Concursprozeß entsteht, so muß er nothwendig beide Ehegatten auf gleiche Weise betreffen, weil beide gleiches Vermögen haben, und ihren Gläubigern auf gleiche Weise verbunden sind. Bey einer Partikulargütergemeinschaft hingegen bringt, wie es die tägliche Erfahrung lehrt, der Concurs bey dem einen nicht nothwendig

auch einen Concurs bey dem andern Ehe=
gatten hervor: denn hier hat ein jeder Ehe=
gatte sein abgesondertes Eigenthum, von
welchem dem einen, wenn man auch alle
seine Schulden davon abzieht, noch eine be=
trächtliche Summe übrig bleiben kann,
während dem es bey dem andern bey wei=
tem nicht zureichend ist.

Jedoch da es des abgesonderten Eigen=
thums ungeachtet, so viele Verhältnisse
giebt, in welchen der Verlust des einen
Ehegatten auch einen nachtheiligen Einfluß
auf das Vermögen des andern Ehegatten
zur Folge hat; so ist der Fall nicht selten,
daß sich zur nämlichen Zeit bey den beider=
seitigen Ehegatten eine Zahlungsunfähig=
keit veroffenbart, und daß also beide dem
Concursprozeß ausgesezt sind. In diesem
Falle nun sind die Rechte zu Gunsten des
weiblichen Geschlechts, und besonders auch
die weiblichen Freiheiten für die Ehefrau
von geringem oder oft von gar keinem
Nuzen, weil alles, was sie durch Hülfe
dieser Rechte erlangt, ihren Gläubigern
wieder zufällt. Man könnte also leicht auf
den Gedanken kommen, daß zu Abkürzung

der Sache, das beiderseitige Vermögen der Ehegatten beysammen gelassen, und ihre Gläubiger ohne Unterschied, ob ihre Forderung beide Ehegatten, oder nur einen derselben angeht, davon befriedigt werden sollen. Da aber hierdurch die Rechte des einen oder des andern der Gläubiger — welche nach der Verschiedenheit ob ihre Forderungen mehr oder weniger die Ehefrau angehen, auch eine verschiedene Wirkung haben, — nothwendig verlezt werden müßten; so ist es den anerkanntesten Rechtsgrundsäzen eben so sehr, als den Meinungen der angesehensten Rechtslehrer gemäs, daß eine sorgfältige Trennung des beiderseitigen Vermögens der Ehegatten vorgenommen werden muß. r).

Im Grunde sind also unter diesen Umständen zweyerlei Concursmassen vorhanden, und dem Richter oder den aufgestellten Güterpflegern liegt es ob, dafür zu sorgen, daß einer jeden derselben, dasjenige, was

---

r) Gmelin de obligatione uxoris &c. §. 40. S. 56. Canz de juribus & obligationibus uxoris &c. §. 20. S. 36.

ihr an dem Vermögen sowohl, als auch an den Schulden gebührt, auf die nämliche Art zugetheilt werde, wie dieß auch in dem Falle hätte geschehen müssen, wenn über das Vermögen des Eheweibs kein Concurs entstanden wäre.)

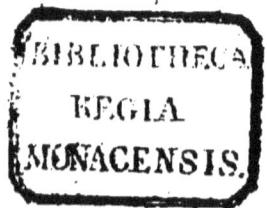

Register
über den ersten und zweyten Theil.

Absonderungs-Recht II. §. 125. S. 155. §. 153. und 154. S. 199. u. 200. §. 167. S. 218. und 219. §. 189. — 192. S. 260. — 264. u. §. 195. S. 266.

Absterben des einen Ehegatten hebt eine jede eheliche Güter-Gemeinschaft wieder auf. I. §. 80. S. 135.

— — macht bey einer allgemeinen Güter-Gemeinschaft den Ueberlebenden zum Allein-Herrn des ganzen Vermögens. I. §. 78. S. 130.

Abwesenheit des Ehemanns, wozu sie die Ehefrau bey einer allgemeinen Güter-Gemeinschaft berechtige? I. §. 66. S. 102.

Adel, schließt als solcher weder die eheliche Güter-Gemeinschaft, I. §. 45. S. 67. — 69., noch die zu Gunsten der weiblichen Bürgschaften vorhandene Verordnungen aus. II. §. 221. S. 320. u. 321.

— — ob er die Zuziehung eines Curators entbehrlich mache? II. §. 28. S. 43.

Administration des Vermögens gehört dem Ehemann nicht nur bey einer allgemeinen Güter-Gemeinschaft, I. §. 59. S. 91. u. 92., sondern auch bey einer Gesellschaft des Errungenen. I. §. 116. S. 232. — 234.

Alimente für die Ehefrau. II. §. 171. S. 228. — 230.

Almosen-Geld. I. §. 110. S. 197.

Anblum. I. §. 114. S. 200. u. 201.

Appellation. II. §. 11. S. 18.

Ausgaben der Eheleute, gehen bey einer allgemeinen Güter-Gemeinschaft beide Ehegatten auf gleiche Weise an. I. §. 53. S. 81. und 82.

Aussteuer hat nicht das Vorzugs-Recht des Heuraths-Guts. II. §. 166. S. 216. — 218.

B.

Bau-Kosten. I. §. 113. S. 196.

Begräbniß-Kosten. I. §. 114. S. 227.

Beysitz-Geld. I. §. 113. S. 197.

Beywohnung, eheliche, wird in einigen Ländern erfordert, wenn die eheliche Güter-Gemeinschaft statt finden soll. I. §. 10. S. 18. — 20.

Betrug, in wie ferne dadurch die allgemeine Güter-Gemeinschaft aufgehoben werde? I. §. 92. — 96. S. 149. — 156.

— — hat den Verlust der aus der Geschlechtsvormundschaft entstehenden Rechte zur Folge. II. §. 13. S. 23.

Betrug macht ein Frauenzimmer, wenn sie ihn bey der Uebernahm einer Bürgschaft begieng, der zu Gunsten der weiblichen Bürgschaften vorhandenen Rechtswohlthaten verlustig. II. §. 218. S. 314. u. 315.

Wie in einem solchen Falle der Beweis gegen das Frauenzimmer geführt werde? Ebendaselbst S. 315. u. 316.

Bürger-Geld. I. §. 113. S. 197.

Bürgschaften der Ehefrau, (siehe auch Vellejanischer Rathsschluß) was man darunter verstehe? II. §. 174. — 176. S. 233. — 237.

— — in wie ferne sie bey einer allgemeinen Güter-Gemeinschaft, I. §. 69. u. 70. S. 110. — 114. und bey einer Gesellschaft des Errungenen I. §. 121. S. 241. u. 242. statt finden?

— — können in einigen Fällen nur durch Hülfe einer Einrede wieder entkräftet werden. II. §. 34. S. 51.

In andern Fällen aber sind sie gleich von Anfang an nichtig. II. §. 39. S. 57. und §. 174. S. 232.

— — werden, wenn die Eheleute in keiner Gemeinschaft des Errungenen sind, in allen den Fällen vermuthet, wo die Ehefrau in Gemeinschaft ihres Ehemanns eine Verbindlichkeit übernahm. II. §. 177. — 179. S. 237. — 243.

— — sind gültig, wenn für das Frauenzimmer kein Schaden daraus entsteht. II. §. 223. S. 323. u. 324.

In welchen Fällen die zu Gunsten der weiblichen Bürgschaften vorhandene Rechtswohlthaten nicht statt finden? II. §. 224. S. 324. u. §. 246. S. 354. — 357.

In wie ferne die weiblichen Bürgschaften zu Gunsten des Ehemanns, von den weiblichen Bürgschaften zu Gunsten eines Dritten verschieden seyen? II. §. 247. S. 357. — 359.

Bürgschaften für den Vater oder Bruder des Ehemanns, werden nicht als Bürgschaften für den Ehemann angesehen. II. §. 248. S. 359. u. 360.

Auch ist eine nach dem Tode des Ehemanns für denselben übernommene Verbindlichkeit der Wirkung der Avth: nimmer unterworffen. Ebendaselbst S. 360.

Bürgschaften des Ehemanns. I. §. 71. S. 115. und 116.

C.

Compensations=Recht, bey welchen Forderungen der Ehefrau solches nicht statt finde? II. §. 214. S. 304. u. 305.

Concubinat. I. §. 9. S. 13.

Confiskationen. I. §. 114. S. 222.

Curator eines Frauenzimmers (s. auch Ehemann) wer dafür anzusehen sey? II. §. 8. S. 13.

— — muß in vielen Ländern zu allen Rechtsgeschäften der Ehefrau beygezogen werden. II. §. 10. S. 16.

Curator, muß in einigen Ländern nur zu gerichtlichen Handlungen beygezogen werden. II. §. 33. S. 48. — 50.

— — Die unterlassene Zuziehung desselben giebt in einem Lande, wo die Geschlechts-Vormundschaft eingeführt ist, der Ehefrau das Recht, eine Vertragsmäsige Güter-Gemeinschaft wieder aufzuheben. I. §. 47. S. 72.

Dieses Recht findet aber bey einer geseßlichen Güter-Gemeinschaft nicht statt. Ebendaselbst.

E.

Ehe, ist ein wesentliches Erforderniß bey der ehelichen Güter-Gemeinschaft. I. §. 9. S. 12. — 18.

— — ad thalac. I. §. 9. S. 13.

— — zur linken Hand. I. §. 9. S. 14.

— — kann ohne den Beytrit eines Curators gültig eingegangen werden. II. §. 14. S. 24.

Ehebruch, was er bey einer allgemeinen Güter-Gemeinschaft für Folgen habe? I. §. 97. — 106. S. 156. — 166.

Ehefrau, (siehe auch Frauenzimmer) in wie fern sie bey einer allgemeinen Güter-Gemeinschaft zu Veräuserungen befugt sey? I. §. 65. 66. S. 99. — 104.

In wie ferne die mit ihrem Ehemann geschlossene Contrakte gelten? II. §. 57. — 62. S. 79. — 84.

Ehefrau, was sie bey einem Concurs über das Vermögen ihres Ehemanns für Rechte habe, wenn sie in keiner Güter=Gemeinschaft lebt? II. §. 186. S. 254. — 256. u. §. 188. S. 258. u. 259.

— — hat wegen desjenigen, was sie aus einem Kauf=Tausch=oder Darlehens=Contrakt desgleichen wegen übernommener Bürgschaft an ihren Ehemann fordert, kein Vorzugs=Recht. II. §. 63. S. 85. u. §. 194. S. 265. u. 266.

Ehemann, ob solcher bey einer allgemeinen Güter=Gemeinschaft Veräuserungen einseitig vornehmen könne? I. §. 60. — 64. S. 92.

— — ist legitimer Curator seiner Frau. II. §. 8. S. 13. u. §. 31. S. 46.

— — wenn er nicht Curator seyn kann, was man alsdann zu beobachten habe? II. §. 31. u. 32. S. 46. u. 47.

Ehren=Pfenning. I. §. 113. S. 197.

Ehescheidung hebt eine jede Güter=Gemeinschaft wieder auf. I. §. 80. S. 135. Der Grund der Ehescheidung mag in einem erwiesenen Ehebruch (§. 98. u. 99.) oder in einem vermutheten Ehebruch (§. 105. u. 106.) oder endlich in einer böslichen Verlassung ꝛc. (Ebendaselbst) bestehen.

Eheverträge, bedürffen in einem Lande, wo die Geschlechts=Vormundschaft eingeführt ist, des Beytritts eines Curators. II. §. 17. S. 27.

Eid, was dafür angenommen werde? II. §. 25.
S. 40. u. 41.

— — macht in den meisten Fällen den Beytrit eines Curators entbehrlich. II. §. 25. S. 39. — 41.

— — kann auch in dem Falle zugeschoben werden, wenn die Ehefrau einer Verschwendung beschuldigt wird. II. §. 147. S. 187. — 189.

— — kann gewöhnlich den Gläubigern des Ehemanns zugeschoben werden, um das Einbringen des Heuraths-Guts zu beweisen. II. §. 203. S. 281.

— — schließt die Anwendung der zu Gunsten der weiblichen Bürgschaften vorhandenen Rechtswolthaten aus. II. §. 228. S. 329. und 330.

Einbuß, eheliche, was darzu gehöre? I. §. 113. S. 189. — 199.

Was nicht die eheliche Einbuß, sondern ausschließlich nur einen Ehegatten angehe? I. §. 114. S. 211. — 219. u. §. 222. — 228.

— — geht bey einer Gesellschaft des Errungenen beide Ehegatten an. I. §. 115. S. 232. — II. §. 252. S. 367. — 369.

— — wird durch die weiblichen Freiheiten auf den Ehemann allein gewälzt. II. 123. S. 154. u. §. 182. S. 247. u. 248.

— — ist zu Begründung der weiblichen Freiheiten schon an und für sich selbst, und wenn gleich

keine

keine Schulden vorhanden sind, hinreichend. II. §. 106. S. 135.

Jedoch muß die Einbuß nicht durch bloſe Unglüks-Fälle entſtanden ſeyn. II. §. 148. S. 189. u. 190.

Einbuß, wie ſolche für die Ehefrau bey einem Concurs über das Vermögen ihres Ehemanns zu berechnen ſey? II. §. 252. S. 368. u. 369.

Einbringen der Ehefrau, was dazu gehöre? I. §. 114. S. 199. — 229. II. §. 151. S. 197. u. 198.

— — wie ſolches bewieſen werde. II. §. 198. — 208. S. 272. — 292.

— — wird nicht als verkauft angenommen, wenn gleich der Werth deſſelben in der Eheſtiftung bemerkt wurde. II. §. 190. und 191. S. 261. — 263.

— — muß - in ſo fern es noch vorhanden iſt, von der Ehefrau in Natur zurükgenommen werden. II. §. 215. S. 306. u. 307.

— — muß auch in dem Falle von dem Vermögen des Ehemanns abgeſondert werden, wenn gleich über beide Eheleute zur nämlichen Zeit ein Concurs-Projeß entſtanden iſt. II. §. 254. S. 371. — 374.

— — kann in jedem Falle zurük-gefordert werden, die weiblichen Freiheiten mögen ſtatt finden oder nicht. II. §. 131. S. 161. und 162.

Register.

Die Forderung wegen eines durch die Schuld des Ehemanns an dem Einbringen der Ehefrau entstandenen Schaden, hat kein Vorzugs-Recht. II. §. 197. S. 264. u. 265.

Dasjenige, um was das Einbringen der Ehefrau durch Fleis und Geschiklichkeit während der Ehe in seinem Werth erhöht wurde, gehört zur ehelichen Errungenschaft. I. §. 112. S. 184. — 187.

So wie dargegen dasjenige, um was dasselbe wegen des Gebrauchs zum Besten der ehelichen Gesellschaft in seinem Werth vermindert wurde, zur ehelichen Einbuß gehört. I. §. 113. S. 197. und 198.

Dasjenige aber was durch Zufall an dem Einbringen der Ehefrau zu Grunde geht, I. §. 113. S. 211. — 219.

Und dasjenige, um was solches durch Zufall erhöht wird, (Ebendaselbst S. 219.) geht den Eigenthümmer an.

Zu dem Einbringen der Ehefrau gehört dasjenige nimmer, was dem Ehemann Kaufsweise davon überlassen wurde, sondern nur der Kaufschilling. I. §. 114. S. 221.

Eingetauscht. Wem dasjenige, was während der Ehe eingetauscht wird, gehöre? I. §. 112. und 114. S. 180. und 201.

Eltern, wenn sie mit ihrer Tochter einen Contrakt schliessen, so ist solcher auch ohne den Bey-

Beytritt eines Curators gültig. II. §. 23.
S. 36. und 37. in der Note °).

Entsagung auf die weiblichen Freiheiten hängt von der Willkühr der Frauenzimmer ab. II. §. 133. S. 165. und 166.

— — findet nimmer statt, wenn die Ehefrau zu denselben ihrem Verlangen gemäß zugelassen ist. §. 149. S. 191.

Entwendung einer Sache welche zur Ganntmasse gehört, macht die Ehefrau der weiblichen Freiheiten verlustig. II. §. 136. S. 171. — 174.

Erben, ob auch diese zu den weiblichen Freiheiten berechtigt seyen? II. 111. — 115. S. 140. — 145.

Erbschaft, ob bey der Antretung derselben ein Frauenzimmer eines Curators bedürffe. II. §. 11. S. 18.

— — inwieferne sie ein Gegenstand der allgemeinen Güter=Gemeinschaft sey? I. §. 50. S. 75.

— — gehört nicht zur ehelichen Errungenschaft. I. §. 113. S. 209.

Erbschafts=Antretung, ob sie den Verlust der weiblichen Freiheiten bewirke? II. §. 149. S. 192. und 193.

— — zu was sie die Ehefrau bey einem Concurs über das Vermögen ihres Ehemanns verbindlich mache? II. §. 249. S. 361. und 362.

Erbschafts-Verträge bedürffen in einem Lande, wo die Geschlechts-Vormundschaft eingeführt ist, des Beytrits eines Curators. II. §. 17. S. 27. — 29.

Errungenschaft, eheliche, was darzu gehöre? I. §. 112. S. 177. — 189.

Was nicht zur ehelichen Errungenschaft, sondern zum ausschließlichen Vermögen eines der Ehegatten gehöre? I. §. 114. S. 200. — 211. ferner S. 219. 220. und 221.

Alles Vermögen der Ehefrau wird im Zweifel als eheliche Errungenschaft angesehen. I. §. 114. S. 229.

Was ein jeder der Ehegatten für eine Ansprache an die eheliche Errungenschaft habe? I. §. 115. S. 230. — 232. II. §. 184. S. 250. und 251.

Die Ehefrau wird nach gestatteten weiblichen Freiheiten von der Theilnahme an der ehelichen Errungenschaft ausgeschlossen. II. 127. — 129. S. 158. — 160. und §. 251. S. 364. und 365.

F.

Fahrnus, fahrende Haab. I. §. 113. S. 212. — 219.

Fideikommisse gehören nicht zur ehelichen Errungenschaft. I. §. 113. S. 209.

Frauenzimmer haben weniger Rechte als die

Männer, aber auch weniger Verbindlichkeiten. II. §. 2. S. 2. und 3.

Frauenzimmer können in vielen Ländern die von ihnen allein vorgenommene Rechtsgeschäfte für ungültig erklären. II. §. 10.—12. S. 16.— 27.

Frohn=Geld. I. §. 113. S. 197.

Früchte und Nuzungen, welche während der Ehe aus dem Vermögen der Ehefrau bezogen werden, gehören zur ehelichen Errungenschaft. I. §. 172. S. 181.

Freiheiten, weibliche, was man darunter verstehe? II. §. 67. u. 68. S. 89.— 92.

— — aus was für Ursachen sie entstanden seyen? II. §. 69.— 71. S. 92.— 95.

— — haben die Begünstigung der Ehefrauen zum Endzwek. II. §. 72. S. 96. u. 97.

— — können nur einer solchen Ehefrau zukommen, welche in einer Art von Güter=Gemeinschaft gelebt hat. II. §. 78.— 80. S. 103.— 105. Und auch in diesem Falle nur alsdann, wenn ihr Vermögen in Gefahr ist. II. §. 81.— 95. S. 105.— 124.

— — finden auch unter solchen Umständen statt, wenn blos Einbuß, und keine Schulden vorhanden sind. II. §. 96.— 106. S. 125.— 135.

— — können, ohne daß sie von der Ehfrau angerufen sind, nicht gestattet werden. II. §. 107. und 108. S. 136. und 137.

Register.

Freiheiten, weibliche, sezen in vielen Ländern die Beobachtung gewisser Feierlichkeiten voraus. II. §. 109. und 110. S. 138. und 139.

— — sind bey einer allgemeinen Güter-Gemeinschaft von geringer Wirkung. II. §. 116. und 117. S. 146. — 148.

— — haben eine grössere Wirkung bey einer eigentlichen Partikular-Güter-Gemeinschaft II. §. 118. S. 148. — 150. Und gewöhnlich eine noch grösere bey einer uneigentlichen Güter-Gemeinschaft. II. §. 119. S. 150.

— — machen das Eheweib des ihr in Ansehung des Ehmanns zugekommenen Erbrechts in einigen Ländern verlustig. II. §. 129. S. 159. und 160. desgleichen S. 366. in der Note *).

— — bringen den Eheweibern nicht blos Vortheil, sondern auch Nachtheil. II. §. 130. S. 160. und 161.

— — sind für die Gläubiger des Ehemanns nicht immer nachtheilig, sondern manchmal auch vortheilhaft. II. §. 130. S. 161.

— — finden auch in dem Falle statt, wenn gleich die Ehfrau wissentlich einen Mann, welcher mit Schulden überhäuft war, geheurathet hat. II. §. 149. S. 191.

— — werden nimmer gestattet, wenn ihnen einmal gültig entsagt ist. II. §. 149. S. 191.

— — haben den Verlust der ehelichen Errungenschaft zur Folge. II. §. 251. S. 364. u. 365.

G.

G.

Gemeinschaft der Güter unter den Eheleuten (S. auch Gesellschaft des Errungenen.)
Was man darunter verstehe? I. §. 1. und 2. S. 1. — 5.
— — Wie sie entstanden sey? I. §. 4. — 8. S. 6. — 12.
Ob im Zweifel eine eheliche Güter-Gemeinschaft vermuthet werde? I. §. 11. — 29. S. 20. — 43.
— — allgemeine, in welchen Ländern sie statt finde? I. §. 41. S. 62. und 63.
— — Ob sie besondere Eigenschaften bey den Eheleuten voraussetze? I. §. 42. S. 64. und 65.
— — was in ihren Umfang gehöre? I. §. 48. — 50. S. 73. — 75.
— — erstrekt sich auch auf diejenige Güter, welche die Eheleute ausserhalb Lands besizen. I. §. 51. und 52. S. 76. — 79.
— — schränkt die Rechte der Ehefrau, wenn es bey ihrem Ehemann zu einem Concurs kommt, sehr ein. II. §. 150. S. 194. und 195.
— — hat die Wirkung, daß die Ehegatten in Rüksicht auf ihr sämtliches Vermögen nur als eine Person angesehen = und daß Einnahmen und Ausgaben unter ihnen gemeinschaftlich werden. I. §. 53. S. 80. — 82. II. §. 197. S. 269. und 270.

Gemein=

Gemeinschaft, in wie ferne sie auf Verlangen der Ehegatten wieder aufgehoben werden könne? I. §. 82. — 85. S. 137. — 142. II. §. 57. S. 79. — 81.

— — wie sie, wenn sie auf einem Vertrag beruht, wieder aufgehoben werde? I. §. 87. S. 143.

— — ob die Wirkungen derselben in Beziehung auf ein einzelnes Rechtsgeschäft durch eine Protestation wieder aufgehoben werden können? I. §. 88. S. 144.

Gesellschaft des Errungenen. Was sie bey den Eheleuten für Eigenschaften voraussetze? I. §. 110. S. 174.

— — auf was für Gegenstände sie sich erstrecke? I. §. 111. — 114. S. 176. — 229.

— — läßt einem jeden Ehegatten das Eigenthum in Ansehung seines beygebrachten. I. §. 115. S. 230.

— — wird gewöhnlich auf eben dieselbe Art, wie die allgemeine Güter-Gemeinschaft wieder aufgehoben. I. §. 124. und 125. S. 249. — 253.

Güter-Pfleger hat Sorge zu tragen, daß dasjenige, was die Ehefrau, aus einem Contrakt 2c. schuldig wird, der Ganntmasse des Ehemanns ersezt werde. II. §. 214. S. 304.

Geldaufnahmen, ob ein Frauenzimmer des Beytritts eines Curators bey solchen bedürffe? II. §. 24. S. 37. und 38. Geld-

Geld-Aufnahmen machen, wenn sie ohne die Concurrenz des Ehemanns geschehen sind, die Ehefrau verbindlich, wenn gleich nachher das aufgenommene Geld zum Besten des Ehemanns oder eines andern verwendet wurde. II. §. 244. S. 352.

Geschenk, in wiefern ein Frauenzimmer durch die Annahme eines Geschenks von den zu Gunsten der weiblichen Bürgschaften vorhandenen Rechtswohlthaten ausgeschlossen werde? II. §. 243. S. 347. — 351.

Geschlechts-Vormundschaft (S. auch Frauenzimmer) ist in vielen Ländern eingeführt II. §. 5. S. 5. — 7.

— — hat die Begünstigung der Frauenzimmer zum Endzwek. §. 7. S. 12.

— — wurde durch verschiedene Ursachen veranlaßt, II. §. 6. S. 7. — 11.

— — giebt den Frauenzimmern ein Recht, die von ihnen allein vorgenommene Rechtsgeschäfte für ungültig zu erklären. II. §. 10. — 12. S. 15. — 21.

Geschwister, in wieferne durch sie das Einbringen des Heurathsguts bewiesen werden könne? II. §. 201. S. 276. — 278.

Gevatergelder. I. §. 113. S. 197.

Gewissens-Ehe. I. §. 9. S. 13.

Gläubiger, was ihnen bey einem Rechtsgeschäft mit der Ehefrau in Absicht auf die Zuziehung eines Curators zu beweisen obliege? II. §. 30. S. 44. — 46. H.

Register.

H.

Haußhaltung, eheliche, alle Kosten, welche die eheliche Haushaltung erfordert, gehören zur ehelichen Einbus. I. §. 113. S. 197.

Haushaltungs-Sachen, inwieferne die Ehefrau einen Contrakt darüber schliesen könne. I. §. 66. S. 101.

— — ob es zu einem solchen Contrakt des Beytrits eines Curators bedürffe. II. §. 18. S. 29. und 30.

Hauszinns. I. §. 113. S. 197.

Heurathsgut, was man unter diesem Ausdruk verstehe? II. §. 155. — 158. S. 200. — 204.

— — ist schon alsdann ein Gegenstand der allgemeinen Güter-Gemeinschaft, wenn es gleich noch nicht gegeben=sondern nur versprochen ist. I. §. 50. S. 75.

— — kommt bey einem Concurs in die zweyte Klasse. II. §. 159. S. 205.

— — wie es in dem Fall locirt werde, wenn das Heurathsgut der erstern Ehefrau konkurrirt. II. §. 160. S. 206.

— — sollte den ältern ausdrüklichen Unterpfändern in denjenigen Ländern, wo die leztere durch Partikular=Geseze über das Heurathsgut erhoben sind, in jedem Falle nachgesezt werden. II. §. 161. — 164. S. 207. — 215.

Heurathsgut, geht in Wirtemberg den ausdrük=
lichen Privat=Unterpfändern, und wenn sie
gleich älter als das Heurathsgut sind, in
allen Fällen vor. II. S. 211. in der Note *.
nicht aber den ältern öffentlichen Unter=
pfändern. Ebendaselbst S. 212. und nicht
demjenigen ältern stillschweigenden Unter=
pfand, welches dem ehemaligen Ei=
genthümmer eines noch vor der Ehe
an den Ehemann verkauften liegenden Guts
zukommt. Ebendaselbst. S. 211. u. 213.

— — wird, wenn etwas davon während der Ehe
verkauft wird, nach dem Werth wie es ver=
kauft=nicht wie es eingebracht wurde, wie=
der vergütet. II. §. 168. S. 220. — 222.

— — wie das Einbringen desselben erwiesen wer=
de? II. §. 199. — 205. S. 273. —
286.

— — ist so sehr begünstigt, daß ein Frauenzim=
mer, wenn sie sich dafür verbürgt, die zu
Gunsten der weiblichen Bürgschaften vor=
handene Rechtswolthaten nicht anrufen
kann. II. §. 219. S. 317.

Wenn es zweifelh. ist, ob das, was
der Frau gehört, Heurathsgut oder Pa=
raphernal=Vermögen sey, so wird in die=
sem Fall das leztere vermuthet. II. §. 169.
S. 225.

Hochzeitsgeschenke gehören der Regel nach zur ehe=
lichen Errungenschaft. I. §. 112. S. 183.

J.

Register.

J.

Juden, haben keine allgemeine Güter=Gemein=
schaft. I. §. 43. S. 66. auch keine Gesell=
schaft des Errungenen. I. §. 110. S. 175.

Die Ehefrau eines Juden hat in Anse=
hung ihres Heurathsguts gleiche Rechte
mit der Ehefrau eines Christen. II. §. 165.
S. 215. und 216.

K.

Kapitalien, welche während der Ehe angelegt
werden, gehören zur ehelichen Errungen=
schaft. I. §. 112. S. 187.

Kaufmännin, muß von der Frau eines Kauf=
manns unterschieden werden. II. §. 21.
S. 34.

— — ihre Rechtsgeschäfte sind der Regel nach
verbindlich, auch wenn sie keinen Curator
beygezogen hat. II. §. 21. und 22. S.
32. — 35.

— — jedoch muß sie in vielen Ländern zu ge=
richtlichen Handlungen einen Curator bey=
ziehen. II. §. 21. S. 35.

— — kann sich in vielen Ländern auf die weib=
lichen Freiheiten nicht berufen. II. §. 135.
S. 169. und 170.

— — kann der Regel nach von den zu Gunsten
der weiblichen Bürgschaften vorhandenen
Rechtswohlthaten keinen Gebrauch machen.
II. §. 222. S. 321. und 322.

Kaufmannschaft, was man darunter verstehe.
II. §. 21. S. 33. in der Note *.

– – schließt in einigen Ländern wenn eine oder
beide Ehegatten solche betreiben, die all=
gemeine Güter=Gemeinschaft aus. I. §. 44.
S. 66. und 67.

Inwiefern eine Ehefrau, wenn sie Kauf=
mannschaft treibt, zu Veräuserungen be=
fugt sey? I. §. 66. S. 101. und 102.

Inwieferne sie des Beytritts eines Cu=
rators bedürffe? II. §. 21. S. 32.

Im Zweifel wird vermuthet, daß der
Contrakt einer Kaufmännin die Kaufmann=
schaft angehe. II. §. 21. S. 34. N. *
Kaufschilling aus einer während der Ehe ver=
kauften Sache. I. §. 114. S. 201. und 202.

Kasseh=Rest. I. §. 114. S. 224.

Kindbettgeschenke gehören der Regel nach zur
ehelichen Errungenschaft. I. §. 112. S. 184.

Kinder, ob sie nach dem Absterben des einen
Ehegatten die eheliche Güter=Gemeinschaft
mit dem überlebenden fortsezen? I. §. 77.
S. 126. — 130.

Die auf sie verwendete Kosten gehören der
Regel nach zur ehelichen Einbuß. I. §. 113.
S. 191. und 195.

Wenn ein Frauenzimmer mit seinen Kin=
dern einen Contrakt schließt, so bedarf es
des Beytritts eines Curators nicht. II. §.
23. S. 36.

L.

L.

Legaten gehören nicht zur ehelichen Errungenschaft. I. §. 113. S. 209.

Lehen-Güter gehören nicht zur ehelichen Güter-Gemeinschaft, I. §. 49. S. 74, wohl aber die Früchte und Nuzungen daraus. Ebendaselbst. Und bey einer Gesellschaft des Errungenen gehören diese leztere zur Errungenschaft. I. §. 112. S. 182.

— — wenn sie während der Ehe erworben werden, in wiefern sie zur Errungenschaft gehören? I. §. 114. S. 220.

Leibgeding. II. §. 46. — 50. S. 68. — 72. Wenn es zweifelhaft ist, ob ein Leibgeding oder ein Witthum bestellt worden sey, so wird ersteres vermuthet. II. §. 53. S. 75.

Losungen. II. §. 11. S. 18.

M.

Minderjährige, können sich von den Folgen einer vertragsmäsigen Güter-Gemeinschaft wieder befreien. I. §. 46. S. 70. und 71. Aber nicht von einer gesezlichen. I. §. 46. S. 69. und 70.

— — können, wenn sie bey dem Hauptschuldner nicht zum Regreß kommen, auch ein Frauenzimmer, wenn sie sich verbürgt hat, mit Wirkung belangen. II. §. 242. S. 346. und 347.

Meliorationen sind auch bey den Lehen und Fideikommiß=Gütern ein Gegenstand der allgemeinen Güter=Gemeinschaft, I. §. 49. S. 75. Und gehören bey einer Gesellschaft des Errungenen zur Errungenschaft. I. §. 112. S. 184. — 187.

Morgengabe. II. §. 54. — 56. S. 76. — 78. und §. 194. S. 265.

Mutter, wenn sie mit ihren Kindern einen Contrakt schließt, so ist solcher auch ohne den Beytritt eines Curators gültig. II. §. 23. S. 36.

N.

Nuznießung aus frembdem Vermögen ist, wenn sie einem der Ehegatten gehört, zur Errungenschaft zu rechnen. I. §. 112. S. 182.

P.

Paraphernal=Güter. Was man darunter verstehe? II. §. 169. S. 223. und 224.

— — kommen bey einem Concurs in die dritte Klasse. Ebendaselbst.

— — wie das Einbringen derselben bewiesen werde? II. §. 206. — 208. S. 286. — 292.

Partikular=Gütergemeinschaft, eigentliche. I. §. 107. S. 167. und 168. II. §. 185. S. 252. und 253. ferner §. 253. S. 370. und 371.

— — uneigentliche (s. auch Gesellschaft des Errungenen,) I. §. 108. S. 169. — 173.

pia

Register.

pia Cauſa, ob bey einem Contrakt mit einer pia Cauſa ein Curator erforderlich ſey? II. §. 26. S. 41. und 42.

Prozeßkoſten. I. §. 114. S. 245.

R.

Recht, deutſches, ob es ein allgemeines deutſches Recht gebe? I. §. 15. — 28. S. 26. — 42.

— — römiſches, wird im Zweifel als Norm angenommen, nach welcher die Verhältniſſe der Eheleute in Abſicht auf ihre Güter beſtimmt werden. I. §. 29. S. 42. und 43.

— — findet in einigen Fällen auch in Abſicht auf die Güter ſolcher Eheleute ſtatt, welche in einer Güter-Gemeinſchaft leben. I. §. 30. — 33. S. 44. — 50.

Regenten-Rechte, machen, wenn ſolche ein Frauenzimmer hat, nicht nur die Zuziehung eines Curators entbehrlich. II. §. 27. S. 42. ſondern ſie ſchlieſen auch die Anwendung der zu Gunſten der weiblichen Bürgſchaften vorhandenen Rechtswohlthaten aus. II. §. 221. S. 318. und 319.

Remuneratoriſche Geſchenke gehören zur ehelichen Errungenſchaft. I. §. 112. S. 178.

Rükfall. I. §. 78. S. 132.

S.

Schaden, welcher ſich während der Ehe ergiebt, wen er angehe? I. §. 54. S. 82. — 91.

Schenkun-

Schenkungen, unter Lebenden. I. §. 113. S. 210.

− − der Ehegatten unter sich. I. §. 67. S. 105. — 107. ferner §. 119. S. 237. und 238.

− − welche einer der Ehegatten einem Dritten macht. I. §. 67. S. 107. — 109. ferner §. 120. S. 238. — 241.

Ob die Annahme einer Schenkung des Beytrits eines Curators bedürfe? II. §. 11 S. 18.

− − von Todeswegen. I. §. 113. S. 209.

Scheidung zu Tisch und Bett hebt der Rege nach die eheliche Güter=Gemeinschaft nich auf. I. §. 81. S. 136.

Schulden, gehen bey einer allgemeinen Güte Gemeinschaft beide Ehegatten auf gleich Weise an. I. §. 53. S. 82.

Inwieferne sie der Ehemann bey eine allgemeinen Güter=Gemeinschaft einseiti kontrahiren könne? I. §. 73. und 74. S 118. — 121.

Ob auch die Ehefrau darzu befugt sey I. §. 75. S. 121. und 122.

− − eheliche, was man darunter verstehe? S. 243. in der Note.

− − müssen bey einer Gesellschaft des Errung nen von beiden Eheleuten zu gewissen Th len übernommen werden. I. §. 122. S. 24

− − können der Regel nach nur von dem Eh mann gültig kontrahirt werden. I. §. 12 S. 244. — 247.

Register.

Schulden, gehen aber nach gestatteten weiblichen Freiheiten auch nur den Ehemann an. II. §. 126. S. 157. auſſer wenn das Eheweib deren Bezahlung besonders zugesichert: (Ebendaselbst und §. 209. — 212. S. 293. — 297.) oder wenn sie solche selbst kontrahirt hat. II. §. 126. S. 157. und §. 213. S. 300. — 302.

Und in diesen leztern zwey Fällen können sie aus der Gannt-Masse des Ehemanns wieder gefordert werden. II. §. 183. S. 249.

— — müssen, wenn sie bey einer Gesellschaft des Errungenen von beiden Eheleuten aufgenommen wurden, auch von beiden bezahlt werden. II. §. 245. S. 353.

— — können aber gewöhnlich an die Ehefrau allein nicht gefordert werden, wenn sie gleich für die ganze Summe sich verbindlich machte. Ebendaselbst.

Schulden, privative, muß die Ehefrau, wenn sie solche gültig kontrahirt hat, allein übernehmen. II. §. 214. S. 303. und 304.

Schuldschein, macht die Ehefrau verbindlich, wenn in solchem einer ehelichen Schuld Erwehnung geschieht, und wenn sie bey einer Gesellschaft des Errungenen denselben mit dem Ehemann unterschrieben hat. II. §. 212. S. 297. — 299.

Servituten können bey einer allgemeinen Güter-Gemeinschaft von dem Ehemann auf die gemeinschaftlichen Güter übernommen werden. I. §. 72. S. 117. Aber nicht von der Ehefrau. Ebendaselbst.

Stammgüter werden kein Gegenstand der ehelichen Güter-Gemeinschaft. I. §. 49. S. 74. Wohl aber die Früchte und Nutzungen aus denselben. Ebendaselbst. Und bey einer Gesellschaft des Errungenen gehören diese leztere zur Errungenschaft. I. §. 112. S. 182.

Steuren I. §. 113. S. 196.

Stiftungen, fromme, II. §. 220. S. 317. und 318.

Strafen, I. §. 114. S. 223.

T.

Tax-Gebühren, welche der Ehemann aus einem während der Ehe entstandenen Grunde zu bezahlen hat, gehören zur ehelichen Einbuß, I. §. 113. S. 191.

Testamente finden der Regel nach bey Ehegatten, welche in einer allgemeinen Gütergemeinschaft leben, nicht statt. I. §. 76. S. 122. — 125.

Wohl aber bey einer Gesellschaft des Errungenen. I. §. 123. S. 247. und 248.

— — können von einem Frauenzimmer ohne den Beytritt eines Curators gültig errichtet werden. II. §. 15. und 16. S. 25. — 27.

Thei-

Register.

Theilungskosten. I. §. 114. S. 227.

Trauungs=Ort. Ob nach den Statuten des Trauungs=Orts die wechselseitigen Verhältnisse der Ehegatten in Absicht auf ihre Güter bestimmt werden? I. §. 34. — 39. S. 50. — 58.

V.

Vellejanischer Rathsschluß, hat die Begünstigung der Frauenzimmer zum Endzwek. II. §. 34. — 37. S. 51. — 54. Wann solcher statt finde? II. §. 41. S. 60. und 61.

Veräuserungen. Inwieferne sie bey einer allgemeinen Güter=Gemeinschaft einseitig entweder von dem Ehemann, oder von der Ehefrau geschehen können? I. §. 60. — 66. S. 92. — 104.

    Inwieferne solches bey einer Gesellschaft des Errungenen angehe? I. §. 117. und 118. S. 234. — 237.

- - nothwendige, sind gültig, auch wenn sie von der Ehefrau ohne Zuziehung eines Curators geschehen sind. II. §. 20. S. 31. und 32.

Verbrechen, macht ein Frauenzimmer verbindlich, auch wenn kein Curator beygezogen wurde. II. §. 13. S. 21. und 22.

    Ob der aus einem Verbrechen entstandene Vortheil zur Errungenschaft gehöre? I. §. 112. S. 188. und 189.

Ver=

Verbrechen wenn dardurch für die eheliche Gesellschaft ein Schaden entsteht, so ist solcher demjenigen von den Ehegatten, welcher das Verbrechen begieng, aufzurechnen. I. §. 55. — 58. S. 85. — 91.

Verhehlen, das, einer Sache, welche zur Gannt-Masse gehört, macht die Ehefrau der weiblichen Freiheiten verlustig. II. §. 136. S. 171. — 174.

Verjährung ist ein Mittel um die allgemeine Güter-Gemeinschaft aufzuheben. I. §. 86. S. 142.

Verlobung bringt die eheliche Güter-Gemeinschaft nicht hervor, wenn gleich der Beyschlaf noch hinzugekommen. I. §. 9. S. 13.

Vermuthungen, inwieferne durch sie das Einbringen des Heuraths-Guts bewiesen werden könne? II. §. 204. S. 282. — 284.

Verpfändung der Güter kann bey einer allgemeinen Güter-Gemeinschaft von dem Ehemann geschehen. I. §. 72. S. 117. Aber nicht von der Ehefrau. Ebendaselbst.

Verschwendung von einem der Ehegatten, gehört nicht zur ehelichen Einbus. I. §. 114. S. 224.

— — macht die Ehefrau der weiblichen Freiheiten verlustig. II. §. 137. — 143. S. 175. — 183.

— — wie sie bewiesen werde? II. §. 144. S. 184. — 189.

Verwandte, ob ein Frauenzimmer bey einem Contrakt mit Verwandten auch eines Curators bedürffe? II. §. 23. S. 37.

Verwendung zum Nuzen. Was man darunter verstehe? II. §. 216. S. 309. in der Note *.

– – macht die Ehefrau zum Ersaz verbindlich. II. §. 216. S. 308. — 312.

Voraus, was man unter diesem Ausdruk verstehe? II. §. 180. S. 244.

– – findet nur in denjenigen Ländern statt, wo solcher besonders bestätigt ist. II. §. 180. S. 245.

Vorbehaltene Güter. II. §. 170. S. 225. — 227. u. §. 195. S. 266. u. 267.

Verzicht, in wie fern er die zu Gunsten der weiblichen Bürgschaften vorhandenen Rechtswohlthaten ausschliesse? II. §. 229. — 241. S. 331. — 346.

W.

Wiederlage. II. §. 43. u. 44. S. 63. — 65.

Wiederholung einer Bürgschaft, inwieferne sie die zu Gunsten der weiblichen Bürgschaften vorhandenen Rechtswohlthaten ausschliese? II. §. 225. — 227. S. 325. — 329.

Wittum. II. §. 45. S. 66. u. §. 51. — 53. S. 73. — 75.

Wohn-Ort, ob die Veränderung des Wohn-Orts auch eine Veränderung in der Güterter-Gemeinschaft bewirke. I. §. 89. — 91. S. 145. — 149.

Ob nach den Statuten des Wohn-Orts die wechselseitigen Verhältnisse der Ehegatten in Absicht auf ihre Güter bestimmt werden? I. §. 34. — 39. S. 50. — 58.

Wie es in dem Fall gehe, wenn die Eheleute entweder gar keinen, oder verschiedene Wohn-Orte zugleich haben? I. §. 40. S. 58. — 60.

Z.

Zeugniß eines Frauenzimmers kann deswegen nicht für ungültig erklärt werden, weil bey dem Zeugniß-geben kein Curator beygewohnt habe. II. §. 19. S. 30. u. 31.

Zinse aus denjenigen Schulden, welche einer der Ehegatten in die Ehe gebracht hat, gehören zur ehelichen Einbuß. I. §. 113. S. 196.

www.ingramcontent.com/pod-product-compliance
Lightning Source LLC
Chambersburg PA
CBHW030548300426
44111CB00009B/904